普通高等教育高职高专“十三五”规划教材
高职高专交通与市政工程类规划教材

道路桥梁检测技术

主　编　于洪江　张春丽
副主编　陈五四　江　娅　林于廉
参　编　刘秀娟　张远军

黄河水利出版社
·郑州·

内 容 提 要

本书系统地介绍了道路桥梁检测技术的内容和要点。全书共分三篇，第一篇是总述，主要内容包括试验检测的目的和意义、试验检测的内容和依据、质量检验评定方法、试验检测数据处理。第二篇是路基路面试验检测，主要内容包括现场测试随机选点及取样，几何尺寸检测，压实度检测，平整度检测，土基现场 CBR 值测试和回弹模量检测，弯沉检测，路面抗滑性能检测，渗水、车辙、错台检测，沥青路面施工控制。第三篇是桥梁工程试验检测，主要内容包括桥涵地基检测、混凝土灌注桩检测、结构混凝土强度检测、桥梁工程制品试验检测、桥梁荷载试验与承载力评定、构件材质状况无损检测。为了便于在学习中更好地了解和掌握本书核心内容并指导实践，书中图文并茂，每章在正文之前提出教学目标，每章后附有本章小结及复习思考题。

本书既可作为道路桥梁工程技术、市政工程技术、工程监理、土木工程检测技术、道路养护与管理等专业教材，也可作为交通土建类相关专业的工程技术人员和管理人员的参考用书。

图书在版编目(CIP)数据

道路桥梁检测技术/于洪江，张春丽主编. —郑州：黄河水利出版社，2019.12

普通高等教育高职高专“十三五”规划教材，高职高专交通与市政工程类规划教材

ISBN 978 - 7 - 5509 - 2331 - 7

Ⅰ. ①道…　Ⅱ. ①于…②张…　Ⅲ. ①道路工程 - 检测 - 高等职业教育 - 教材 ②桥梁工程 - 检测 - 高等职业教育 - 教材　Ⅳ. ①U41②U446

中国版本图书馆 CIP 数据核字(2019)第 067260 号

出 版 社：黄河水利出版社　　网址：www. yrcp. com

地址：河南省郑州市顺河路黄委会综合楼 14 层　　邮政编码：450003

发行单位：黄河水利出版社

发行部电话：0371 - 66026940、66020550、66028024、66022620(传真)

E-mail：hhslcbs@ 126. com

承印单位：河南瑞之光印刷股份有限公司

开本：787 mm × 1 092 mm　1/16

印张：16. 25

字数：375 千字　　印数：1—3 000

版次：2019 年 12 月第 1 版　　印次：2019 年 12 月第 1 次印刷

定价：48. 00 元

前　言

随着我国公路建设和市政道路桥梁的快速发展，对道路桥梁检测技术人才的需求更加迫切。道路桥梁检测技术是道路与桥梁工程技术专业学生应具备的基本技能，也是公路建设技术人员必须掌握的基本知识和能力，本教材正是为适应各交通类职业技术院校培养学生具备试验检测方面的职业技能而编写的。

道路桥梁检测技术是高职高专道路与桥梁工程技术专业的主干课程之一。编者领会国家教学改革精神，以道桥专业工学结合的人才培养模式为基础的教材编写思路，根据专业培养目标，结合就业情况，紧跟时代发展，简化理论，突出实践，列举实例，增加内容的趣味性，图文结合，创新形式，使版式新颖。学习内容层层递进、环环相扣，达到由简到难的效果。本教材在编写过程中力求将检测技术的概念通过简明的语言进行阐述，同时结合公路工程试验检测的实际特点来组织有关章节的内容。本教材能够给在相应岗位工作的工程检测人员及管理人员以帮助，给即将走上工作岗位的学生以指导和启迪。

本书共分三篇，第一篇是总述，主要内容包括试验检测的目的和意义、试验检测的内容和依据、质量检验评定方法、试验检测数据处理。第二篇是路基路面试验检测，主要内容包括现场测试随机选点及取样，几何尺寸检测，压实度检测，平整度检测，土基现场CBR值测试和回弹模量检测，弯沉检测，路面抗滑性能检测，渗水、车辙、错台检测，沥青路面施工控制。第三篇是桥梁工程试验检测，主要内容包括桥涵 地基检测、混凝土灌注桩检测、结构混凝土强度检测、桥梁工程制品试验检测、桥梁荷载试验与承载力评定、构件材质状况无损检测。

本书由重庆建筑工程职业学院于洪江、张春丽任主编，由陈五四、江娅、林于廉任副主编，四川升拓检测技术股份有限公司刘秀娟、张远军参编。具体编写分工如下：第　章由重庆水利水电职业技术学院林于廉编写；第二、六章由四川升拓检测技术股份有限公司张远军编写；第三、五、八、十、十一、十六章由重庆建筑工程职业学院于洪江编写；第四、十二章由四川升拓检测技术股份有限公司刘秀娟编写；第七章由重庆建筑工程职业学院江娅编写并负责全书的CAD制图；第九章由重庆建筑工程职业学院张春丽编写并负责资料搜集整理；第十三、十四、十五章由重庆建筑工程职业学院陈五四编写。

本书在编写过程中参考了许多专家的著作及文献资料，在此一并表示诚挚的谢意。

由于时间紧迫及编者水平有限，书中难免有错误和不完善之处，敬请读者批评指正。

编　者
2019年2月

目　录

第一篇 总 述

第一章 概 述

【教学目标】

道路桥梁工程试验检测工作是公路工程施工技术管理中的一个重要组成部分，它对于提高工程质量、加快工程进度、降低工程造价、推动公路工程施工技术进步，将起到极为重要的作用；要求学生明确试验检测人员应具备的基本素质，掌握一般建设项目的工程划分方法及工程质量评分方法。

随着我国交通事业的发展和道路等级的提高，道路建设已进入以提高为主的新阶段，人们对道路运输的服务水平提出了更高的要求。为使道路满足使用的要求，必须在精心设计的基础上，严格按照设计文件和相关施工技术规范的要求认真组织施工。作为施工技术人员、工程试验检测人员或质量控制管理人员，在整个施工期间，应在吃透并领会设计文件、熟悉现行施工技术规范和试验检测规程的前提下，抓好原材料质量控制、施工参数确定、现场施工过程质量控制和分项分部工程交竣工验收四个关键环节，确保道路工程质量。

第一节 试验检测的目的和意义

一、试验检测概述

工程试验检测工作既是公路工程施工技术管理中的一个重要组成部分，也是公路工程施工质量控制和竣工验收评定工作中不可缺少的一个主要环节。通过试验检测，能充分地利用当地原材料并迅速推广应用新材料、新技术和新工艺，能用定量的方法科学地评定各种材料和构件的质量，合理控制并科学地评定工程质量。因此，工程试验检测工作对于提高工程质量、加快工程进度、降低工程造价、推动公路工程施工技术进步，将起到极为重要的作用。公路工程试验检测技术是一门正在发展的新兴学科，它融合试验检测基本理论、测试操作技能以及公路工程相关学科基础知识于一体，是工程设计参数、施工质量控制、施工验收评定、养护管理决策及各种技术规范和规程修订的必要依据。

随着公路技术等级的提高，各级公路管理部门和施工单位已对加强质量检测与施工质量控制和验收工作高度重视。但是在许多工程中，仍有部分单位不具备原材料质量试验检测和施工质量控制试验检测的基本条件，有些单位虽然已购置了一定数量的试验检测仪器设备，也建立了试验检测机构并配备了相应的试验检测技术人员，但由于多种原因，使已建成的试验室不能发挥应有的作用。工程实践经验证明：不重视施工检测和施工现场质量控制管理工作，仅靠经验评估是造成工程出现早期破坏的重要原因之一。因此，要想切实提高道路工程施工质量、缩短施工工期、降低工程投资，在建立健全工程质量控制检查制度的同时必须配备一定数量的试验检测设备和相应的专职试验检测人员。

二、试验检测人员要求

为确保检测工作质量，试验检测人员应认真履行岗位职责，做好本职工作，并根据以下要求，发现自己的不足之处，努力提高自己的能力。

(1)检测人员应熟悉检测任务、内容、项目，合理选择检测仪器，熟悉仪器的性能；使用精密、贵重、大型检测仪器设备者，应经过培训、考核合格后，取得操作证书方可上岗操作；会进行日常养护和一般或常规仪器的检验与校正。

(2)检测人员应掌握与所检测项目相关的技术标准，了解本领域国内外检测技术、检测仪器的现状及发展方向，并具有学习与应用国内外最新技术进行检测的能力。

(3)检测人员应能正确如实地填写原始记录。原始记录不得用铅笔填写，必须有检测人员、计算和校核人员的签名。原始记录如确需更改，应在作废数据上画两条水平线，将正确数据填在上方，并盖更改人的印章。原始记录保管期不得少于两年。检测结果必须由在本领域有五年以上工作经验者校核。校核者必须在检测记录和报告中签字，以示负责。

(4)检测人员应了解《中华人民共和国计量法》常识及国际单位制基本内容，能运用数理统计方面的知识对检测结果进行数据处理。

(5)检测人员要坚持原则、忠于职守、作风正派、秉公办事，要以数据说话，不受行政或其他方面的影响。

第二节　试验检测的内容和依据

一、试验检测的内容

(1)技术标准、规定要求、检测方法、操作规程等。

(2)抽样方法及样本大小。

(3)检测项目、被测参数大小及允许变化范围。

(4)检测人员组成和检测系统框图。

(5)对检测仪器的检查标定项目和结果。

(6)对检测仪器和样品或试件的基本要求。

(7)对环境条件的检查，即从保证计量检测结果可靠角度出发，运用允许变化范围的规定。

(8)在检测过程中发生异常现象的处理办法。

(9)在检测过程中发生意外事故的处理办法。

(10)检测结果计算整理分析方法。

二、试验检测的有关方法

(一)抽样方法

确定样本大小后,一般由委托试验检测单位提供编号进行随机抽样。原则上抽样人不得与产品直接见面,样本应在生产单位已经检测合格的基础上抽取。在特殊情况下,也允许在生产场所已经检测合格的产品中抽取。

抽样前,不得事先通知被检产品单位;抽样结束后,样品应立即封存,连同出厂检测合格证一同送往试验检测地点。

(二)样本大小的确定

凡产品技术标准中已规定样本大小的,按规定标准执行;凡产品技术标准中未明确规定样本大小的,按试验检测规程或相应技术标准中规定的方法确定,也可按百分比抽样,但抽样基数不得小于样本数的5倍。当在生产场所抽样时,当天产量不应小于均衡生产时的基本日均产量;当使用抽样时,抽样基数不得小于样本数的2倍。

(三)样本的保存

样本确定后,抽样应以适当的方式封存,由样本所在部门以适当的方式运往检测部门。运输方式应以不损坏样本的外观及性能为要求。样品箱、样品桶、样品的包装也应满足上述要求。

(四)样本登记表的内容

抽样结束后,由抽样人填写样品登记表,登记表应包括以下内容:产品生产单位、产品名称、产品型号、样品中单件产品编号及封样的编号;抽样依据、样本大小、抽样基数、抽样地点、运输方式、抽样日期、抽样人姓名、封样人姓名等。

三、试验检测的依据

试验检测机构的依据是设计文件、技术标准及试验检测规程,特殊情况下也可由用户提供检测要求。目前,国家试验检测常用的规程、规范和标准有:

(1)《公路土工试验规程》(JTG E40—2007)。

(2)《公路工程沥青及沥青混合料试验规程》(JTG E20—2011)。

(3)《公路工程水泥及水泥混凝土试验规程》(JTG E30—2005)。

(4)《公路工程岩石试验规程》(JTG E41—2005)。

(5)《公路工程无机结合料稳定材料试验规程》(JTG E51—2009)。

(6)《公路工程集料试验规程》(JTG E42—2005)。

(7)《公路路基路面现场测试规程》(JTG E60—2008)。

(8)《公路工程土工合成材料试验规程》(JTG E50—2006)。

(9)《公路工程技术标准》(JTG B01—2014)。

(10)《公路工程质量检验评定标准 第一册 土建工程》(JTG F80/1—2017)。

(11)《公路水泥混凝土路面施工技术细则》(JTG/T F30—2014)。

(12)《公路路基设计规范》(JTG D30—2015)。

(13)《公路沥青路面设计规范》(JTG D50—2017)。

(14)《公路路基施工技术规范》(JTG/T 3610—2019)。

(15)《公路路面基层施工技术细则》(JTG/T F20—2015)。

(16)《公路沥青路面施工技术规范》(JTG F40—2004)。

(17)《公路工程地质勘察规范》(JTG C20—2011)。

(18)《公路桥涵设计通用规范》(JTG D60—2015)。

第三节 质量检验评定方法

一、公路工程质量检验

为了加强公路工程质量管理,统一公路工程质量检验标准和评定标准,保证工程质量,交通运输部制定了《公路工程质量检验评定标准 第一册 土建工程》(JTG F 80/1—2017)。该标准适用于公路工程施工单位、工程监理单位、建设单位、质量检测机构和质量监督部门对公路工程质量的管理、监控和检验评定。

《公路工程质量检验评定标准 第一册 土建工程》(JTG F80/1—2017)为交通运输部行业标准,其适用范围主要是四级及四级以上公路的新建和改建工程。对于公路的大、中修工程,由于交通运输部已专门制定了大、中修工程的质量检验评定标准,故该标准不再要求大、中修工程参照执行。

根据设计任务、施工管理和检验评定的需要,应在施工准备阶段将建设项目划分为单位工程、分部工程和分项工程。施工单位、工程监理单位和建设单位应按相同的工程项目划分进行工程质量的监控和管理。

(一)单位工程

在建设项目中,根据签订的合同,具有独立施工条件的工程可划分为单位工程。每个合同段范围内的路基工程、路面工程、交通安全设施分别作为一个单位工程;特大桥、大桥、中桥、隧道以每座作为一个单位工程(特大桥、大桥、特长隧道、长隧道分为多个合同段施工时,以每个合同段作为一个单位工程);互通立交工程按合同段纳入相应单位工程。

(二)分部工程

在单位工程中,应按结构部位、路段长度及施工特点或施工任务分为若干个分部工程。每个合同段的路基土石方、排水、小桥、涵洞、通道、路面工程、标志、护栏等分别作为分部工程;桥梁基础及下部构造、上部构造等各作为一个分部工程;隧道洞口、洞身开挖、洞身衬砌、防排水、隧道路面、总体等各作为一个分部工程。

(三)分项工程

在分部工程中,应按不同的施工方法、材料、工序及路段长度等划分为若干个分项工程。路基、路面单位工程中分部工程和分项工程的划分如表 1-1 所示。

表 1-1　路基、路面单位工程中分部工程及分项工程的划分

单位工程	分部工程	分项工程
路基工程（每 10 km 或每标段）	路基土石方工程（1～3 km 路段）[①]	土方路基，填石路基，软土地基处治，土工合成材料处治层等
	排水工程（1～3 km 路段）[①]	管节预制，混凝土排水管施工，检查（雨水）井砌筑，土沟，浆砌水沟，盲沟，跌水，急流槽，水簸箕，排水泵站沉井、沉淀池等
	小桥及符合小桥标准的通道、人行天桥、渡槽（每座）	钢筋加工及安装，砌体，混凝土扩大基础，钻孔灌注桩，混凝土墩、台，墩、台身安装，台背填土，就地浇筑梁、板，预制安装梁、板，就地浇筑拱圈，混凝土桥面板桥面防水层，支座垫石和挡块，支座安装，伸缩装置安装，栏杆安装，混凝土护栏，桥头搭板，砌体坡面护坡，混凝土构件表面防护，桥梁总体等
	涵洞，通道（1～3 km 路段）[①]	钢筋加工及安装，涵台，管节预制，管座及涵管安装，波形钢管涵安装，盖板预制，盖板安装，箱涵浇筑，拱涵浇（砌）筑，倒虹吸竖井、集水井砌筑，一字墙和八字墙，涵洞填土，顶进施工的涵洞，砌体坡面防护，涵洞总体等
	防护及支挡工程（1～3 km 路段）[①]	砌体挡土墙，墙背填土，边坡锚固防护，土钉支护，砌体坡面防护、石笼防护，导流工程等
	大型挡土墙，组合式挡土墙（每处）	钢筋加工及安装，砌体挡土墙，悬臂式挡土墙，扶壁式挡土墙，锚杆、锚定板和加筋土挡土墙，墙背填土等
路面工程（每 10 km 或每标段）	路面工程（1～3 km 路段）[①]	垫层、底基层，基层，面层，路缘石，路肩等

注：①按路段长度划分的分部工程，高速公路、一级公路宜取低值，二级及二级以下公路可取高值。

二、工程质量评定

工程质量等级应分为合格与不合格。在分项评分的基础上，逐级计算各分部工程、单位工程、合同段和建设项目评分值。

施工单位应对各分项工程按《公路工程质量检验评定标准 第一册 土建工程》（JTG F80/1—2017）所列基本要求、实测项目和外观鉴定进行自检，按"分项工程质量检验评定

表”及相关施工技术规范提交真实、完整的自检资料，对工程质量进行自我评定。

工程监理单位应按规定要求对工程质量进行独立抽检，对施工单位检评资料进行签认，对工程质量进行评定。

建设单位根据对工程质量的检查及平时掌握的情况，对工程监理单位所做的工程质量评分及等级进行审定。

质量监督部门、质量检测机构可依据《公路工程质量检验评定标准 第一册 土建工程》(JTG F80/1—2017)对公路工程质量进行检测评定。

(一)工程质量评定方法

分项工程质量检验内容包括基本要求、实测项目、外观鉴定和质量保证资料四个部分。基本要求具有质量否决权，只有当其使用的原材料、半成品、成品及施工工艺符合基本要求的规定，且无严重外观缺陷和质量保证资料真实并基本齐全时，才能对分项工程质量进行检验评定。

涉及结构安全和使用功能的重要实测项目为关键项目[《公路工程质量检验评定标准 第一册 土建工程》(JTG F80/1—2017)中以“△”标识]，其合格率不得低于90%，且检测值不得超过规定极限值，否则必须进行返工处理。

1. 基本要求检查

分项工程所列基本要求对施工质量优劣具有关键作用，应按基本要求对工程进行认真检查。当经检查不符合基本规定要求时，不得进行工程质量的检验和评定。

2. 实测项目计分

对规定检查项目采用现场抽样方法，按照规定频率和下列计分方法对分项工程的施工质量直接进行检测计分。土方路基实测项目见表1-2，打“△”符号为关键项目。

表1-2 土方路基实测项目

<table>
<tr><th rowspan="2">序号</th><th rowspan="2" colspan="3">检查项目</th><th colspan="3">规定值或允许偏差</th><th rowspan="2">检查方法或频率</th></tr>
<tr><th>高速公路、一级公路</th><th>二级公路</th><th>三、四级公路</th></tr>
<tr><td rowspan="5">1△</td><td rowspan="5">压实度(%)</td><td rowspan="2">零填及挖方(m)</td><td>0~0.3</td><td>—</td><td>—</td><td>94</td><td rowspan="5">按《公路工程质量检验评定标准 第一册 土建工程》(JTG F80/1—2017)附录B检查。密度法：每200 m每压实层测2处</td></tr>
<tr><td>0~0.8</td><td>≥96</td><td>≥95</td><td>—</td></tr>
<tr><td rowspan="3">填方(m)</td><td>0~0.8</td><td>≥96</td><td>≥95</td><td>≥94</td></tr>
<tr><td>0.8~1.5</td><td>≥94</td><td>≥94</td><td>≥93</td></tr>
<tr><td>>1.5</td><td>≥93</td><td>≥92</td><td>≥90</td></tr>
<tr><td>2△</td><td colspan="3">弯沉值(0.01 mm)</td><td colspan="3">不大于设计验收弯沉值</td><td>按《公路工程质量检验评定标准 第一册 土建工程》(JTG F80/1—2017)附录J检查</td></tr>
<tr><td>3△</td><td colspan="3">纵断高程(mm)</td><td>+10，-15</td><td>+10，-20</td><td>+10，-20</td><td>水准仪：中线位置每200 m测2点</td></tr>
</table>

续表 1-2

序号	检查项目	规定值或允许偏差			检查方法或频率
		高速公路、一级公路	二级公路	三、四级公路	
4	中线偏位(mm)	50	100	100	全站仪:每 200 m 测 2 点,弯道加 HY、YH 两点
5	宽度(mm)	满足设计要求			尺量:每 200 m 测 4 点
6	平整度(mm)	≤15	≤20	≤20	3 m 直尺:每 200 m 测 2 处×5 尺
7	横坡(%)	±0.3	±0.5	±0.5	水准仪:每 200 m 测 2 个断面
8	边坡	满足设计要求			尺量:每 200 m 测 4 点

检查项目除按数理统计方法评定的项目以外,均应按单点(组)测定值是否符合标准要求进行评定,并按合格率计分。

$$检查项目合格率(\%)=\frac{检查合格的点(组)数}{该检查项目的全部检查点(组)数}\times 100\% \quad (1\text{-}1)$$

$$检查项目得分 = 检查项目合格率 \times 100 \quad (1\text{-}2)$$

对于路基路面的压实度、弯沉值、路面结构层厚度、水泥混凝土抗压强度和抗弯拉强度、半刚性材料无侧限抗压强度及路面横向力系数等检查项目,则应按要求采用有关数理统计方法进行评定计分。除路面横向力系数外,其余均为分项工程中的关键项目,若不符合要求,该分项工程评为不合格。

3. 外观缺陷减分

对工程外表状况应逐项进行全面检查,如发现外观缺陷,应进行减分。对于较严重的外观缺陷,施工单位须采取措施进行整修处理。

4. 资料不全减分

分项工程的施工资料和图表残缺,缺乏最基本的数据,或有伪造涂改者,不予检验和评定。资料不全者应予减分。

$$合同段工程质量鉴定得分 = 合同段工程质量得分 - 内业资料扣分 \quad (1\text{-}3)$$

(二)质量保证资料

施工单位应有完整的施工原始记录、试验数据、分项工程自查数据等质量保证资料,并进行整理分析,负责提交齐全、真实和系统的施工资料和图表。工程监理单位负责提交

齐全、真实和系统的监理资料。质量保证资料应包括以下六个方面:

(1)所用原材料、半成品和成品质量检验结果。

(2)材料配比、拌和加工控制检验和试验数据。

(3)地基处理、隐蔽工程施工记录和大桥、隧道施工监控资料。

(4)各项质量控制指标的试验记录和质量检验汇总图表。

(5)施工过程中遇到的非正常情况记录及其对工程质量影响分析。

(6)施工过程中如发生质量事故,经处理补救后,达到设计要求的认可证明文件等。

三、工程质量等级评定

(一)分项工程质量等级评定

分项工程评分值不小于75分者为合格;小于75分者为不合格;机电工程、属于工厂加工制造的桥梁金属构件不小于90分者为合格,小于90分者为不合格。评定为不合格的分项工程,经加固、补强或返工进行整修,满足设计要求后,可以重新评定其质量等级,但计算分部工程评分值时,按其复评分值的90%计算。

(二)分部工程质量等级评定

所属各分项工程全部合格,则该分部工程评为合格;所属任一分项工程不合格,则该分部工程评为不合格。

(三)单位工程质量等级评定

所属各分部工程全部合格,则该单位工程评为合格;所属任一分部工程不合格,则该单位工程评为不合格。

(四)合同段和建设项目质量等级评定

合同段和建设项目所含单位工程全部合格,其工程质量等级评为合格;所属任一单位工程不合格,则合同段和建设项目评为不合格。

第四节 试验检测数据处理

一、误差

由于试验方法、试验设备的不完善,周围环境的影响,以及受人们认识能力所限等,测量和试验所得数据与被测量的真值之间,不可避免地存在着差异,这在数值上即表现为误差。随着科学技术的日益发展和人们认识水平的不断提高,虽可将误差控制得愈来愈小,但终究不能完全消除它。大量实践证明了误差存在的必然性和普遍性。为了充分认识进而减小或消除误差,必须对测量过程和科学试验中始终存在着的误差进行研究。

研究误差的意义为:

(1)正确认识误差的性质,分析误差产生的原因,以消除或减小误差。

(2)正确处理测量和试验数据,合理计算所得结果,以便在给定条件下得到更接近于真值的数据。

(3)正确组织试验过程,合理设计仪器或选用仪器和测量方法,以便在最经济条件下，得到理想的结果。

（一）误差的定义及表示法

所谓误差就是测得值与被测量的真值之间的差，可用下式表示：

$$误差 = 测得值 - 真值 \tag{1-4}$$

例如，在长度计算测试中，测某一尺寸的误差公式具体形式为：

$$误差 = 测得尺寸 - 真实尺寸 \tag{1-5}$$

测量误差既可用绝对误差表示，也可用相对误差表示。

1. 绝对误差

某测量值的测得值和真值之差为绝对误差，通常简称为误差，即

$$绝对误差 = 测得值 - 真值 \tag{1-6}$$

由式（1-10）可知，绝对误差可能是正值或负值。

所谓真值是指在观测某个量时，该量本身所具有的真实大小。量的真值是一个理想的概念，一般是不知道的，但在某些特定情况下，真值又是可知的。例如，三角形三个内角之和为180°，一个整圆周角为360°，按定义规定的国际千克基准的值可认为真值是1 kg等。为了使用上的需要，在实际观测中，常用被测的值的实际值来代替真值，而实际值的定义是满足规定精确度的用来代替真值使用的量值。例如，在检定工作中，把高一等级精度的标准所测得的量值称为实际值。如用二等标准活塞压力计测量某压力，测得值为9 000.2 N/cm^2，若该压力用高一等级的精确方法测得值为9 000.5 N/cm^2，则后者可视为实际值，此时二等标准活塞压力计的测量误差为$-0.3\ N/cm^2$。

在实际学习工作中，经常使用修正值。为消除系统误差，用代数法加到测量结果上的值称为修正值；将测得值加上修正值后可得近似的真值，即

$$真值 \approx 测得值 + 修正值 \tag{1-7}$$

由此得

$$修正值 = 真值 - 测得值 \tag{1-8}$$

修正值与误差值的大小相等而符号相反，测得值加修正值后可以消除该误差的影响。但必须注意，一般情况下难以得到真值，因为修正值本身也有误差，修正后只能得到较测得值更为准确的结果。

2. 相对误差

绝对误差与被测量的真值之比值称为相对误差。因测得值与真值接近，故也可近似用绝对误差与测得值之比值作为相对误差。

$$相对误差 = \frac{绝对误差}{真值} \approx \frac{绝对误差}{测得值} \tag{1-9}$$

由于绝对误差可能为正值或负值，因此相对误差也可能为正值或负值。

相对误差是无名数，通常以百分数（%）来表示。例如，用水银温度计测得某一温度为20.3 ℃，该温度用高一等级的温度计测得值为20.2 ℃，因后者精度高，故可认为20.2 ℃接近真实温度，而水银温度计测量的绝对误差为0.1 ℃，其相对误差为

$$\frac{0.1}{20.2} \approx \frac{0.1}{20.3} \approx 0.5\%$$

对于相同的被测量，绝对误差可以评定其测量精度的高低，但对于不同的被测量以及不同的物理量，绝对误差就难以评定其测量精度的高低，而采用相对误差来评定较为确切。

例如，用两种方法来测量 $L_1 = 100$ mm 的尺寸，其测量误差分别为 $\delta_1 = \pm 10\ \mu m$，$\delta_2 = \pm 8\ \mu m$，根据绝对误差大小，可知后者的测量精度高。但若用第三种方法来测量 $L_2 = 80$ mm 的尺寸，其测量误差为 $\delta_3 = \pm 7\ \mu m$，此时用绝对误差就难以评定它与前两种方法精度的高低，必须采用相对误差来评定。

第一种方法的相对误差为

$$\frac{\delta_1}{L_1} = \pm \frac{10\ \mu m}{100\ mm} = \pm \frac{10}{100\ 000} = \pm 0.01\%$$

第二种方法的相对误差为

$$\frac{\delta_2}{L_1} = \pm \frac{8\ \mu m}{100\ mm} = \pm \frac{8}{100\ 000} = \pm 0.008\%$$

第三种方法的相对误差为

$$\frac{\delta_3}{L_2} = \pm \frac{7\ \mu m}{80\ mm} = \pm \frac{7}{80\ 000} = \pm 0.009\%$$

由此可知，第一种方法精度最低，第二种方法精度最高。

3. 引用误差

所谓引用误差指的是一种简化和实用方便的仪器仪表表示值的相对误差，它是以仪器仪表某一刻度点的示值误差为分子，测量范围上限值或全量程为分母，所得的比值称为引用误差，即：

$$引用误差 = \frac{示值误差}{测量范围上限值} \tag{1-10}$$

例如，测量范围上限值为 19 600 N 的工作测力计（拉力表）作用力为 14 778.4 N，则此测力计在该刻度点的引用误差为

$$\frac{14\ 700\ N - 14\ 778.4\ N}{19\ 600\ N} = \frac{-78.4}{19\ 600} = -0.4\%$$

在仪器全量程范围内有多个刻度点，每个刻度都有相应的引用误差，其中绝对值最大的引用误差称为仪器的最大引用误差。

【例 1-1】 某台标称示值范围为 0 ~ 150 V 的电压表（即满量程为 150 V），在示值为 100 V 处，用标准电压表检定得到的电压表实际示值为 99.4 V，求使用该电压表在测得示值为 100 V 时的绝对误差、相对误差和引用误差？

解： 由式(1-10)、式(1-13)、式(1-14)，分别可得该电压表在 100 V 处的

$$绝对误差 = 100\ V - 99.4\ V = 0.6\ V$$

$$相对误差 = \frac{0.6\ V}{99.4\ V} \times 100\% \approx \frac{0.6\ V}{100\ V} \times 100\% = 0.6\%$$

$$引用误差 = \frac{100\ V - 99.4\ V}{150\ V} \times 100\% = 0.4\%$$

(二)误差来源

在测量过程中,误差产生的原因可归纳为以下几个方面。

1. 测量装置误差

1)标准量具误差

以固定形式复现标准量值的器具,如标准量块、标准电池、标准电阻、标准砝码等,它们本身体现的量值,不可避免地都含有误差。

2)仪器误差

凡用来直接或间接将被测量和已知量进行比较的器具设备,称为仪器或仪表,如天平等比较仪器,压力表、温度计等指示仪表,他们本身都具有误差。

3)附件误差

仪器的附件及附属工具,如测长仪的标准环规、千分尺的调整量棒等的误差,也会引起测量误差。

2. 环境误差

由于各种环境因素与规定的标准状态不一致而引起的测量装置和被测量本身的变化所造成的误差,如温度、湿度、气压(引起空气各部分的扰动)、振动(外界条件及测量人员引起的振动)、照明(引起视差)、重力加速度、电磁场等所引起的误差。通常仪器仪表在规定的正常工作条件下所具有的误差称为基本误差,而超出此条件时所增加的误差称为附加误差。

3. 方法误差

由于测量方法不完善所引起的误差,如采用近似的测量方法而造成的误差。例如,用钢卷尺测量大轴的圆周长 s,再通过计算求出大轴的直径 $d = s/\pi$,因近似数 π 取值的不同,将会引起误差。

4. 人员误差

由于测量者受分辨能力的限制,因工作疲劳引起的视觉器官的生理变化,固有习惯引起的读数误差,以及精神上的因素产生的一时疏忽等所引起的误差。

总之,在计算测算结果的精度时,对上述 4 个方面的误差来源,必须进行全面的分析,力求不遗漏、不重复,特别要注意对误差影响较大的那些因素进行分析。

(三)误差分类

按照误差的特点与性质,误差可分为系统误差、随机误差和粗大误差三类。

1. 系统误差

在同一条件下,多次测量同一量值时,绝对值和符号保持不变,或在条件改变时,按一定规律变化的误差称为系统误差。例如,标准量值的不准确、仪器刻度的不准确而引起的误差。

系统误差还可按下列方法分类。

1)按对误差掌握的程度分

(1)已定系统误差,是指误差绝对值和符号已经确定的系统误差。

(2)未定系统误差,是指误差绝对值和符号未能确定的系统误差,但通常可估计出误差范围。

2）按误差出现的规律分

（1）不变系统误差，是指误差绝对值和符号固定的系统误差。

（2）变化系统误差，是指误差绝对值和符号变化的系统误差。按其变化规律，又可分为线性系统误差、周期性系统误差和复杂规律系统误差等。

2. 随机误差

在同一测量条件下，多次测量同一量值时，绝对值和符号以不可预知方式变化的误差称为随机误差。例如，仪器仪表中传动部件的间隙和摩擦、连接件的弹性变形等引起的示值不稳定。

3. 粗大误差

超出在规定条件下预期的误差称为粗大误差，或称“寄生误差”。此误差值较大，明显歪曲测量结果，如测量时对错了标志、读错或记错了数、使用有缺陷的仪器以及在测量时因操作不细心而引起的过失性误差等。

上面虽将误差分为三类，但必须注意，各类误差之间在一定条件下可以相互转化。对某项具体误差，在此条件下为系统误差，而在另一条件下可为随机误差，反之亦然。如按规定基本尺寸制造的量块，存在着制造误差。对某一块量块的制造误差是确定数值，可认为是系统误差，但对一批量块而言，制造误差是变化的，又称为随机误差。在使用某一量块时，没有检定出该量块的尺寸偏差，而按基本尺寸使用，则制造误差属随机误差；若检定出量块的尺寸偏差，按实际尺寸使用，则制造误差属系统误差。

掌握误差转化的特点，可将系统误差转化为随机误差。如用数据统计处理方法减小误差的影响；或将随机误差转化为系统误差，用修正方法减小其影响。

总之，系统误差和随机误差之间并不存在绝对的界限。随着对误差性质认识的深化和测试技术的发展，有可能把过去作为随机误差的某些误差分离出来作为系统误差处理，或把某些系统误差当作随机误差来处理。

（四）精度

反映测量结果与真值接近程度的量，通常称为精度，它与误差的大小相对应，因此可用误差大小来表示精度的高低，误差小则精度高，误差大则精度低。

精度可分为：

（1）准确度：反映测量结果中系统误差的影响程度。

（2）精密度：反映测量结果中随机误差的影响程度。

（3）精确度：反映测量结果中系统误差和随机误差综合的影响程度，其定量特征可用测量的不确定度（或极限误差）来表示。

精度在数量上有时可用相对误差来表示，如相对误差为 0.01%，可笼统地说其精度为 10^{-4}；若纯属随机误差引起，则说其精密度为 10^{-4}；若由系统误差与随机误差共同引起，则说其精确度为 10^{-4}。

对于具体的测量，精密度高的准确度不一定高，准确度高的精密度也不一定高，但精确度高，则精密度与准确度都高。

如图 1-1 所示的打靶结果，子弹落在靶心周围有三种情况，图 1-1（a）的系统误差小而随机误差大，即准确度高而精密度低；图 1-1（b）的系统误差大而随机误差小，即准确度低而精密度高;图 1-1(c)的系统误差与随机误差都小,即精确度高,我们希望得到精确度高的结果。

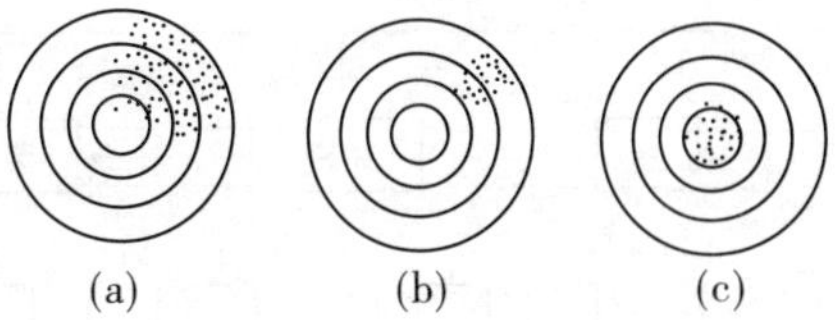

图 1-1 打靶结果

误差来源、分类和精度评定的系统见图 1-2。

(五)有效数字与数据运算

在测量结果和数据运算中,确定用几位数字来表示测量或数据运算的结果,是一个十分重要的问题。测量结果既然包含有误差,说明它是一个近似数,其精度有一定限度,在记录测量结果的数据位数或进行数据运算时的取值多少时,皆应以测量所能达到的精度为依据。如果认为,不论测量结果的精度如何,这个数值中小数点后面的位数愈多,这个数值就愈精确;或者在数据运算中,保留的位数愈多,精度就愈高,这种认识是片面的。若将不必要的数字写出来,既费时间,又无意义。一方面,是因为小数点的位置决定不了精度,它仅与所采用的单位有关,如 35.6 mm 和 0.035 6 m 的精度完全相同,只是小数点位置不同。另一方面,测量结果的精度与所用测量方法及仪器有关,在记录或数据运算时,所取的数据位数,其精度不能超过测量所能达到的精度;反之,若低于测量精度,也是不正确的,因为它将损失精度。此外,在求解方程组时,若系数为近似值,其取值对方程组的解有很大影响。例如,下面的方程组(a)和(b)及其对应解为

$$\begin{cases} x - y = 1 \\ x - 1.000\,1y = 0 \end{cases} \qquad (a)\ 对应解 \begin{cases} x = 10\,001 \\ y = 10\,000 \end{cases}$$

$$\begin{cases} x - y = 1 \\ x - 0.999\,9y = 0 \end{cases} \qquad (b)\ 对应解 \begin{cases} x = -9\,999 \\ y = -10\,000 \end{cases}$$

两个方程组仅有一个系数相差万分之二,但所得结果差异极大,由此也可看出,研究有效数字和数据运算规则的重要性。

1. 有效数字

含有误差的任何近似数,如果其绝对误差界是最末位数的半个单位,那么从这个近似数左方起的第一个非零的数字,称为第一位有效数字。从第一位有效数字起到最末一位数字止的所有数字,不论是零或非零的数字,都叫有效数字。若具有 n 个有效数字,就说是 n 位有效位数。例如取 $\pi = 3.14$,第一位有效数字为 3,共有 3 位有效位数;又如 0.002 7,第一位有效数字为 2,共有两位有效位数,而 0.002 70 则为 3 位有效位数。

若近似数的右边带有若干个零的数字,通常把这个近似数写成 $a \times 10^n$,而 $1 \leqslant a < 10$,利用这种写法,可从 a 含有几个有效数字来确定近似数的有效位数。如 2.400×10^3 表示 4 位有效位数;2.40×10^3 和 2.4×10^3,分别表示 3 位和 2 位有效位数。在测量结果中,最末一位有效数字取到哪一位,是由测量精度来决定的,即最末一位有效数字应与测量精度是同一量级的。例如,用千分尺测量时,其测量精度只能达到 0.01 mm,若测出长度

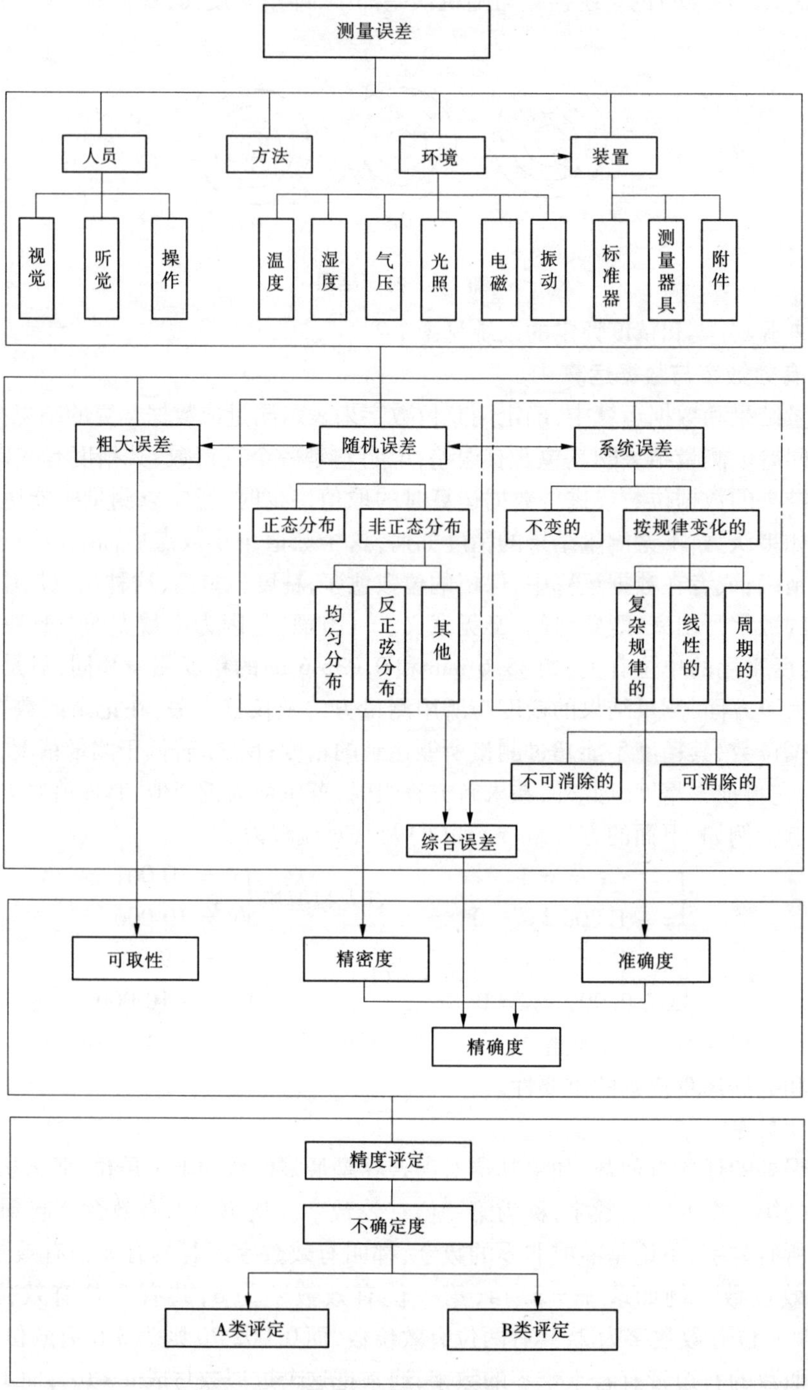

图 1-2　误差来源、分类和精度评定的系统

$l=20.531$ mm，显然小数点后第二位数字已不可靠，而第三位数字更不可靠，此时只应保留小数点后第二位数字，即写成 $l=20.53$ mm，为 4 位有效位数。由此可知，测量结果应保留的位数原则是：其最末一位数字是不可靠的，而倒数第二位数字应是可靠的。测量误差一般取 1～2 位有效数字，因此上述用千分尺测量结果 l 可表示为 $l=(20.53\pm0.01)$ mm。在进行比较重要的测量时，测量结果和测量误差可比上述原则再多取一位数字作为参考，如测量结果可表示为 15.214 ± 0.042。因此，凡遇有这种形式表示的测量结果，其可靠数字为倒数第三位数字，不可靠数字为倒数第二位数字，而最后一位数字则为参考数字。

2. 数字修约规则

对于位数很多的近似数，当有效位数确定后，其后面多余的数字应予舍去，而保留的有效数字最末一位数字应按下面的舍入规则进行凑整。

(1) 若舍去部分的数值，大于保留部分的末位的半个单位，则末位加 1。

(2) 若舍去部分的数值，小于保留部分的末位的半个单位，则末位不变。

(3) 若舍去部分的数值，等于保留部分的末位的半个单位，则末位奇升偶舍，即当末位为偶数时则末位不变，当末位为奇数时则末位加 1。

例如，按上述舍入规则，将下面各个数据保留 4 位有效数字进行凑整：

原有数据	舍入后数据
1.141 59	1.142
2.717 29	2.717
4.510 50	4.510
3.215 50	3.216
6.378 501	6.379
7.691 499	7.691
5.434 60	5.435

由于数字舍入而引起的误差称为舍入误差，按上述规则进行数字舍入，其舍入误差皆不超过保留数字最末位的半个单位。必须指出，这种舍入规则的第三条明确规定，被舍去的数字不是见 5 就入，从而使舍入误差成为随机误差，在大量运算时，其舍入误差的均值趋于零。这就避免了过去所采用的四舍五入规则时，由于舍入误差的累积而产生系统误差。

3. 数据运算规则

在近似数运算中，为了保证最后结果有尽可能高的精度，所有参与运算的数据，在有效数字后可多保留一位数字作为参考数字，或称为安全数字。

(1) 在近似数加减运算时，各运算数据以小数位数最少的数据位数为准，其余各数据可多取一位小数。但最后结果应与小数位数最少的数据小数位相同。

例如，求 $2\,643.0+987.7+4.187+0.235\,4$ 的值。

$$2\,643.0+987.7+4.187+0.235\,4\approx2\,643.0+987.7+4.19+0.24$$
$$=3\,635.13\approx3\,635.1$$

(2) 在近似数乘除运算时，各运算数据以位数最少的数据位数为准，其余各数据要比有效位数最少的数据位数多取一位数字，而最后结果应与有效位数最少的数据位数相同。

例如，求 15.13×4.12 的值。

$15.13\times4.12=62.3356\approx62.33$

(3)在近似数平方或开方运算时，平方相当于乘法运算，开方是平方的逆运算，故可按乘除运算处理。

(4)在对数运算时，n 位有效数字的数据应该用 n 位对数表，或用 $(n+1)$ 位对数表，以免损失精度。

(5)三角函数运算中，所取函数值的位数应随角度误差的减小而增多，其对应关系如表 1-3 所示。

表 1-3 函数值的位数与角度误差的关系

角度误差(″)	10	1	0.1	0.01
函数值位数	5	6	7	8

以上所述的运算规则，都是一些常见的最简单情况，但实际问题的数据运算皆较复杂，往往 1 个问题要包括几种不同的简单运算，对中间的运算结果所保留的数据位数可比简单运算结果多取一位数字。

二、试验检测数据整理

试验检测数据的整理是试验检测工作中的一项重要内容。由于试验检测中得到的数值都是近似值，而且在运算过程中还可能运用无理数构成的常数，因此为了获得准确的试验检测结果，同时为了节省运算时间，必须按误差理论的规定和数字修约规则截取所需要的数据。此外，误差表达方式反映了对试验检测结果的认识是否正确，也利于用户对试验检测结果的正确理解。

(1)数据处理时应注意：检测数据异常值的判定方法，区分可剔除异常值与不可剔除异常值，整理后的数据应填入原始记录的相应部分。

(2)检测数据的有效位数与检测系统的准确度相适应，不足部分用“0”补充，以便测试数据位数相等。

(3)当同一参数检测数据个数少于 3 时，用算术平均法；当同一参数检测数据个数多于 3 时，建议采用数理统计方法，计算代表值。

(4)同一参数异常值的判断，可根据精度采用拉依达法（即 3σ 法）、肖维纳特法和格拉布斯法等方法进行判断。

这里要强调一下对比检测，应使用 3 台与原检测仪器准确度相同的仪器对检测项目进行重复性试验。如检测结果与原检测数据相符，则证明此异常值是由产品性能波动造成的；如检测结果与原检测数据不相符，则证明此值是因仪器造成的，可以剔除。

三、试验检测结果判定

在工程质量检验评定中，施工质量的不合格率是大家所关心的问题；由于所抽子样的数据都是随机变量，它们总是存在一定的波动。看到数据有一些变化，或某检测数据低于技术规定要求,就认为施工质量或产品有问题,这样的判定方法是不慎重的,也是缺乏科学依据的,因此很容易给施工带来损失。试验检测结果的整理和判断必须按照相关公路工程质量检验评定标准及相关规范规程等进行。

本章小结

本章主要学习了试验检测的目的和意义、试验检测的内容和依据、质量检验评定方法、试验检测数据处理。

复习思考题

1. 试验检测的目的和意义是什么?
2. 试验检测的依据是什么?
3. 简述质量检验评定的方法。

第二篇　路基路面试验检测

第二章　现场测试随机选点及取样

【教学目标】

（1）学生通过学习视频、PPT、现场检测实践，能对路基路面现场测试随机选点，并能按照数理统计原理在路基路面现场测定时确定测试区间、测定断面、测点位置，正确率达90%以上。

（2）学生通过学习视频、PPT、规范规程及现场观摩，会正确操作路面取芯设备，为后续厚度及压实度检测钻取芯样做好准备。

第一节　路基路面现场测试随机选点

公路现场测试采用随机选点的方法非常重要，尽管该方法在我国已推行多年，但是使用并不普遍，主要原因是各种施工规范、质量评定标准及相关试验方法要求不明确。路基路面现场测试随机选点的方法是按数理统计原理，根据样本取得的质量数据来推测、判断总体质量，是在路基路面施工现场测定时，为采取代表性数据而确定测点位置的方法。

对于连续测量的自动化检测设备，可不按照本测试方法作要求。

一、目的与适用范围

（1）随机取样选点的方法是按数理统计原理在路基路面现场测定时确定测定区间、测定断面、测点位置的方法。

（2）本方法适用于公路路基路面各个层次及各种现场测定时，为采取代表性试验数据而确定测定区间、测定断面、测点位置时使用。

二、选点仪具与材料

（1）量尺：钢尺、皮尺等。

（2）硬纸片：编号从 1 ~28 共 28 块，每块大小为 2.5 cm×2.5 cm，装在一个布袋中。

（3）骰子：2 个。

（4）其他：毛刷、粉笔等。

三、选点方法与步骤

（一）测定区间或断面确定方法

（1）路段确定：根据路面施工或验收、质量评定方法等有关规范确定需检测的路段。

它可以是一个作业段、一天完成的路段或路线全程，在路基路面工程检查验收时，通常以 1 km 为一个检测路段，此时，检测路段的确定也按本方法的步骤进行。

(2)将确定的测试路段划分为一定长度的区间或按桩号间距(一般为 20 m)划分为若干个断面，将其编号为第 n 个区间或第 n 个断面，其总的区间数或断面数为 T。

(3)从布袋中随机摸出一块硬纸片，硬纸片上的号数即《公路路基路面现场测试规程》(JTG E60—2008)附表 A 中表 A-1 栏号，从 1 ~ 28 栏中选出该栏号的一栏。

(4)按照测定区间数、断面数的频度要求(总的取样数 n，当 $n>30$ 时应分次进行)，依次找出与 A 列中 01、02、…、n 对应的 B 列中的值，共 n 对对应的 A、B 值。

(5)将 n 个 B 值与总的区间数或断面数 T 相乘，四舍五入成整数，即得到 n 个断面的编号，与 A 样的 1、2、…、n 对应。

例如，按照有关规范规定，拟从 K0 +000 ~ K1 +000 的 1 km 检测路段中选择 20 个断面测定路面宽度、高程、横坡等外形尺寸，断面确定方法如下。

(1) 1 km 总长的断面数 $T=1\,000/20=50$ 个，编号 1、2、…、50。

(2)从布袋中摸出一块硬纸片，其编号为 14，即使用表 2-1 中的第 14 栏。

(3)从第 14 栏 A 列中挑出小于或等于 20 所对应的 B 列数值，将 B 与 T 相乘，四舍五入得到 20 个断面号，并得到 20 个断面的桩号，如表 2-1 所列。

表 2-1　路面宽度、高程、横坡度检测断面随机选点计算表

断面编号	14 栏 A 列	B 列	B × T	断面号	桩号
1	17	0.089	4.45	4	K0 +080
2	10	0.149	7.45	7	K0 +140
3	13	0.244	12.2	12	K0 +240
4	08	0.264	13.2	13	K0 +260
5	18	0.285	14.25	14	K0 +280
6	06	0.340	17.05	17	K0 +340
7	06	0.359	17.95	18	K0 +360
8	20	0.387	19.35	19	K0 +380
9	14	0.392	19.60	20	K0 +400
10	03	0.408	20.40	20	K0 +420
11	16	0.527	26.35	26	K0 +520
12	05	0.797	39.85	40	K0 +800
13	15	0.801	40.05	40	K0 +820
14	12	0.836	41.80	42	K0 +840
15	04	0.854	42.70	43	K0 +860
16	11	0.884	44.20	44	K0 +880
17	19	0.886	44.30	44	K0 +900
18	07	0.929	46.45	46	K0 +920
19	09	0.932	46.60	47	K0 +940
20	01	0.970	48.50	49	K0 +980

（二）测点位置确定方法

（1）从布袋中任意取出一块硬纸片，纸片上的号数即为表 2-1 中的栏号，从 1 ~ 28 栏中选出该栏号的一栏。

（2）按照测点数的频度要求（总的取样为 n）依次找出栏号的取样位置数，每个栏号均有 A、B、C 三列。根据检验数量 n（当 n 大于 30 时应分次进行），在所定栏号的 A 列，找出等于所需取样位置数的全部数，如 01、02、…、n。

（3）确定取样位置的纵向距离，找出与 A 列中相对应的 B 列中的数值，以此数乘以检测区间的总长度，并加在该段的起点桩号上，即得出取样位置距该段起点的距离或桩号。

（4）确定取样位置的横向距离，找出与 A 列中相对应的 C 列中的数值，以此数乘以检测路面的宽度，再减去宽度的一半，即得取样位置离路面中心线的距离。若差值是正值（+），表示在中心线的右侧；若差值是负值（-），表示在中心线的左侧。

例如，按照有关规范规定，检查验收时拟在 K0 +000 ~ K1 +000 的 1 km 检测路段中选择 6 个测点进行钻孔取样检验压实度、沥青用量和矿料级配等，钻孔位置确定方法如下：

（1）选定的随机栏号为 3；

（2）栏号 3 中 A 列从上至下小于或等于 6 的数分别为：01、06、03、02、04 及 05。

（3）B 列中与这 6 个数相应的 6 个小数分别为 0.175、0.310、0.494、0.699、0.838 及 0.977。

（4）取样路段长度 1 000 m，计算得出 6 个乘积（取样位置与该段起点距离的乘积）分别为 175 m、310 m、494 m、699 m、838 m、977 m。

（5）C 列中与这 6 个数相应的 6 个小数分别为 0.647、0.043、0.929、0.073、0.166 及 0.494。

（6）路面宽度为 10 m，计算得 6 个乘积分别是 6.47 m、0.43 m、9.29 m、0.73 m、1.66 m 及 4.94 m。再减去路面宽度的一半，6 个取样的横向位置分别是右侧 1.47 m、左侧 4.57 m、右侧 4.29 m、左侧 4.27 m、左侧 3.34 m 及左侧 0.06 m。

上述计算结果可采用表 2-2 的方式表示。

表 2-2 钻孔位置随机取样选点计算表

栏号 3			取样路段长 1 000 m			路面宽度 10 m	测点数 6 个
测点编号	A 列	B 列	距起点距离（m）	桩号	C 列	距路边缘距离（m）	距中线位置（m）
1	01	0.175	175	K0 +175	0.647	6.47	右 1.47
2	06	0.310	310	K0 +310	0.043	0.43	左 4.57
3	03	0.494	494	K0 +494	0.929	9.29	右 4.29
4	02	0.699	699	K0 +699	0.073	0.73	左 4.27
5	04	0.838	838	K0 +838	0.166	1.66	左 3.34
6	05	0.977	977	K0 +977	0.494	4.94	左 0.06

第二节　现场取样

从路面上钻孔取样是近年来广泛采用的标准试验方法，钻孔试样可用来测定厚度、密度、材料级配及其他许多试验。

一、目的与适用范围

(1)本方法适用于路面取芯钻机或路面切割机在现场钻取或切割路面的代表性试样。

(2)本方法适用于对水泥混凝土面层、沥青混合料面层或水泥、石灰、粉煤灰等无机结合料稳定基层取样，以测定其密度或其他物理力学性质。

(3)本方法钻孔采取芯样的直径不宜小于最大集料粒径的 3 倍。

二、仪具与材料技术要求

(1)路面取芯钻机：一般为牵引式(可手推)或车载式，钻机由发动机或电力驱动。钻头直径根据需要确定，选用直径为 100 mm 或 150 mm 的金刚石钻头，均有淋水冷却装置。常见的路面取芯钻机如图 2-1 所示。

(2)路面切割机：一般为手推式或牵引式，由发动机或电力驱动，也可利用汽车动力由液压泵驱动，附金刚石锯片，有淋水冷却装置。常见的路面切割机如图 2-2 所示。

图 2-1　路面取芯钻机

图 2-2　路面切割机

(3)台秤。

(4)盛样器(袋)或铁盘等。

(5)干冰(固体 CO_2)。

(6)试样标签。

(7)其他：镐、铁锹、量尺(绳)、毛刷、硬纸、棉纱等。

钻头有两种：一类适用于对水泥混凝土路面与无机结合料稳定基层使用，另一类适用于沥青面层，也可通用，均有淋水冷却装置。芯样的直径取决于钻头，通常有 ϕ50 mm、

ϕ100 mm、ϕ150 mm，按照试件直径大于最大集料粒径 3 倍的要求，对沥青混合料及水泥混凝土路面通常采用 ϕ100 mm 的钻头；对水泥、石灰等无机结合料稳定基层，细粒土可使用 ϕ100 mm，粗粒土可使用 ϕ150 mm。

三、选点方法与步骤

（一）准备工作

（1）确定路段。可以是一个作业段、一天完成的路段，或按相关规范的规定选取一定长度的检查路段。

（2）按第一节路基路面现场测试随机选点的方法确定取样的位置。

（3）将取样位置清扫干净。

（二）采样步骤

（1）在选取采样地点的路面上，先用粉笔对钻孔位置作出标记或画出切割路面的大致面积，切割路面的面积根据目的和需要确定。

（2）用钻机在取样地点垂直对准路面放下钻头，牢固安放钻机，使其在运转过程中不得移动。

（3）开放冷却水，启动电动机，徐徐压下钻杆，钻取芯样，但不得使劲下压钻头。待钻透全厚后，上抬钻杆，拔出钻头，停止转动，不使芯样损坏，取出芯样。沥青混合料芯样及水泥混凝土芯样可用清水漂洗干净备用。

注：由于试验需要不能用水冷却时，应采用干钻孔，此时为保护钻头，可先用干冰约 3 kg 放在取样位置上，冷却路面约 1 h，钻孔时通以低温 CO_2 等冷却气体以代替冷却水。

（4）用切割机切割时，将锯片对准切割位置，开放冷却水，启动电动机，徐徐压下锯片到要求深度（厚度），仔细向前推进，到需要长度后抬起锯片，四面全部锯毕后，用镐或铁锹仔细取出试样。取得的路面试块应保持边角完整，颗粒不得散失。

（5）采取的路面混合料试样应整层取样，试样不得破碎。

（6）将钻取的芯样或切割的试块，妥善盛放于盛样器中，必要时用塑料袋封装。

（7）填写样品标签，一式两份，一份粘贴在试样上，另一份作为记录备查。试样标签的示例如图 2-3 所示。

试样编号：____________________

路线或工程名称：____________________

材料品种：____________________

施工日期：____________________

取样日期：____________________

取样位置：桩号________中心线左______ m 右______ m

取样人：____________________

试样保管人：____________________

备注：____________________

（注明试样用途或试验结果等）

图 2-3　试样标签的示例

(8)对取样的钻孔或被切割的路面坑洞,应采用同类型材料填补压实,但取样时留下的水分应用棉纱等吸走,待干燥后再补充。

本章小结

本章主要学习了路基路面现场测试随机选点及现场取样相关知识,重点讲述公路路基、路面现场随机选点的方法,分别对选点及选样方法目的与适用范围,选用仪器材料、方法及步骤,以及表格记录要素等进行了讲解。

复习思考题

判断题,正确的打"√",错误的打"×"。

1. 钻取路面混合料试样可不整层取样,但试样不得破碎。(　　)
2. 对取样时留下的水分应用棉纱等吸走,待干燥后再补充。(　　)
3. 路面取芯钻机可针对钻取材料决定是否放置淋水冷却装置。(　　)

第三章　几何尺寸检测

【教学目标】

(1)学生通过学习视频、PPT、现场检测实践,能进行路基路面几何尺寸检测,能运用挖坑法和钻芯法测定路面厚度,并能对测试结果进行分析处理,正确率达90%以上。

(2)学生通过学习视频、PPT、现场观摩,能描述短脉冲测试系统的组成、测定路面厚度的原理,并能对测试结果进行分析处理,正确率达80%以上。

【引例导入】

2012年12月4日,我国台湾省南投县信义乡神木村联外道路,沥青路面厚度不够,道路已损坏,如图3-1所示。

图3-1　我国台湾省南投县信义乡神木村联外道路

在实际生活中,由于道路几何尺寸不满足设计要求,路面厚度不足引起道路损坏的实例屡见不鲜,加强对路基路面几何尺寸及路面厚度的检测,对确保道路工程质量具有重要意义。

第一节　路基路面几何尺寸检测

一、目的与适用范围

本方法适用于路基路面各部分的宽度、纵断面高程、横坡及中线平面偏位等几何尺寸的检测,以供道路施工过程、路面交竣工验收及旧路调查使用。

二、检测项目与要求

在路基路面施工过程中、交工验收期间及旧路调查中，都需要检测路基路面各部分的几何尺寸，以保证其符合规定的要求。几何尺寸检测所用的仪器与材料有钢尺、全站仪、精密水准仪、塔尺、粉笔等。路基路面常见结构层几何尺寸检测项目及要求如表 3-1 所示。其他结构层检测项目的要求参见《公路工程质量检验评定标准 第一册 土建工程》(JTG F80/1—2017)。

表 3-1 几何尺寸检测项目及要求

结构名称	检查项目	规定值或允许偏差		检查频率
		高速、一级公路	其他公路	
土方路基	纵断高程(mm)	+10，-15	+10，-20	水准仪：中线位置每 200 m 测 2 点
	中线偏位(mm)	50	100	全站仪：每 200 m 测 2 点，弯道加 *HY*、*YH* 两点
	宽度(mm)	满足设计要求		尺量：每 200 m 测 4 点
	横坡(%)	±0.3	±0.5	水准仪：每 200 m 测 2 个断面
	边坡	满足设计要求		尺量：每 200 m 测 4 点
石方路基	纵断高程(mm)	+10，-20	+10，-30	水准仪：中线位置每 200 m 测 2 点
	中线偏位(mm)	≤50	≤100	全站仪：每 200 m 测 2 点，弯道加 *HY*、*YH* 两点
	宽度(mm)	满足设计要求		尺量：每 200 m 测 4 点
	横坡(%)	±0.3	±0.5	水准仪：每 200 m 测 2 个断面
	边坡 坡度	满足设计要求		尺量：每 200 m 测 4 点
	边坡 平顺度	满足设计要求		
稳定粒料(碎石、砂砾或矿渣等)底基层	纵断高程(mm)	+5，-15	+5，-20	水准仪：每 200 m 测 2 个断面
	宽度(mm)	满足设计要求		尺量：每 200 m 测 4 点
	横坡(%)	±0.3	±0.5	水准仪：每 200 m 测 2 个断面

续表 3-1

结构名称	检查项目		规定值或允许偏差		检查频率
			高速、一级公路	其他公路	
稳定粒料（碎石、砂砾或矿渣等）基层	纵断高程(mm)		+5，-10	+5，-15	水准仪:每 200 m 测 2 个断面
	宽度(mm)		满足设计要求		尺量:每 200 m 测 4 点
	横坡(%)		±0.3	±0.5	水准仪:每 200 m 测 2 个断面
沥青混凝土面层和沥青碎(砾)石面层	中线平面偏位(mm)		20	30	全站仪:每 200 m 测 2 点
	纵断高程(mm)		±15	±20	水准仪:每 200 m 测 2 个断面
	宽度(mm)	有侧石	±20	±30	尺量:每 200 m 测 4 个断面
		无侧石	不小于设计值		
	横坡(%)		±0.3	±0.5	水准仪:每 200 m 测 2 个断面
水泥混凝土面层	中线平面偏位(mm)		20		全站仪:每 200 m 测 2 点
	路面宽度(mm)		±20		尺量:每 200 m 测 4 点
	纵断高程(mm)		±10	±15	水准仪:每 200 m 测 2 个断面
	横坡(%)		±0.15	±0.25	水准仪:每 200 m 测 2 个断面

三、方法与步骤

(一)准备工作

(1)在路基或路面上准确恢复桩号。

(2)按随机取样的方法,在一个检测路段内选取测定的断面位置及里程桩号,在测定断面作上记号。通常将路面宽度、横坡、高程及中线偏位选在同一断面位置,且宜在整数桩号上。

(3)根据道路设计的要求,确定路基路面各部分的设计宽度的边界位置,在测定位置上用粉笔作上记号。

(4)根据道路设计的要求,确定设计高程的纵断面位置,在测定位置上用粉笔作上记号。

(5)根据道路设计的要求,在与中线垂直的横断面上确定成型后的路面的实际中线位置。

(6)根据道路设计的路拱形状,确定曲线与直线部分的交界位置及路面与路肩(或硬路肩)的交界处,作为横坡检验的标准;当有路缘石或中央分隔带时,以两侧路缘石边缘为横坡测定的基准点,用粉笔作上记号。

(二)路基路面宽度测定

路基宽度是指行车道与路肩宽度之和,以 m 计;路面宽度包括行车道、路缘带、变速车道、爬坡车道、硬路肩和紧急停车带的宽度,以 m 计。其测定方法如下:

用钢尺沿中心线垂直方向水平量取路基路面各部分的宽度,以 m 计,如图 3-2 所示。对于高速公路及一级公路,准确至 0.005 m;对于其他公路,准确至 0.01 m。

图 3-2　路面宽度测量

测量时量尺应保持水平,不得将尺紧贴路面量取,也不得使用皮尺。各测定断面的实测宽度 B_i 与设计宽度 B_{0i} 之差 ΔB_i 为:

$$\Delta B_i = B_i - B_{0i} \tag{3-1}$$

(三)纵断面高程测定

(1)将水准仪架设在路上平顺处整平,以路线附近的水准点高程为基准,依次将塔尺竖立在中线的测定位置上,如图 3-3 所示,测记测定点的高程读数,以 m 计,准确至 0.001 m。

图 3-3　道路中线

(2)连续测定全部测点,并与水准点闭合。

各测点的实测高程 h_i 与设计高程 h_{0i} 差为：

$$\Delta h = h_i - h_{0i} \tag{3-2}$$

(四)路面横坡测定

对于无中央分隔带的公路路面横坡是指路拱两侧直线部分的坡度；对于有中央分隔带的公路路面横坡是指路面与中央分隔带交界处及路面边缘与路肩交界处两点的高程差与水平距离的比值，以百分数表示。其测定方法如下：

(1)对于设有分隔带的路面，测定横坡时，将水准仪架设在路面平顺处整平，将塔尺分别竖立在路面与中央分隔带分界的路缘带边缘 d_1 处以及路面与路肩交界（或外侧路缘石边缘）的标记 d_2 处，d_1 和 d_2 测点必须在同一横断面上。测量 d_1 和 d_2 处的高程，记录高程读数，以 m 计，准确至 0.001 m。

(2)对于无中央分隔带的路面，测定横坡时，将水准仪架设在路面平顺处整平，如图 3-4 所示，将塔尺分别竖在路拱曲线与直线部分的交界位置 d_1 处以及路面与路肩交界位置 d_2 处，d_1 和 d_2 测点必须在同一横断面上。测量 d_1 与 d_2 处的高程，记录高程读数。以 m 计，准确至 0.001 m。

图 3-4　用水准仪检测路面横坡

(3)用钢尺测量两测点的水平距离 B_i，以 m 计。对于高速公路及一级公路，准确至 0.005 m；对于其他等级公路，准确至 0.01 m。

各测点断面的横坡度 i_i 按式(3-3)计算，准确至一位小数：

$$i_i = \frac{h_{d_1} - h_{d_2}}{B_i} \times 100 \tag{3-3}$$

式中　h_{d_1}、h_{d_2}——各测定断面两测点 d_1 和 d_2 的高程读数，m。

按式(3-4)计算实测横坡 i_i 与设计横坡 i_{0_i} 之差 Δi_i：

$$\Delta i_i = i_i - i_{0_i} \tag{3-4}$$

(五)路面中线偏位测试

路面实际中心线偏离设计中心线的距离为路面中线偏位，以 mm 计。中线偏位的测定方法如下：

(1)有中线坐标的道路:从设计资料中查出待测点 P 的设计坐标,用全站仪对该设计坐标进行放样,并对放样点 P' 做好标记,量取 PP' 的长度,即为中线平面偏位 Δ_{CL},以 mm 表示。对高速公路及一级公路,准确至 5 mm;对其他等级公路,准确至 10 mm。

(2)无中桩坐标的低等级道路:应首先恢复交点或转点,实测偏角和距离,然后采用链距法、切线支距法或偏角法等传统方法敷设道路中线的设计位置,量取设计位置与施工中线位置之间的距离,即为中线平面偏位 Δ_{CL},以 mm 计,准确至 10 mm。

四、数据整理

计算一个评定路段内各测定断面的宽度、纵断面高程、横坡以及中线平面偏位的平均值、标准差、变异系数,但加宽及超高部分的测定值不参与计算。

五、报告

(1)以评定路段为单位列出桩号、宽度、高程、横坡以及中线偏位测定的记录表,记录平均值、标准差、变异系数。注明不符合规范要求的断面。

(2)纵断面高程测试报告中应报告实测高程与设计高程的差值,低于设计高程为负,高于设计高程为正。

(3)路面横坡测试报告中应报告实测横坡与设计横坡的差值。实测横坡小于设计横坡差值为负;实测横坡大于设计横坡差值为正。

第二节　挖坑法及钻芯法测定路面厚度

路面结构层厚度的检测一般与压实度同时进行。当用灌砂法进行压实度检测时,可通过量取试坑的深度,从而得到结构层的厚度;当用钻芯取样法检测压实度时,可直接量取芯样的高度。上述两种方法均会对路面造成一定的损坏,需要做填补处理。结构层的厚度也可以采用水准仪量测法求得,即在同一测点量出结构层底面及顶面的高程,然后求其差值。这种方法无须破坏路面,准确性也较高,但是要受制于施工周期,不能实时实施检测。另外,利用短脉冲雷达等无损测试手段进行路面结构层厚度的检测,已在我国广泛使用。此类方法测试效率高,准确性能满足工程需要,且不受施工周期的限制,能对隐蔽工程实时检测。但由于它是一种无损的、间接的厚度测试手段,加之人们的认识程度有所差异,故遇到检测结果有争议时,还需要通过开挖或钻芯来进一步检验。

一、目的与适用范围

本方法适用于路面各层施工完成后的厚度检验及工程交工验收检查使用。

二、路面厚度代表值与极值的允许偏差

路面各结构层厚度的检测方法与结构层的层位和种类有关,基层和砂石路面的厚度可用挖坑法测定,沥青面层及水泥混凝土路面板的厚度应用钻孔法测定。对于路面各层施工完成后及工程交工验收检查使用时,必须进行厚度的检测。几种常用的路面结构层

厚度的代表值与合格值的允许偏差如表 3-2 所示。

表 3-2 几种常用的路面结构层厚度的代表值与合格值的允许偏差

类型与层位		厚度(mm)					检查频率
		代表值		合格值		极值	
		高速、一级公路	其他公路	高速、一级公路	其他公路	高速、一级公路、其他公路	
水泥混凝土面层		-5	-5	-10	-10	-15	按《公路工程质量检验评定标准 第一册 土建工程》(JTG F80/1—2017)附录H检查,每200 m测2点
沥青混凝土、沥青碎(砾)石面层①		总厚度:-5% H 上面层:-10% h	-8% H	总厚度:-10% H 上面层:-20% h	-15% H	—	按《公路工程质量检验评定标准 第一册 土建工程》(JTG F80/1—2017)附录H检查,每200 m测1点
沥青贯入式面层②		—	-8% H 或 -5	—	-15% H 或 -10	—	按《公路工程质量检验评定标准 第一册 土建工程》(JTG F80/1—2017)附录H检查,每200 m测2点
稳定土	基层	—	-10	—	-20	—	
	底基层	-10	-12	-25	-30	—	
稳定粒料	基层	-8	-10	-10	-20	—	
	底基层	-10	-12	-25	-30	—	

注:①表列沥青层厚度仅规定负允许偏差,H 为沥青层总厚度,h 为沥青上面层厚度;其他公路的厚度代表值和合格值允许偏差按总厚度计,当 $H \leqslant 60$ mm 时,允许偏差分别为 -5 mm 和 -10 mm;当 $H > 60$ mm 时,允许偏差分别为 -8% H 和 -15% H。

②H 为设计厚度,当 $H \geqslant 60$ mm 时,按厚度百分率计算;当 $H > 60$ mm 时,直接选用固定值。

三、仪具与材料技术要求

(1)挖坑用的镐、铲、凿子、锤子、小铲、毛刷。

(2)路面取芯样钻机及钻头、冷却水。钻头的标准直径 ϕ100 mm,如芯样仅供测量厚度,不做其他试验,对沥青面层与水泥混凝土板可用直径 ϕ50 mm 的钻头;对于基层材料有可能损坏试件时,也可用直径 ϕ150 mm 的钻头,但钻孔深度均必须达到层厚。

(3)量尺:钢板尺、钢卷尺、卡尺。

(4)补坑材料:与检查层位的材料相同。

(5)补坑用具:夯、热夯、水等。

(6)其他:搪瓷盘、棉纱等。

四、挖坑法测定路面厚度

(1)按随机选点法确定挖坑检查的位置。如为旧路,测点有坑洞等显著缺陷或处于接缝处时,可在其旁边检测。

(2)选一块约 40 cm×40 cm 的平坦表面作为试验地点,用毛刷将其清扫干净。

(3)根据材料坚硬程度,选择镐、铲、凿子等适当的工具开挖这一层材料,直至层位底面。在便于开挖的前提下,开挖面积应尽量缩小,坑洞大体呈圆形,边开挖边将材料铲出置于搪瓷盘中。

(4)用毛刷将坑底清扫,确认为下一层的顶面。

(5)将一把钢板尺平放横跨于坑的两边,用另一把钢尺或卡尺等量具在坑的中部位置垂直伸至坑底,测量坑底至钢板尺底面的距离,即为检查层的厚度,以 mm 计,准确至 1 mm。

五、钻芯法测定路面厚度

(1)按随机选点法确定钻孔检查的位置。如为旧路,测点有坑洞等显著缺陷或处于接缝处时,可在其旁边检测。

(2)按钻取芯样的方法用路面取芯钻机钻孔,如图 3-5 所示,钻孔深度必须达到层厚,沥青路面钻芯后待取出的芯样如图 3-6 所示。

图 3-5　沥青路面钻芯取样

图 3-6　沥青路面钻芯后待取出的芯样

(3)用专用钳子仔细取出芯样,如图 3-7 所示,清除表面灰土,找出与下层的分界。

图 3-7　钻孔后取出的沥青路面芯样

(4)用钢板尺或卡尺沿圆周对称的十字方向四处量取表面至上下层界面的高度,取其平均值,即为该层的厚度,准确至 1 mm。

(5)在沥青路面施工过程中,当沥青混合料尚未冷却时,可根据需要随机选择测点,用大螺丝刀插入至沥青层底面深度后用尺读数,量取沥青层的厚度,以 mm 计,准确至 1 mm。

六、按下列步骤用与取样层相同的材料填补挖坑或钻孔

(1)适当清理坑中残留物,钻孔时留下的积水应用棉纱吸干。

(2)对无机结合料稳定层及水泥混凝土路面板,应按相同配合比用新拌的材料分层填补并用小锤压实。水泥混凝土中宜掺加少量快凝早强剂,水泥混凝土路面钻孔后取出的芯样如图 3-8 所示。

图 3-8　水泥混凝土路面钻孔后取出的芯样

(3)对无结合料粒料基层,可用挖坑时取出的材料,适当加水拌和后分层填补,并用小锤压实。

(4)对正在施工的沥青路面,用相同级配的热拌沥青混合料分层填补并用加热的铁锤或热夯压实。旧路钻孔也可用乳化沥青混合料修补。

(5)所有补坑结束时,宜比原面层略鼓出少许,用重锤或压路机压实平整。

七、计算

(1)按式(3-5)计算路面实测厚度 T_{1i} 与设计厚度 T_{0i} 之差:

$$T_i = T_{1i} - T_{0i} \tag{3-5}$$

式中 T_{1i}——路面的实测厚度,mm;

T_{0i}——路面的设计厚度,mm;

T_i——路面实测厚度与设计厚度的差值,mm。

(2)计算一个评定路段检测厚度的平均值、标准差、变异系数,并计算代表厚度。

评定路段内路面结构层厚度应按代表值和单个合格值的允许偏差进行评定。

厚度代表值为厚度的算术平均值的下置信界限值,即:

$$X_L = \overline{X} - t_\alpha \frac{S}{\sqrt{n}} \tag{3-6}$$

式中　X_L——厚度代表值(算术平均值的下置信界限);

$\overline{X}$——厚度平均值, $\overline{X} = \frac{\sum_{i=1}^{n} X_i}{n}$;

S——标准差, $S = \sqrt{\frac{\sum_{i=1}^{n} (X_i - \overline{X})^2}{n-1}}$;

n——检查数量;

t_α——t 分布表中随测点数和保证率(或置信度 α)而变的系数,可查附录。

采用的保证率:

(1)高速公路、一级公路、基层、底基层为99%,面层为95%;

(2)其他公路:基层、底基层为95%,面层为90%。

当厚度代表值大于或等于设计厚度减去代表值允许偏差时,则按单个检查值的偏差不超过单点合格值来计算合格率;当厚度代表值小于设计厚度减去代表值允许偏差时,该评定路段厚度不合格,相应分项工程应评为不合格。

沥青面层宜按沥青铺装层总厚度进行评定,当高速公路和一级公路分2～3层铺筑时,还应进行上面层厚度检查和评定。

第三节　短脉冲雷达测定路面厚度

当用钻芯法检测路面面层厚度时,对面层有一定的破坏作用。随着科学技术的发展,西方发达国家自20世纪80年代开始研究用地质雷达检测路面厚度技术,并取得了成功。该项检测技术是一种先进的、高效的、不损坏路面的、连续的检测路面面层厚度的方法。

随着检测技术的发展,新型路面厚度检测设备也应运而生,其中车载式雷达检测仪如图3-9所示,该雷达检测仪依据的是反射原理,向地下发射雷达波,穿透沥青底层后再反射回来。整个反射过程的时间长短会被仪器自动记录,根据记录就可以测出所铺沥青面层的厚度。

一、目的与适用范围

(1)本方法适用于采用短脉冲雷达无损检测路面面层厚度。

(2)本方法的数据采集、传输、记录和数据处理分别由专用软件自动控制进行。

(3)本方法适用于新建、改建路面工程质量验收和旧路加铺路面设计的厚度调查。

(4)雷达发射的电磁波在路面层传播过程中会逐渐削弱、消散、层面反射。雷达最大探测深度是由雷达系统的参数以及路面材料的电磁属性决定的。对于材料过度潮湿或饱和以及有高含铁矿渣集料的路面不适合用本方法测试。

图 3-9　车载式雷达检测仪对整修完工的路面进行厚度检测

二、仪具与材料技术要求

(一)设备主要组成

雷达测试系统由承载车(见图 3-10)、天线、雷达发射接收器和控制系统组成。

图 3-10　雷达测试系统承载车

(二)测试系统技术要求和参数

(1)距离标定误差:≤0.1%。

(2)设备工作温度:0 ~ 40 ℃。

(3)最小分辨层厚:≤40 mm。

(4)天线:带宽能适应所选择的发射脉冲频率。

(5)收发器:脉冲宽度≤1.0 ns,时间信号处理能力可以适应所需的测试深度。

(6)系统测量精度技术要求如表 3-3 所示。

表 3-3　系统测量精度技术要求

测量深度(cm)	测量误差(mm)	测量深度(cm)	测量误差(mm)	测量深度(cm)	测量误差(mm)
<10	±3	10 ~ 25	±5	>25	±10

三、检测方法与步骤

（一）准备工作

（1）距离标定：若承载车行驶超过 20 000 km，应更换轮胎，或使用超过 1 年的情形下，需要进行距离标定。距离标定方法根据厂商提供的使用说明进行。

（2）安装雷达天线：将雷达天线按照厂商提供的安装方法牢固安装好，并将天线与主机（以美国 Penetradar 公司 IRIS 型一体化路面雷达测试系统主机为例，见图 3-11）的连线连接好。

图 3-11　IRIS 型一体化路面雷达测试系统主机

（3）检查连接线安装无误后开机预热，预热时间不得少于厂商规定的时间。

（4）将金属板放置在天线正下方，启动控制软件的标定程序，获取相应参数。

（5）打开控制软件的参数设置界面，根据不同的检测目的，设置采样间隔、时间窗、增益等参数。

（二）测试步骤

（1）将承载车停在起点，开启安全警示灯，启动软件测试程序，令驾驶员缓慢加速车辆到正常检测速度。

（2）检测过程中，操作人员应记录测试线路所遇到的桥梁、涵洞、隧道等构造物的起终点。

（3）当测试车辆到达测试终点后，操作人员应停止采集程序。

（4）芯样标定：为了准确反算出路面厚度，必须知道路面材料的介电常数，通常采用在路面上钻芯取样的方法获取路面材料的介电常数。做法是：首先令雷达天线在需要标定芯样点的上方采样，然后钻芯，最后将芯样的真实厚度数据输入计算程序中，反算出路面材料的介电常数或者雷达波在材料中的传播速度。路面材料的介电常数会随集料类型、沥青产地、密度、湿度等而不同。测试过程中应根据实际情况增加芯样钻取数量，以保证测试厚度的准确性。

（5）操作人员检查数据文件，文件应完整，内容应正常，否则应重新测试。

（6）关闭测试系统电源，结束测试。

四、数据处理

(1)计算原理。由于地下介质具有不同的介电常数,造成各种介质具有不同的电导性,电导性的差异影响了电磁波的传播速度。一般用下式计算电磁波在材料介质中的传播速度:

$$v = \frac{c}{\sqrt{\varepsilon_r}} \tag{3-7}$$

式中 v——电磁波在材料介质中的传播速度,mm/ns;

c——电磁波在空气中的传播速度,取 300 mm/ns;

ε_r——介质的相对介电常数。

注:ns(nano second):纳秒(ns),时间单位,即 1 s 的 10 亿分之一,等于 10 的负 9 次方秒。常用作内存读写速度的单位,其前面数字越小,表示速度越快。

1 ns = 0.001 ms;

1 ns = 0.000 001 ms;

1 ns = 0.000 000 001 s。

根据电磁波在材料介质中的双程走时以及材料介质的相对介电常数,用下式确定面层厚度:

$$T = \frac{\Delta t \times c}{2\sqrt{\varepsilon_r}} \tag{3-8}$$

式中 T——面层厚度,mm;

Δt——雷达波在路面面层中的双程走时,ns;

其他符号意义同前。

(2)路面材料的相对介电常数 ε_r 可以通过路面芯样获得。路面厚度的计算通常先由雷达波识别软件自动识别各层分界线,得到雷达波在各层中的双程走时,然后计算各层厚度。

五、报告

报告应包括检测路段的厚度平均值、标准差、厚度代表值,并记录检测时天气状况、气温及工作面的基本情况。

【例 3-1】 某高速公路的某一路段水泥混凝土路面板厚度检测数据如表 3-4 所示,保证率为 95%,设计厚度 h_d = 25 cm,代表值允许偏差 Δh = 5 mm,试对该路段的板厚进行评价。

表 3-4 水泥混凝土路面板厚度检测结果 (单位:cm)

序号	1	2	3	4	5	6	7	8	9	10	11	12	13	14	15
厚度 h_i	25.1	24.8	25.1	24.6	24.7	25.4	25.2	25.3	24.7	24.9	24.9	24.8	25.3	25.3	25.2
序号	16	17	18	19	20	21	22	23	24	25	26	27	28	29	30
厚度 h_i	25.0	25.1	24.8	25.0	25.1	24.7	24.9	25.0	25.4	25.2	25.1	25.0	25.0	25.5	25.4

解:经计算得:

$$\bar{h}=\frac{1}{30}\sum_{i=1}^{30}h_i=25.0(\text{cm})$$

$$S=\sqrt{\frac{\sum_{i=1}^{30}(h_i-\bar{h})^2}{30-1}}=0.24(\text{cm})$$

根据 $n=30,\alpha=95\%$,查附录得:$\frac{t_\alpha}{\sqrt{n}}=0.310$

厚度代表值为算术平均值的下置信界限,即:

$$h_L=\bar{h}-S\frac{t_\alpha}{\sqrt{n}}$$
$$=25.0-0.24\times0.310=24.9(\text{cm})$$

因为 $h_L>h_d-\Delta h=25.0-0.5=24.5(\text{cm})$,所以该路段的板厚满足要求。

又因为该路段最小实测厚度为 24.6 cm,相关规范要求的高速公路水泥混凝土面层合格值为 −10 mm,最小实测厚度大于(25 − 1) = 24(cm)。所以,该路段板厚合格率为 100%。

本章小结

本章主要学习了路基路面几何尺寸检测的目的与适用范围、检测项目及要求、检测方法,检测数据分析;挖坑及钻芯法检测路面厚度、短脉冲雷达测定路面厚度的方法及检测数据分析整理。

复习思考题

1. 通常采用什么方法检测路面基层、砂石路面、沥青面层及水泥混凝土路面板的厚度?

2. 简述地质雷达检测公路路面面层厚度的基本原理及其主要结构的功能。

3. 某一级公路水泥稳定级配碎石基层设计厚度为 20 cm,该评定路段的检测值分别为 21、22、19、19、20、21、21、22、19(单位:cm),评定其厚度是否满足要求,并计算合格率。(已知厚度代表值允许偏差为 −8 mm,单值允许偏差为 −15 mm,$\frac{t_{0.99}}{\sqrt{9}}=0.966$)

第四章　压实度检测

【教学目标】

(1)学生通过学习视频、PPT、室内试验和现场检测实践,能进行土的击实试验、室内CBR试验、挖坑灌砂法测定压实度、环刀法测定压实度、钻芯法测定沥青面层压实度,并能对测试结果进行分析处理,正确率达90%以上。

(2)学生通过学习视频、PPT,能描述核子密度湿度仪测定压实度、无核密度仪测定压实度的原理和测试步骤,正确率达80%以上。

第一节　土的击实试验

一、目的与适用范围

本试验方法适用于细粒土。本试验分轻型击实试验和重型击实试验。轻型击实试验适用于粒径不大于20 mm的土。重型击实试验适用于粒径不大于40 mm的土。当土中最大颗粒粒径大于或等于40 mm,并且大于或等于40 mm颗粒粒径的质量含量大于5%时,则应使用大尺寸试筒进行击实试验,或进行最大干密度校正。大尺寸试筒要求其最小尺寸大于土样中最大颗粒粒径的5倍以上,并且击实试验的分层厚度应大于土样中最大颗粒粒径的3倍以上。单位体积击实功能控制在2 677.2~2 687.0 kJ/m^{3}范围内。当细粒土中的粗粒土总含量大于40%或粒径大于0.005 mm颗粒的含量大于土总质量的70%(即$d_{30}\leqslant 0.005$ mm)时,还应做粗粒土最大干密度试验,其结果与重型击实试验结果比较,最大干密度取两种试验结果的最大值。

二、基本原理

击实试验的目的是在室内利用击实仪,测定土样在一定击实功能作用下达到最大密度时的含水率(最佳含水率)和此时的干密度(最大干密度),借以了解土的压实特性,作为选择填土密度、施工方法、机械碾压或夯实次数以及压实工具等的主要依据。所谓标准型击实试验是指采用专门的击实仪和规定的击实方法给土体施加一定的击实功能。

本试验分为轻型击实试验和重型击实试验,我国以往采用轻型击实试验较多,水库、堤防、铁路路基填土均采用轻型击实试验,轻型击实试验分三层击实,适用于粒径小于5 mm的黏性土。重型击实试验常常应用于高等级公路和机场跑道等工程填土中,试验若分五层击实,则适用于粒径不大于20 mm的土;若分三层击实,则最大粒径不得大于40 mm。同时,在轻型击实试验中,当试样中粒径大于5 mm的土质量小于或等于试样总质量的30%时,需要对最大干密度和最佳含水率进行校正。

三、仪器设备

（1）标准击实仪：击实仪主要由击实筒和击锤组成。击实试验分轻型击实试验和重型击实试验，击实试验方法和相应设备的主要参数应符合表4-1的规定，击实筒和击锤分别如图4-1和图4-2所示，手动击实仪如图4-3所示，电动击实仪如图4-4所示。

表4-1　击实试验方法和相应设备的主要参数规定

试验方法	类别	锤底直径(cm)	锤质量(kg)	落高(cm)	试筒尺寸		试样尺寸		层数	每层击数	击实功(kJ/m³)	最大粒径(mm)
					内径(cm)	筒高(cm)	高度(cm)	体积(cm³)				
轻型	Ⅰ-1	5	2.5	30	10	12.7	12.7	997	3	27	598.2	20
轻型	Ⅰ-2	5	2.5	30	15.2	17	12	2 177	3	59	598.2	40
重型	Ⅱ-1	5	4.5	45	10	12.7	12.7	997	5	27	2 687.0	20
重型	Ⅱ-2	5	4.5	45	15.2	17	12	2 177	5	98	2 677.2	40

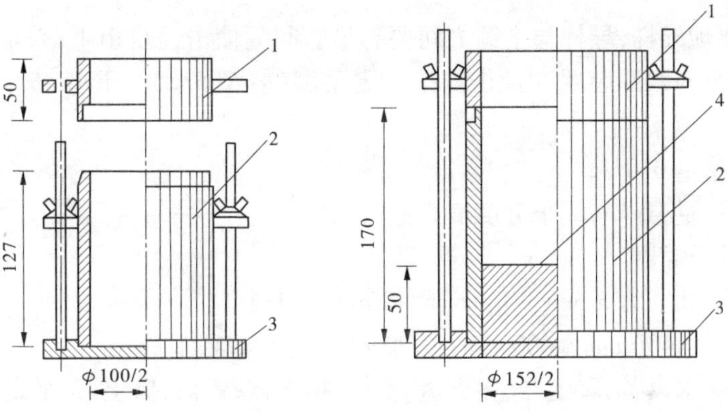

(a)　(b)

1—套筒；2—击实筒；3—底板；4—垫板

图4-1　击实筒　（单位：mm）

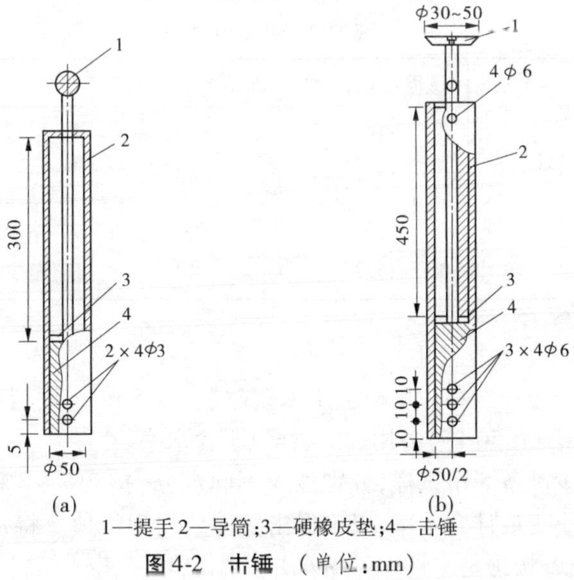

(a)　(b)

1—提手 2—导筒；3—硬橡皮垫；4—击锤

图4-2　击锤　（单位：mm）

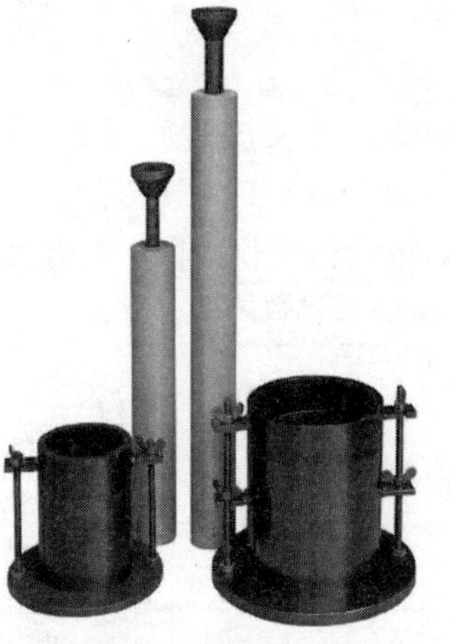

图 4-3　手动击实仪

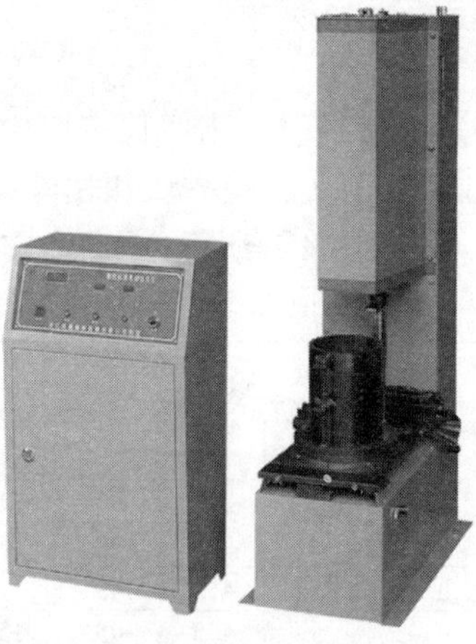

图 4-4　电动击实仪

(2)击锤要配导杆,导杆与击锤之间要有足够间隔使击锤自由下落;电动控制的击锤必须有控制落距的跟踪装置和锤击点按一定角度(轻型 53.5°、重型 45°)均匀分布的装置。

(3)天平:感量 0.01 g。

(4)台秤:称量 10 kg,最小分度值 5 g。

(5)烘箱及干燥器。

(6)标准筛:孔径为 5 mm、20 mm 或 40 mm 各 1 个。

(7)拌和工具:400 mm×600 mm、深 70 mm 的金属盘,土铲。

(8)其他:喷水设备、碾土器、盛土盘、量筒、推土器、铝盒、修土刀、平直尺等。

四、试样

制备土样(分为干法和湿法两种)方法可按表 4-2 准备试料。

表 4-2　试料用料

使用方法	类别	试筒内径(cm)	最大粒径(mm)	试料用量
干土法(试样不重复使用)	b	10 15.2	20 40	至少 5 个试样,每个 3 kg 至少 5 个试样,每个 6 kg
湿土法(试样不重复使用)	c	10 15.2	20 40	至少 5 个试样,每个 3 kg 至少 5 个试样,每个 6 kg

(1)干土法(试样不重复使用)。

①取代表性风干土样放在橡皮板上用木碾碾散,过 5 mm(重型过 20 mm 或 40 mm)筛,取 15~20 kg(重型取 50 kg)备用,测土样风干含水率。

②按四分法至少准备 5 个试样,分别加入不同水分(按 2%~3% 含水率递增),其中有两个大于和两个小于最佳含水率,以确保击实曲线出现峰值。将每个试样分别平铺于金属盘上,用喷水设备按预定水量均匀喷水并搅拌均匀后,装入塑料袋内,闷料一夜备用。

预加水量按下式计算：

$$m_w = \frac{m_i}{1 + 0.01 \times w_i} \times 0.01(w - w_i) \tag{4-1}$$

式中　m_w——制备试样所需的加水量，g；

m_i——含水率为 w_i 时土样的质量，g；

w_i——土样原有含水率(%)；

w——要求达到的含水率(%)。

(2)湿土法(试样不重复使用)。

对于高含水率土，可省略过筛步骤，用手拣除大于 40 mm 的粗石子即可，保持天然含水率的第一个土样，可立即用于击实试验。其余几个试样，将土分成小土块，分别风干，使含水率按 2% ~3% 递减。

五、试验步骤

(1)根据工程要求，按表 4-1 规定选择轻型或重型试验方法，根据土的性质(含易击碎风化石数量多少、含水率高低)，按表 4-2 规定选用干土法或湿土法(试样不重复使用)。

(2)将击实筒放在坚硬的地面上，在击实筒内壁涂一薄层凡士林，并与底座连接好，在筒底(小试筒)或垫块(大试筒)上放置蜡纸或塑料薄膜。取制备好的土样分 3 ~5 次倒入筒内。当用小筒按三层法时，每次 800 ~900 g(其量应使击实后的试样等于或略高于筒高的1/3)；按五层法时，每次 400 ~500 g(其量应使击实后的土样等于或略高于筒高的 1/5)。对于大试筒，先将垫块放在筒内底板上，按三层法，每层需试样 1 700 g 左右。整平表面，并稍加压紧，然后按规定的击数进行第一层土的击实，击实时击锤应自由垂直落下，锤击必须均匀分布于土样表面，第一层击实完后，将试样表面"拉毛"，然后再装入套筒，重复上述方法进行其余各层土的击实。小试筒击实后，试样不应高出筒顶面 5 mm，大试筒击实后，试样不应高出筒顶面 6 mm。

(3)用修土刀沿套筒内壁削刮，使试样与套筒脱离后，扭动并取下套筒，齐筒顶细心削平试样，拆除底板，擦净筒外壁，称量，准确至 1 g。

(4)用推土器推出筒内试样，从试样中心处取样测其含水率，计算准确至 0.1%。测定含水率用试样的数量按表 4-3 规定取样(取出有代表性的土样)。两个试样含水率的精度应符合表 4-4 的规定。

表 4-3　测定含水率用试样的数量

最大粒径(mm)	试样质量(g)	个数
<5	15 ~20	2
约 5	约 50	1
约 20	约 250	1
约 40	约 500	1

表 4-4　击实试验记录

校核者________　计算者________　试验者________

土样编号		筒号		落距	45 cm						
土样来源		筒容积	$977\ cm^3$	每层击数	27						
试验日期		击锤质量	4.5 kg	大于 5 mm 颗粒含量							
干密度	试验次数	1		2		3		4		5	
	筒 + 土质量(g)	2 981.8		3 057.1		3 130.9		3 215.8		3 191.1	
	筒质量(g)	1 103		1 103		1 103		1 103		1 103	
	湿土质量(g)	1 878.8		1 954.1		2 027.9		2 112.8		2 088.1	
	湿密度 (g/cm^3)	1.88		1.96		2.03		2.12		2.09	
	干密度 (g/cm^3)	1.71		1.75		1.80		1.83		1.76	
含水率	盒号	1	2	3	4	5	6	7	8	9	10
	盒 + 湿土质量	35.60	35.44	33.93	33.69	32.88	33.16	33.13	34.09	36.96	38.31
	盒 + 干土质量	34.16	34.02	32.45	32.26	31.40	31.64	31.36	32.15	24.28	35.36
	盒质量	20	20	20	20	20	20	20	20	20	20
	水质量	1.44	1.42	1.48	1.43	1.48	1.52	1.77	1.94	2.68	2.95
	干土质量	14.16	14.02	12.45	12.26	11.40	11.64	11.36	12.15	14.28	15.36
	含水率	10.3	10.1	11.9	11.7	13.0	13.0	15.6	16.0	18.8	19.2
	平均含水率	10.2		11.8		13.0		15.8		19.0	
	最佳含水率 = 15.0%				最大干密度 = $1.83\ g/cm^3$						

(5)按上述步骤,依次进行其他含水率试样的击实试验。

六、结果整理

(一)试验数据记录

试验数据可记录在相应表格中,记录表格见表 4-4。

(二)计算试样湿密度 ρ 和干密度 ρ_d

湿密度 ρ 计算公式(准确至 $0.01\ g/cm^3$):

$$\rho = \frac{m}{V} \tag{4-2}$$

式中　m——击实后试样质量,等于击实筒加试样质量减去击实筒质量,g;

V——击实筒体积,cm^3。

干密度 ρ_d 计算公式(准确至 $0.01\ g/cm^3$):

$$\rho_d = \frac{\rho}{1 + 0.01w} \tag{4-3}$$

式中　ρ_d——击实后土样的干密度,g/cm^3;

ρ——击实后土样的湿密度,g/cm^3;

w——击实后土样的含水率(%)。

（三）绘制击实曲线

以干密度 ρ_d 为纵坐标，含水率 w 为横坐标，绘制干密度与含水率的关系曲线，如图4-5所示，曲线上峰值点相应的纵坐标为该土的最大干密度 ρ_{dm}，相应的横坐标为最佳含水率 ω_0。如曲线不能绘出明显的峰值点，应进行补点或重做。

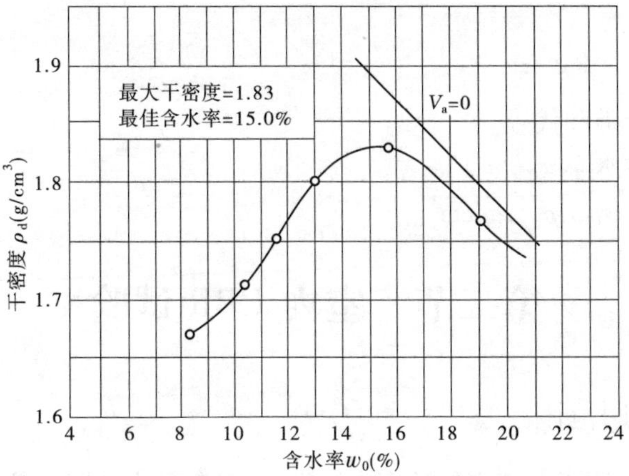

图4-5　含水率与干密度的关系曲线

（四）最大干密度和最佳含水率的校正

当试样中有大于40 mm的颗粒时，应先取出大于40 mm的颗粒，并求得其百分率 p，把小于40 mm部分做击实试验，按下面公式分别对试验所得的最大干密度和最佳含水率进行校正（适用于大于40 mm颗粒的含量小于30%时）。

（1）最大干密度按下式校正，准确至0.01 g/cm³：

$$\rho'_{dm} = \frac{1}{\dfrac{1-0.01p}{\rho_{dm}} + \dfrac{0.01p}{\rho_w G'_s}} \tag{4-4}$$

式中　ρ'_{dm}——校正后的最大干密度，g/cm³，计算至0.01；

ρ_{dm}——用粒径小于40 mm的土样试验所得的最大干密度，g/cm³，计算至0.01；

p——试样中粒径大于40 mm颗粒的百分率（%）；

G'_s——粒径大于40 mm颗粒的毛体积比重，计算至0.01。

（2）最佳含水率按下式校正，准确至0.1%：

$$w'_0 = w_0(1-0.01p) + 0.01pw_2 \tag{4-5}$$

式中　w'_0——校正后的最佳含水率（%），计算至0.01；

w_0——用粒径小于40 mm的土样试验所得的最佳含水率（%）；

p——试料中粒径大于40 mm颗粒的百分率（%）；

w_2——粒径大于40 mm颗粒的吸水量（%）。

（五）精密度和允许差值

本试验含水率需进行两次平行测定，取其算术平均值，允许平行差值应符合表4-5的规定。

表 4-5 含水率测定的允许平行差值

含水率(%)	允许平行差值(%)	含水率(%)	允许平行差值(%)	含水率(%)	允许平行差值(%)
5 以下	0.3	40 以下	≤1	40 以上	≤2

七、报告

(1)土的鉴别分类和代号。

(2)土的最佳含水率 w_0(%)。

(3)土的最大干密度 ρ_{dm},g/cm^3。

第二节 室内 CBR 试验

一、目的与适用范围

本试验方法只适用于在规定的试筒内制件后,对各种土和路面基层、底基层材料进行承载比试验。

试样的最大粒径宜控制在 20 mm 以内,最大不得超过 40 mm 且含量不超过 5%。

二、CBR 值允许偏差

根据相关公路路基施工技术规范,填料强度和粒径应符合表 4-6 的规定。

表 4-6 路基填料最小强度和最大粒径要求

填料应用部位(路面底标高以下深度,m)		填料最小强度(CBR)(%)			填料最大粒径(mm)
		高速公路、一级公路	二级公路	三、四级公路	
路堤	上路床(0~0.30)	8	6	5	100
	下路床(0.30~0.80)	5	4	3	100
	上路堤(0.80~1.50)	4	3	3	150
	下路堤(>1.50)	3	2	2	150
零填及挖方路基	(0~0.30)	8	6	5	100
	(0.30~0.80)	5	4	3	100

注:①表列强度按《公路土工试验规程》(JTG E40—2007)规定的浸水 96 h 的 CBR 试验方法测定。

②三、四级公路铺筑沥青混凝土和水泥混凝土路面时,应采用二级公路的规定。

③表中上、下路堤填料最大粒径 150 mm 的规定不适用于填石路堤和土石路堤。

三、仪器用具与材料技术要求

(1)圆孔筛:孔径 40 mm、20 mm 及 5 mm 筛各 1 个。

(2)试筒:内径 152 mm、高 170 mm 的金属圆筒;套环:高 50 mm;筒内垫块:直径 151 mm、高 50 mm;夯击底板同击实仪。试筒的形式和主要尺寸如图 4-6 所示,也可用图 4-1 所示的击实试验的大击实筒。

(3)夯锤和导管:夯锤的底面直径为 50 mm,总质量 4.5 kg。夯锤在导管内的总行程为 450 mm,夯锤的形式和尺寸与重型击实试验法所用的相同。

(4)贯入杆:端面直径 50 mm、长约 100 mm 的金属柱。

(5)路面材料强度仪或其他载荷装置:能量不小于 50 kN,能调节贯入速度至每分钟贯入 1 mm,可采用测力计式,如图 4-7 所示。

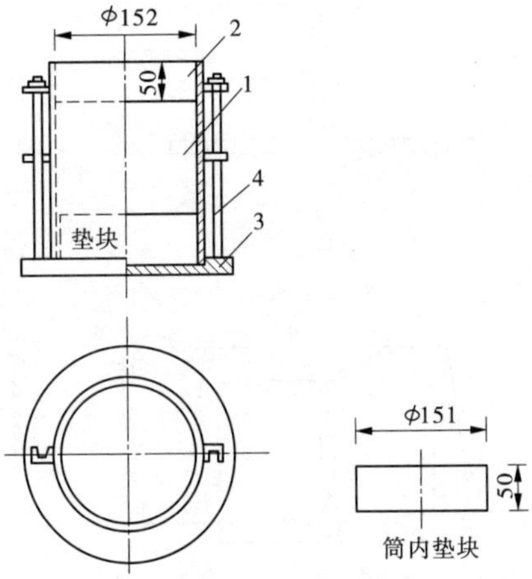

1—试筒;2—套环;3—夯击底板;4—拉杆

图 4-6　承载比试筒　(单位:mm)

(6)百分表:3 个。

(7)试件顶面上的多孔板(测试件吸水时的膨胀量),如图 4-8 所示。

(8)多孔底板(试件放上后浸泡水中)。

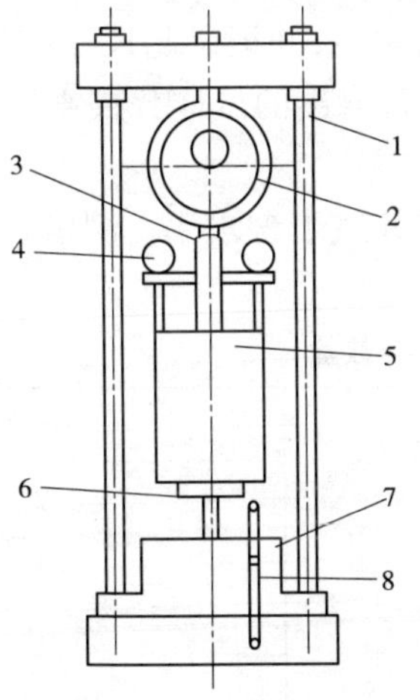

1—框架;2—量力环;3—贯入杆;4—百分表;
5—试件;6—升降台;7—涡轮蜗杆箱;8—摇把

图 4-7　手摇测力计式载荷装置示意

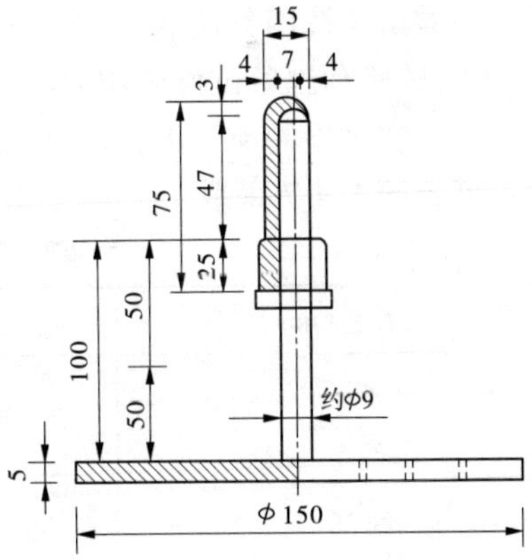

图 4-8　带调节杆的多孔板　(单位:mm)

(9)测膨胀量时支承百分表的架子,如图 4-9 所示,或采用压力传感器测试。

(10)荷载板:直径 150 mm,中心孔眼直径 52 mm,每块质量 1.25 kg,共 4 块,并沿直径分为两个半圆块,如图 4-10 所示。

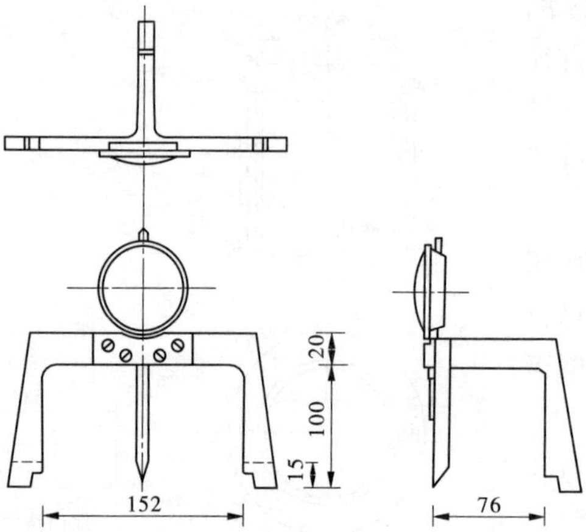

图 4-9　膨胀量测定装置　（单位：mm）

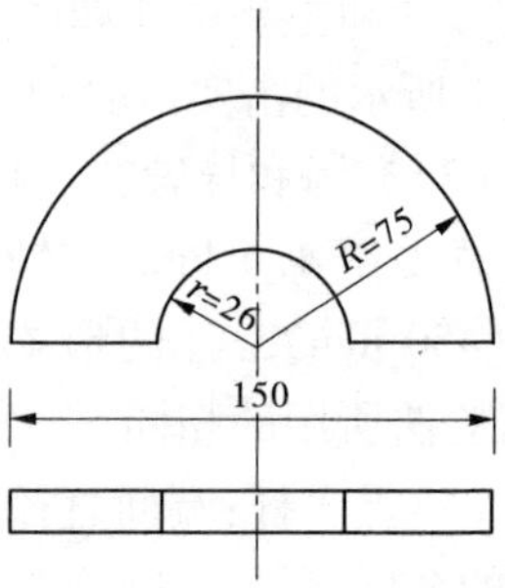

图 4-10　荷载板　（单位：mm）

（11）水槽：浸泡试件用，槽内水面应高出试件顶面 25 mm。

（12）其他：台秤，感量为试件用量的 0.1%；拌和盘、直尺、滤纸、脱模器等与击实试验相同。

（13）试样：将具有代表性的风干试样（必要时可在 50 ℃烘箱内烘干），用木碾捣碎，但应尽量注意不使土或粒料的单个颗粒破碎：土团均应捣碎到通过 5 mm 的筛孔。采取有代表性的试样 50 kg，用 40 mm 筛筛除大于 40 mm 的颗粒，并记录超尺寸粒径的百分数。将已过筛的试样按四分法取出约 25 kg。再用四分法将取出的试样分成 4 份，每份质量 6 kg，供击实试验和制备试件之用。

在做击实试验的前一天，取有代表性的试样测定其风干含水率。测定含水率用的试样数量可参照表 4-7 采取。

表 4-7　测定含水率用的试样数量

最大粒径（mm）	试样质量（g）	个数
<5	15～20	2
约 5	约 50	1
约 20	约 250	1
约 40	约 500	1

四、试验步骤

（1）称试筒本身质量（m_1），将试筒固定在底板上，将垫块放入筒内，并在垫块上放一张滤纸，安上套环。

（2）将试样按表 4-8 中Ⅱ－2 规定的层数和每层击数进行击实，求试样的最大干密度和最佳含水率。

表4-8　击实试验方法种类

试验方法	类别	锤底直径(cm)	锤质量(kg)	落高(cm)	试筒尺寸		试样尺寸		层数	每层击数	击实功(kJ/m^3)	最大粒径(mm)
					内径(cm)	筒高(cm)	高度(cm)	体积(cm^3)				
轻型	Ⅰ-1	5	2.5	30	10	12.7	12.7	997	3	27	598.2	20
	Ⅰ-2	5	2.5	30	15.2	17	12	2 177	3	59	598.2	40
重型	Ⅱ-1	5	4.5	45	10	12.7	12.7	997	5	27	2 687.0	20
	Ⅱ-2	5	4.5	45	15.2	17	12	2 177	5	98	2 677.2	40

(3)将其余3份试样，按最佳含水率制备3个试件。将1份试样平铺于金属盘内，按事先计算的该份试样应加的水量按下式计算均匀地喷洒在试料上。

$$m_w = \frac{m_i}{1 + 0.01 \times w_i} \times 0.01(w - w_i) \tag{4-6}$$

式中　m_w——所需的加水量，g；

m_i——含水率 w_i 时土样的质量，g；

w_i——土样原有含水率(%)；

w——要求达到的含水率(%)。

用小铲将试样充分拌和到均匀状态，然后装入密闭容器或塑料口袋内浸润备用。浸润时间：重黏土不得少于24 h，轻黏土可缩短到12 h，砂土可缩短到1 h，天然砂砾可缩短到2 h左右。制每个试件时，都要取样测定试料的含水率。

注：需要时，可制备3种干密度试件。如每种干密度试件制3个，则共制9个试件。每层击数分别为30次、50次和98次，使试件的干密度从低于95%到等于100%的最大干密度。这样，9个试件共需试料约55 kg。

(4)将试筒放在坚硬的地面上，取备好的试样分3次倒入筒内(视最大料径而定)，每层需试样1 700 g左右(其量应使击实后的试样高出1/3筒高1～2 mm)。整平表面，并稍加压紧，然后按规定的击数进行第一层试样的击实，击实时锤应自由垂直落下，锤迹必须均匀分布于试样面上。第一层击实完后，将试样层面"拉毛"，然后装入套筒，重复上述方法进行其余每层试样的击实。大试筒击实后，试样不宜高出筒高10 mm。

(5)卸下套环，用直刮刀沿试筒顶修平击实的试件，表面不平整处用细料修补。取出垫块，称试筒和试件的质量(m_2)。

(6)泡水测膨胀量的步骤如下：

①在试件制成后，取下试件顶面的破残滤纸，放一张好滤纸，并在其上安装附有调节杆的多孔板，在多孔板上加4块荷载板。

②将试筒与多孔板一起放入槽内(先不放水)，并用拉杆将模具拉紧，安装百分表，并读取初读数。

③向水槽内放水，使水自由进到试件的顶部和底部。在泡水期间，槽内水面应保持在试件顶面以上大约25 mm。通常试件要泡水4昼夜。

④泡水终了时，读取试件上百分表的终读数，并用下式计算膨胀量：

$$膨胀量 = \frac{泡水后试件高度变化}{原试件高(=120\ mm)} \times 100\% \tag{4-7}$$

⑤从水槽中取出试件,倒出试件顶面的水,静置 15 min,让其排水,然后卸去附加荷载和多孔板、底板和滤纸,并称量(m_3),以计算试件的湿度和密度的变化。

(7)贯入试验。

①将泡水试验终了的试件放到路面材料强度试验仪的升降台上,调整偏球座,对准、整平,并使贯入杆与试件顶面全面接触,在贯入杆周围放置 4 块荷载板。

②先在贯入杆上施加 45 N 荷载,然后将测力和测变形的百分表指针均调整至整数,记读起始读数。

③加荷使贯入杆以 1 ~ 1.25 mm/min 的速度压入试件,同时测记 3 个百分表的读数。记录测力计内百分表某些整读数(如 20、40、60)时的贯入量,并注意使贯入量为 250×10^{-2} mm 时,能有 5 个以上的读数。因此,测力计内的第一个读数应是贯入量 30×10^{-2} mm 左右。

五、结果整理

(1)以单位压力(P)为横坐标,贯入量(l)为纵坐标,绘制 P—l 关系曲线,如图 4-11 所示。图上曲线 1 是合适的,曲线 2 开始段是凹曲线,需要进行修正。修正时,在变曲率点引一切线,与纵坐标交于 O' 点,O' 即为修正后的原点。

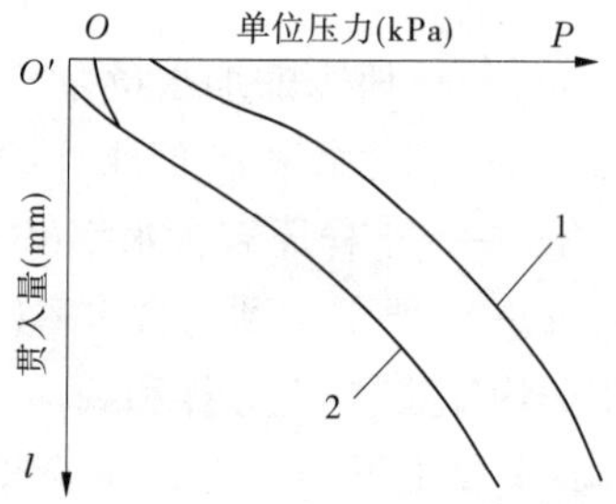

图 4-11　单位压力与贯入量的关系曲线

(2)一般采用贯入量为 2.5 mm 时的单位压力与标准压力之比作为材料的承载比(CBR)。即:

$$CBR = \frac{P}{7\ 000} \times 100\% \tag{4-8}$$

式中　CBR——承载比(%),计算至 0.1;

P——单位压力,kPa。

同时计算贯入量为 5 mm 时的承载比:

$$CBR = \frac{P}{10\ 500} \times 100\% \tag{4-9}$$

如贯入量为 5 mm 时的承载比大于 2.5 mm 时的承载比,则试验应重做。如结果仍然如此,则采用 5 mm 时的承载比。

(3)试件的湿密度用下式计算:

$$\rho = \frac{m_2 - m_1}{2\ 177} \tag{4-10}$$

式中　ρ——试件的湿密度,g/cm³,计算至 0.01;

m_2——试筒和试件的合计质量,g;

m_1——试筒的质量,g;

2 177——试筒的容积,cm³。

(4)试件的干密度用下式计算:

$$\rho_d = \frac{\rho}{1 + 0.01w} \tag{4-11}$$

式中　ρ_d——试件的干密度，g/cm³，计算至 0.01；

w——试件的含水率。

（5）泡水后试件的吸水量按下式计算：

$$w_a = m_3 - m_2 \tag{4-12}$$

式中　w_a——泡水后试件的吸水量，g；

m_3——泡水后试筒和试件的合计质量，g；

m_2——试筒和试件的合计质量，g。

（6）本试验记录格式如表 4-9、表 4-10 所示。

表 4-9　贯入试验记录

土样编号＿＿＿＿＿＿＿＿　　试验者＿＿＿＿＿＿＿＿

最大干密度 1.69 g/cm³　　计算者＿＿＿＿＿＿＿＿

最佳含水率 18%　　校核者＿＿＿＿＿＿＿＿

每层击数 98　　试验日期＿＿＿＿＿＿＿＿

试验编号＿＿＿＿＿＿＿＿

量力环校正系数 $C = 0.239\ 8$ kN/0.01 mm，贯入杆面积 $A = 1.963\ 5 \times 10^{-3}$ m²

$$P = \frac{C \times R}{A}$$

$l = 2.5$ mm 时，$P = 611$ kPa　　$CBR = \dfrac{P}{7\ 000} \times 100\% = 8.7\%$

$l = 5.0$ mm 时，$P = 690$ kPa　　$CBR = \dfrac{P}{10\ 500} \times 100\% = 6.6\%$

荷载测力计百分表		单位压力	贯入量百分表读数					贯入量
			左表		右表		平均值	
读数	变形值		读数	位移值	读数	位移值		
R'_i (0.01 mm)	$R_1 = R'_{i+1} - R'_i$ (0.01 mm)	P (kPa)	R_{1i} (0.01 mm)	$R_1 = R_{1i+1} - R_{1i}$ (0.01 mm)	R_{2i} (0.01 mm)	$R_2 = R_{2i+1} - R_{2i}$ (0.01 mm)	$R_l = \frac{R_1 + R_2}{2}$ (0.01 mm)	l (mm)
0.0			0.0		0.0			
	0.9	110		60.4		60.6	60.5	0.61
0.9			60.4		60.6			
	1.8	220		106.5		106.5	106.5	1.07
1.8			106.5		106.5			
	2.9	354		151.1		150.9	151.0	1.51
2.9			151.1		150.9			
	4.0	489		193.9		194.1	194.0	1.94
4.0			193.9		194.1			
	4.8	586		240.4		240.6	240.5	2.41
4.8			240.4		240.6			
	5.1	623		286.1		285.9	286.0	2.86
5.1			286.1		285.9			
	5.4	660		335.0		335.0	335.0	3.34
5.4			335.0		335.0			
	5.6	684		383.0		383.0	383.0	3.83
5.6			383.0		383.0			
	5.6	684		488.0		488.0	488.0	4.88
5.6			488.0		488.0			

表 4-10　膨胀量试验记录

	试验次数		计算公式	1	2	3
膨胀量	筒号	(1)				
	泡水前试件(原试件)高度 (mm)	(2)		120	120	120
	泡水后试件高度(mm)	(3)		128.6	136.5	133
	膨胀量(%)	(4)	$\frac{(3)-(2)}{(2)}\times 100$	7.167	13.75	10.83
	膨胀量平均值(%)	10.58				
密度	筒质量 m_1(g)	(5)		6 660	4 640	5 390
	筒+试件质量 m_2(g)	(6)		10 900	8 937	9 790
	筒体积(cm^3)	(7)		2 177	2 177	2 177
	湿密度 ρ (g/cm^3)	(8)	$\frac{(6)-(5)}{(7)}$	1.948	1.974	2.021
	含水率 w (%)	(9)		16.93	18.06	26.01
	干密度 ρ_d (g/cm^3)	(10)	$\frac{(8)}{1+0.01w}$	1.666	1.672	1.604
	干密度平均值 (g/cm^3)	1.647				
吸水量	泡水后筒+试件质量 m_3(g)	(11)		11 530	9 537	10 390
	吸水量 w_a (g)	(12)	(11)-(6)	630	600	600
	吸水量平均值(g)	610				

精密度和允许差:如根据 3 个平行试验结果计算得的承载比变异系数 C_v 大于 12%,则去掉一个偏离大的值,取其余两个结果的平均值。如 C_v 小于 12%,且 3 个平行试验结果计算的干密度偏差小于 0.03 g/cm^3,则取 3 个结果的平均值。如 3 个试验结果计算的干密度偏差超过 0.03 g/cm^3,则去掉一个偏离大的值,取其余两个结果的平均值。承载比小于 100,相对偏差不大于 5%;承载比大于 100,相对偏差不大于 10%。

第三节　挖坑灌砂法测定压实度

一、目的与适用范围

(1)本试验法适用于现场测定路基、基层或底基层及砂石路面的各种材料压实层的密度和压实度检测,但不适用于填石路堤等有大孔洞或大孔隙材料压实层的压实度检测。

(2)当用挖坑灌砂法测定密度和压实度时,应符合下列规定:

①当集料的最大粒径小于 13.2 mm,测定层的厚度不超过 150 mm 时,宜采用 ϕ100

mm 的小型灌砂筒测试。

②当集料的最大粒径大于或等于 13.2 mm，但不大于 31.5 mm，测定层的厚度不超过 200 mm 时，应用 ϕ150 mm 的大型灌砂筒测试。

二、仪具与材料技术要求

(1)灌砂筒：有大小两种，为一金属圆筒，上部为储砂筒，筒底中心有一个圆孔。下部装一倒置的圆锥形漏斗，漏斗上端开口，直径与储砂筒的圆孔相同，漏斗焊接在一块铁板上，铁板中心有一圆孔与漏头上开口相接。在储砂筒筒底与漏斗顶端铁板之间设有开关。开关为一薄铁板，一端与筒底及漏斗铁板铰接在一起，另一端伸出筒身外，开关铁板上也有一个相同直径的圆孔。

(2)金属标准罐：用薄铁板作金属罐，用于小罐砂筒的内径为 100 mm、高 150 mm，用于大灌砂筒的直径为 150 mm、高 200 mm，上端周围有一罐缘。

(3)基板：用薄铁板制作的金属方盘，盘中心有一圆孔。

(4)玻璃板：边长为 500 ~ 600 mm 的方形板。

(5)试样盘：小筒挖出的试样可用饭盒存放，大筒挖出的试样可用 300 mm × 500 mm × 40mm 的搪瓷盘存放。

(6)天平或台秤：称量 10 ~ 15 kg，精度不大于 1 g，用于含水量测定的天平精度，对细粒土、中粒土、粗粒土宜分别为 0.01 g、0.1 g、1.0 g。

(7)含水率测定器具：如铝盒、烘箱等。

(8)量砂：粒径为 0.30 ~ 0.60 mm 的清洁干燥的砂 20 ~ 40 kg，使用前须洗净烘干，并放置足够的时间，使其与空气的湿度达到平衡。

(9)盛砂的容器：塑料桶等。

(10)其他：凿子、螺丝刀、铁锤、长把勺、长把小簸箕、毛刷等。

三、检测方法与步骤

(1)按现行试验方法，对检测对象试样用同种材料进行击实试验，得到最大干密度(ρ_{dm})及最佳含水量。

(2)按"一、目的与适用范围"中第(2)条的规定选用适宜的灌砂筒。

(3)标定灌砂筒下部圆锥体内砂的质量，步骤如下：

①在灌砂筒筒口高度上，向灌砂筒内装砂至筒顶的距离为 15 mm 左右。称取筒内砂的质量(m_1)，准确至 1 g，以后每次标定及试验都应该维持装砂高度与质量不变。

②将开关打开，使灌砂筒筒底的流砂孔、圆锥形漏斗上端开口圆孔及开关铁板中心的圆孔上下对准，让砂自由流出，并使流出砂的体积与工地所挖试坑内的体积相当(或等于标定罐的容积)，然后关上开关。

③不晃动灌砂筒的砂，轻轻地将灌砂筒移至玻璃板上，将开关打开，让砂流出，直到筒内砂不再下流，将开关关上，并细心地取走灌砂筒。

④收集并称量留在玻璃板上的砂或称量筒内的砂，准确至 1 g，玻璃板上的砂就是填满灌砂筒下部圆锥体的砂质量(m_2)。

⑤重复上述测量三次,取其平均值。

(4)标定量砂的松方密度 ρ_s(g/cm³),其步骤如下:

①用水确定标定罐的容积 V,准确至 1 mL。

②在灌砂筒中装入质量为 m_1 的砂,并将灌砂筒放在标定罐上,将开关打开,让砂流出。在整个流砂过程中,不要碰动灌砂筒,直到灌砂筒内的砂不再下流时,将开关关闭,取下灌砂筒,称取筒内剩余砂的质量(m_3),准确至 1 g。

③按下式计算填满标定罐所需砂的质量 m_a(g):

$$m_a = m_1 - m_2 - m_3 \tag{4-13}$$

式中 m_a——标定罐中砂的质量,g;

m_1——装入灌砂筒内砂的总质量,g;

m_2——灌砂筒下部圆锥体内砂的质量,g;

m_3——灌砂筒装入标定罐后,筒内剩余砂的质量,g。

④重复上述测量三次,取其平均值。

⑤按下式计算量砂的松方密度 ρ_s(g/cm³):

$$\rho_s = \frac{m_a}{V} \tag{4-14}$$

式中 ρ_s——量砂的松方密度,g/cm³;

V——标定罐的容积,cm³。

(5)试验步骤。

①在试验地点选一块平坦表面,并将其清扫干净,其面积不得小于基板面积。

②将基板放在平坦表面上,如果表面粗糙度较大,则将盛有量砂(m_5)的灌砂筒放在基板中间圆孔上。将灌砂筒的开关打开,让砂流入基板的中孔内,直到灌砂筒内的砂不再下流时关闭开关。取下灌砂筒,并称量筒内砂的质量(m_6),准确至 1 g。

③取走基板,并将留在试验地点的量砂收回,重新将表面清扫干净。

④将基板放回清扫干净的表面上(尽量放在原处),沿基板中孔凿洞(洞的直径与灌砂筒一致)。在凿洞的过程中,应注意不使凿出的材料丢失,并随时将凿松的材料取出装入塑料袋中,不要使水分蒸发。也可放在大试样盆内。试洞的深度应等于测定层厚度,但不得有下层材料混入,最后将洞内的全部凿松材料取出,对土基或基层,为防止试样盘内材料的水分蒸发,可分几次称取材料的质量,全部取出材料的总质量为 m_W,准确至 1 g。

注:当需要检测厚度时,应先测量厚度,再进行这一步骤。

⑤从挖出的全部材料中取有代表性的样品,放在铝盒或洁净的搪瓷盘内,测定其含水量(W,以%计)。

样品的数量如下:用小灌砂筒测定时,对于细粒土,不少于 100 g,对于各种中粒土,不少于 500 g;用大灌砂筒测定时,对于细粒土,不少于 200 g,对于各种中粒土,不少于1 000 g,对于粗粒土或水泥、石灰、粉煤灰等无机结合料稳定材料,宜将取出的全部材料烘干,且不少于 2 000 g,称其质量 m_d。

⑥将基板安放在试坑上,将灌砂筒安放在基板中间(灌砂筒内放满砂到要求质量 m_1),使灌砂筒的下口对准基板的中孔及试洞。打开灌砂筒的开关,让砂流入试坑中。在

此期间，应注意勿碰动灌砂筒。直到灌砂筒内的砂不再下流，关闭开关。仔细取走灌砂筒，并称量筒内剩余砂的质量(m_4)，准确至1 g。

⑦如清扫干净的平坦表面的粗糙度不大，也可省去②和③的步骤。在试洞挖好后，将灌砂筒的下口直接对准放在试坑上，中间不需要放基板。打开灌砂筒的开关，让砂流入试坑内。在此期间，应注意勿碰动灌砂筒，并称量剩余砂的质量(m_4')，准确至1 g。

⑧仔细取出试筒内的量砂，以备下次试验时再用。若量砂的湿度已发生变化或量砂中混有杂质，则应该重新烘干、过筛，并放置一段时间，使其与空气的湿度达到平衡后再用。

四、计算

(1)按下式计算填满试坑所用的砂质量m_b(g)：

①灌砂时，试坑上放基板时：

$$m_b = m_1 - m_4 - (m_5 - m_6) \tag{4-15}$$

②灌砂时，试坑上不放基板时：

$$m_b = m_1 - m_4' - m_2 \tag{4-16}$$

式中　m_b——填满试坑的砂的质量，g；

m_1——灌砂前灌砂筒内砂的质量，g；

m_2——灌砂筒下部圆锥体内砂的质量，g；

m_4、m_4'——灌砂后灌砂筒内剩余砂的质量，g；

$m_5 - m_6$——灌砂筒下部圆锥体内及基板和粗糙表面间砂的合计质量，g。

(2)按下式计算试坑材料的湿密度(湿容重)ρ_w：

$$\rho_w = \frac{m_w}{m_b} \times \rho_s \tag{4-17}$$

式中　m_w——试坑中取出的全部材料的质量，g；

ρ_s　量砂的松方密度，g/cm^3；

其余符号意义同前。

(3)按下式计算试坑材料的干密度ρ_d(g/cm^3)：

$$\rho_d = \frac{\rho_w}{1 + 0.01w} \tag{4-18}$$

式中　w——试坑材料的含水率(%)；

其余符号意义同前。

(4)当为水泥、石灰、粉煤灰等无机结合料稳定土的场合时，可按下式计算干密度ρ_d(g/cm^3)：

$$\rho_d = \frac{m_d}{m_b} \times \rho_s \tag{4-19}$$

式中　m_d——试坑中取出的稳定土的烘干质量，g；

其余符号意义同前。

(5)按下式计算施工压实度K：

$$K = \frac{\rho_d}{\rho_{dm}} \times 100\% \tag{4-20}$$

式中 K——测试地点的施工压实度(%)；

ρ_d——试样的干密度，g/cm^3；

ρ_{dm}——由击实试验得到的试样的最大干密度，g/cm^3。

注：当试坑材料组成与击实试验的材料有较大差异时，可以试坑材料作标准击实，求取实际的最大干密度。

五、报告

各种材料的干密度均应准确至0.01 g/cm^3。

第四节 环刀法测定压实度

一、目的和适用范围

(1)本方法规定在公路工程现场用环刀法测定土基及路面材料的密度及压实度。

(2)本方法适用于细粒土及无机结合料稳定细粒土的密度，但对无机结合料稳定细粒土，其龄期不宜超过2 d，且宜用于施工过程中的压实度检验。

二、仪具与材料技术要求

本试验需要下列仪具与材料：

(1)人工取土器：包括环刀、环盖、定向筒和击实锤系统(导杆、落锤、手柄)，环刀内径6～8 cm，高2～3 cm，壁厚1.5～2 mm。

(2)天平：感量0.1 g(用于取芯头内径小于70 mm样品的称量)，或1.0 g(用于取芯头内径100 mm样品的称量)。

(3)其他：镐、小铁锹、修土刀、直尺、木板、毛刷、钢丝锯、凡士林、木板及测定含水率设备等。

三、方法与步骤

(1)按有关试验方法对检测对象试样用同种材料进行击实试验，得到最大干密度(ρ_{dm})及最佳含水率。

(2)用人工取土器测定黏性土及无机结合料稳定细粒土密度的步骤：

①擦净环刀，称取环刀质量(m_2)，准确至0.1 g。

②在试验地点，将面积约30 cm×30 cm的地面清扫干净，并将压实层铲去表面浮动及不平整的部分，达一定深度，使环刀打下后能达到要求的取土深度，但不得将下层扰动。

③将定向筒齿钉固定于铲平的地面上，顺次将环刀、环盖放入定向筒内与地面垂直。

④将导杆保持垂直状态，用取土器落锤将环刀打入压实层中，至环盖顶面与定向筒上口齐平。

⑤去掉击实锤和定向筒，用镐将环刀及试样挖出。

⑥轻轻取下环盖，用修土刀自边到中削去环刀两端余土，用直尺检测直到修平。

⑦擦净环刀外壁，用天平称取出环刀及试样合计质量(m_1)，准确到0.1 g。

⑧自环刀中取出试样，取具有代表性的试样，测定其含水率(w)。

(3)用人工取土器测定砂性土或砂层密度时的步骤：

①如为湿润的砂土，试验时不需使用击实锤和定向筒，在铲平的地面上，细心挖出一个直径较环刀外径略大的砂土柱，将环刀刃口向下，平置于砂土柱上，用两手平稳地将环刀垂直压下，直至砂土柱突出环刀上端约2 cm。

②削掉环刀口上的多余砂土，并用直尺刮平。

③在环刀上口盖一块平滑的木板，一手按住木板，另一手用小铁锹将试样从环刀底部切断，然后将装满试样的环刀反转过来，削掉环刀刃口上部多余的砂土，并用直尺刮平。

④擦净环刀外壁，称环刀与试样合计质量(m_1)，准确到0.1 g。

⑤自环刀中取出具有代表性的试样，测定其含水率w。

⑥干燥的砂土不能挖成砂土样柱时，可直接将环刀压入或打入土中。

(4)本试验须进行两次平行测定，其平行差值不得大于0.03 g/cm³，求其算术平均值。

四、计算

(1)按下式计算试样的湿密度及干密度：

$$\rho = \frac{4 \times (m_1 - m_2)}{\pi \times d^2 \times h} \tag{4-21}$$

$$\rho_d = \frac{\rho}{1 + 0.01w} \tag{4-22}$$

式中　ρ——试样的湿密度，g/cm³；

ρ_d——试样的干密度，g/cm³；

m_1——环刀或取芯套筒与试样合计质量，g；

m_2——环刀或取芯套筒质量，g；

d——环刀或取芯套筒直径，cm；

h——环刀或取芯套筒高度，cm；

w——试样的含水率(%)。

(2)按下式计算施工压实度：

$$K = \frac{\rho_d}{\rho_{dm}} \times 100\% \tag{4-23}$$

式中　K——测试地点的施工压实度(%)；

ρ_d——试样的干密度，g/cm³；

ρ_{dm}——由击实试验得到的试样的最大干密度，g/cm³。

五、报告

试验报告应报告土的鉴别分类、含水率、湿密度、干密度、最大干密度、压实度等。

第五节　钻芯法测定沥青面层压实度

一、目的与适用范围

(1)沥青混合料面层的压实度是按施工规范规定的方法测定的混合料试样的毛体积密度与标准密度之比值,以百分率表示。

(2)本方法适用于检验从压实的沥青路面上钻取的沥青混合料芯样试件的密度,以评定沥青面层的施工压实度。

二、仪具与材料技术要求

本方法需要下列仪具与材料:

(1)路面取芯钻机。

(2)天平:感量不大于0.1 g。

(3)水槽。

(4)吊篮。

(5)石蜡。

(6)其他:卡尺、毛刷、小勺、取样袋(容器)、电风扇。

三、方法与步骤

(一)钻取芯样

钻取路面芯样,芯样直径不宜小于100 mm。当一次钻孔取得的芯样包含有不同层位的沥青混合料时,应根据结构组合情况用切割机将芯样沿各层结合面锯开,分层进行测定。

钻孔取样应在路面完全冷却后进行,对普通沥青路面通常在第二天取样,对改性沥青及SMA路面宜在第三天以后取样。

(二)测定试件密度

(1)将钻取的试件在水中用毛刷轻轻刷净黏附的粉尘。如试件边角有浮松颗粒,应仔细清除。

(2)将试件晾干或用电风扇吹干不少于24 h,直至恒重。

(3)按《公路工程沥青及沥青混合料试验规程》(JTG E20—2011)的沥青混合料试件密度试验方法测定试件密度ρ_s。通常情况下采用表干法测定试件的毛体积相对密度;对吸水率大于2%的试件,宜采用蜡封法测定试件的毛体积相对密度;对吸水率小于0.5%特别致密的沥青混合料,在施工质量检验时,允许采用水中重法测定表观相对密度。

(4)根据《公路沥青路面施工技术规范》(JTG F40—2004)的规定,确定计算压实度的标准密度。

四、计算

(1) 当计算压实度的标准密度采用每天试验室实测的马歇尔击实试件密度或试验路

段钻孔取样密度时,沥青面层的压实度按下式计算:

$$K = \frac{\rho_s}{\rho_0} \times 100\% \tag{4-24}$$

式中　K——沥青面层某一测定部位的压实度(%);

ρ_s——沥青混合料芯样试件的实际密度,g/cm^3;

ρ_0——沥青混合料的标准密度,g/cm^3。

(2)计算压实度的标准密度采用最大理论密度时,沥青面层的压实度按下式计算:

$$K = 100 \times \frac{\rho_s}{\rho_t} \tag{4-25}$$

式中　ρ_s——沥青混合料芯样试件的实际密度,g/cm^3;

ρ_t——沥青混合料的最大理论密度,g/cm^3。

(3)计算一个评定路段检测的压实度的平均值、标准差、变异系数,并计算代表压实度。

五、报告

压实度试验报告应记载压实度检查的标准密度及依据,并列表表示各测点的试验结果。

第六节　核子密度湿度仪测定压实度

一、目的与适用范围

本方法用于测定沥青混合料面层的压实度时,在表面用散射法测定,所测定沥青面层的层厚应不大于根据仪器性能决定的最大厚度。用于测定土基或基层材料的压实度及含水量时,打洞后用直接透射法测定,测定层的厚度不宜大于 20 cm。

二、仪具与材料技术要求

(1)核子密度湿度仪:符合国家规定的关于健康保护和安全使用标准,密度的测定范围为1.12~2.73 g/cm^3,测定误差不大于 ±0.03,含水量测量范围为0~0.64 g/cm^3,测定误差不大于 ±0.015。它主要包括下列部件:

①γ射线源:双层密封的同位素放射源,如铯-137、钴-60或镭-226等。

②中子源:如镅(241)-铍等。

③探测器:γ射线探测器或中子探测器等。

④读数显示设备:如液晶显示器、脉冲计数器、数率表或直接读数表。

⑤标准板:提供检验仪器操作和散射计数参考标准用。

⑥安全防护设备:符合国家规定要求的设备。

⑦刮平板、钻杆、接线等。

(2)细砂:0.15~0.3 mm。

(3)天平或台秤。

(4)其他:毛刷等。

三、准备工作

(1)每天使用前按下列步骤用标准板测定仪器的标准值:

①接通电源,按照仪器使用说明书建议的预热时间,预热测定仪。

②在测定前,应检查仪器性能是否正常,在标准板上取3~4个读数的平均值建立原始标准值,并与使用说明书提供的标准值校对,若标准读数超过仪器使用说明书规定的界限,应重复此项标准的测量,若第二次标准计数仍超出规定的界限,需视作故障并进行仪器检查。

(2)在进行沥青混合料压实层密度测定前,应用核子密度湿度仪对钻孔取样的试件进行标定;测定其他材料密度时,宜与挖坑灌砂法的结果进行标定。

标定的步骤如下:

①选择压实的路表面,按要求的测定步骤用核子密度湿度仪测定密度,读数;

②在测定的同一位置用钻机钻孔法或挖坑灌砂法取样,量测厚度,按规定的标准方法测定材料的密度;

③对同一种路面厚度及材料类型,在使用前至少测定15处,求取两种不同方法测定的密度的相关关系,其相关系数应不小于0.9。

(3)测试位置的选择:

①按照随机取样的方法确定测试位置,但与距路面边缘或其他物体的最小距离不得小于30 cm,核子密度湿度仪距其他射线源不得少于10 m。

②当用散射法测定时,用细砂填平测试位置路表结构凹凸不平的空隙,使路表面平整,能与仪器紧密接触。

③当使用直接透射法测定时,在表面上用钻杆打孔,孔深略深于要求测定的深度,孔应竖直圆滑并稍大于射线源探头。

(4)按照规定的时间,预热仪器。

四、测定步骤

(1)如用散射法测定,应将核子密度湿度仪平稳地置于测试位置上。

(2)如用直接透射法测定,应将放射源棒插入已预先打好的孔内。

(3)打开仪器,测试员退出仪器2 m以外,按照选定的测定时间进行测量,到达测定时间后,读取显示的各项数值,并迅速关机。

注:有关各种型号的仪器具体操作步骤略有不同,可按照仪器使用说明书进行。

五、计算

按下式计算施工干密度及压实度:

$$\rho_d = \frac{\rho_w}{1 + w} \tag{4-26}$$

$$K = \frac{\rho_d}{\rho_{dm}} \times 100\% \tag{4-27}$$

式中　K——测试地点的施工压实度(%)。

用核子密度湿度仪法测定压实度试验记录表见表 4-11。

表 4-11　核子密度湿度仪法测定压实度试验记录

合同段			取样地点				试验日期			
使用范围				试验方法编号						
核子仪编号			密度/水份标定系数				密度/水分修正系数			
测点桩号及位置	湿密度(g/cm^2)	含水率(%)	干密度(g/cm)	压实度(%)	最大干密度(g/cm^3)	最佳含水率(%)	层次	标高(m)	距路床顶面高(m)	要求压实度(%)

试验:　　　　　　　　　　　　复核:　　　　　　　　　　日期:　　年　月　日

第七节　无核密度仪测定压实度

无核密度仪利用发射的电磁波在材料中的能量吸收和损耗检测材料的密度,材料对电磁波能量吸收和损耗取决于材料的介电常数。在无核密度仪的设置菜单中输入所测试路面材料的标准密度(即最大理论密度或室内马歇尔密度),即可获得相应的压实度值。由此可见,无核密度仪测定压实度的方法是间接的、无损的。

一、目的与适用范围

(1)本方法适用于现场无核密度仪快速测定沥青路面各层沥青混合料的密度,并计算施工压实度,但测定结果不宜用于评定验收或仲裁。无核密度仪是一种无损检测手段,鉴于其使用效果尚未经过足够验证,目前其测定结果不宜用于评定验收或仲裁。

(2)无核密度仪可用于检测铺筑完工的沥青路面、现场沥青混合料铺筑层密度及快速检查混合料的离析。

二、仪具与材料技术要求

本试验使用的主要仪具是无核密度仪和标准密度块。

(1)探头:无核,无电容,用于野外测量。

(2)探测深度:≥4.0 cm。

(3)测量时间:1 s。

(4)精度:0.003 g/cm^3。

(5)操作环境温度:0 ~ 70 ℃。

(6)测试材料表面最高温度:150 ℃。

(7)湿度:98%且不结露。

三、方法与步骤

(一)准备工作

(1)所测定沥青面层的层厚应不大于该仪器性能探测的最大深度。在进行沥青混合料压实层密度测定前,应用无核密度仪与钻孔取样的试件进行标定。

(2)第一次使用前需要对软件进行设置。仪器存储了软件的设置后,操作者无须每次开机后都进行软件的设置。

(3)按照仪器使用说明书的要求综合标定仪器的测量精度。

(4)按照不同的需要选择想要的测量模式。

(5)按照仪器使用说明书的规定,进行修正值设置。

(二)测试步骤

(1)为了保证测量精度,在正式测量前应正确选择测量场地。

(2)把仪器放置平稳,保证仪器不晃动。

(3)为了确保精确测量,仪器应与测量面精密接触。

(4)在开始测量前应检查仪器的工作状态。如电池电压、内部温度、选择的测量单位、运行参考读数的日期和时间等。

(5)根据需要选择测量模式进行测试。

四、计算

按式(4-27)计算压实度。由无核密度仪测定的压实沥青混合料的实际密度的检测结果应为一组不少于13点密度测值的平均值。

本章小结

本章主要学习了土的击实试验、室内CBR试验、挖坑灌砂法测定压实度、环刀法测定压实度、钻芯法测定沥青面层压实度、核子密度湿度仪测定压实度、无核密度仪测定压实度,应重点掌握挖坑灌砂法测定压实度、钻芯法测定沥青面层压实度。

复习思考题

1. 土的击实试验的主要目的是什么?

2. 简述室内 CBR 试验的试验步骤。
3. 简述钻芯法测定沥青面层压实度的步骤。
4. 简述核子密度湿度仪测定压实度的原理、无核密度仪测定压实度的原理。

第五章　平整度检测

【教学目标】

(1)学生通过学习视频、PPT、现场检测实践,能进行3 m直尺测定平整度、连续式平整度仪测定平整度,并能对测试结果进行分析处理,正确率达90%以上。

(2)学生通过学习教材、视频、PPT,能描述车载式颠簸累积仪测定平整度 、车载式激光平整度仪测定平整度,并能对测试结果进行分析处理,正确率达80%以上。

第一节　3 m直尺测定平整度

一、目的与适用范围

(1)本方法规定用3 m直尺测定直尺基准面距离路表面的最大间隙,表示路基路面的平整度,以mm计。

(2)本方法适用于测定压实成型的路面各层表面的平整度,以评定路面的施工质量,也可用于路基表面成型后的施工平整度检测。

二、仪具与材料技术要求

本试验需要下列仪具与材料:

(1)3 m直尺:由硬木或铝合金钢等材料制成,基准面应平直,长3 m。

(2)楔形塞尺:由硬木或金属制的三角形塞尺,有手柄。塞尺的长度与高度之比不小于10,宽度不大于15 mm,边部有高度标记,刻度读数分辨率小于或等于0.2 mm。

(3)其他:皮尺或钢尺、粉笔等。

三、方法与步骤

(一)准备工作

(1)按有关规范规定选择测试路段。

(2)在测试路段选择测试地点:当为沥青路面施工过程中质量检测时,测试地点应选在接缝处,以单杆测定评定;除高速公路外,可用于其他等级公路路基路面工程质量检查验收或进行路况评定,每200 m测2处,每处连续测量10尺。除特殊需要者外,应以行车道一侧车轮轮迹(距车道线0.8~1.0 m)作为连续测定的标准位置。对旧路已形成车辙的路面,应取车辙中间位置为测定位置,用粉笔在路面上做好标记。

(3)清扫路面测定位置处的污物。

(二)测试步骤

(1)在施工过程中检测时,应根据需要确定的方向,将3 m直尺摆在测试地点的路面上。

(2)目测 3 m 直尺的底面与路面之间的间隙情况，确定最大间隙的位置。

(3)用有高度标线的塞尺塞进间隙处，量测其最大间隙的高度，准确至 0.2 mm。

四、计算

单杆检测路面的平整度计算，以 3 m 直尺与路面的最大间隙为测定结果。连续测定 10 尺时，应判断每个测定值是否合格，根据要求计算合格百分率，并计算 10 个最大间隙的平均值。

五、报告

单杆检测的结果应随时记录测试位置及检测结果。连续测定 10 尺时，应报告平均值、不合格尺数、合格率。

第二节　连续式平整度仪测定平整度

一、目的与适用范围

(1)本方法规定用连续式平整度仪量测路面的不平整度的标准差 σ，以表示路面的平整度，以 mm 计。

(2)适用于测定路表面的平整度，评定路面的施工质量和使用质量，但不适用于在已有较多坑槽、破损严重的路面上测定。

二、仪具与材料技术要求

本方法需要下列仪具与材料：

(1)连续式平整度仪：构造如图 5-1 所示。

①除特殊情况外，连续式平整度仪的标准长度为 3 m，其质量应符合仪器标准的要求。中间为一个 3 m 长的机架，机架可缩短或折叠，前后各有 4 个行走轮，前后两组轮的轴间距离为 3 m。

②标准差测量传感器：安装在机架中间，可以是能起落的测定轮，或非接触式位移传感器，如激光或超声位移测量传感器。

③其他辅助机构：蓄电池电源、距离传感器，与数据采集、处理、存储、输出部分配套的采集控制箱及计算机、打印机等。

④测定间距为 10 cm，每一计算区间的长度为 100 m，并输出一次结果。

⑤可记录测试长度(m)、曲线振幅大于某一定值(如 3 mm、5 mm、8 mm、10 mm 等)的次数、曲线振幅的单向(凸起或凹下)累计值及以 3 m 机架为基准的中点路面偏差曲线图，计算打印。

⑥机架装有一牵引钩及手拉柄，可用人力或汽车牵引。

（2）牵引车：小面包车或其他小型牵引汽车。

（3）皮尺或测绳。

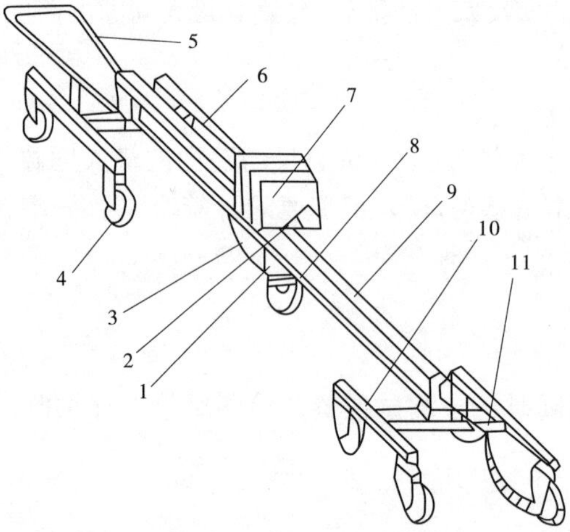

1—测量架；2—离合器；3—拉簧；4—脚轮；5—牵引架；6—前架；
7—记录计；8—测定轮；9—纵梁；10—后架；11—软轴

图 5-1 连续式平整度仪构造

三、方法与步骤

（一）准备工作

（1）选择测试路段。

（2）当为施工过程中质量检测需要时，测试地点根据需要确定；当为路面工程质量检查验收或进行路况评定需要时，通常以行车道一侧车轮轮迹带作为连续测定的标准位置。对旧路已形成车辙的路面，取一侧车辙中间位置为测定位置。按规定在测试路段路面上确定测试位置，当以内侧轮迹带或外侧轮迹带作为测定位置时，测定位置距车道标线 80~100 cm。

（3）清扫路面测定位置处的脏物。

（4）检查仪器、检测箱各部分应完好、灵敏，并将各连接线接好，安装记录设备。

（二）测试步骤

（1）将连续式平整度测定仪置于测试路段路面起点上。

（2）在牵引汽车的后部，将平整度的挂钩挂上后，放下测定轮，启动检测器及记录仪，随即启动汽车，沿道路纵向行驶，横向位置保持稳定，并检查平整度检测仪表上测定数字显示、打印、记录的情况。牵引平整度仪的速度应均匀，速度宜为 5 km/h，最大不得超过 12 km/h。

当测试路段较短时，亦可用人力拖拉平整度仪测定路面的平整度，但拖拉时应保持匀速前进。

四、计算

（1）用连续式平整度仪测定后，可按每 10 cm 间距采集的位移值自动计算：每 100 m 计算区间的平整度标准差（mm），还可记录测试长度（m）、曲线振幅大于某一定值（3 mm、5 mm、8 mm、10 mm 等）的次数、曲线振幅的单向（凸起或凹下）累计值及以 3 m 机架为基准的中点路面偏差曲线图，并打印输出。当为人工计算时，在记录曲线上任意设一基准线，每隔一定距离（宜为 1.5 m）读取曲线偏离基准线的偏离位移值 d_i。

（2）每一计算区间的路面平整度以该区间测定结果的标准差表示。

（3）计算一个评定路段内各区间平整度标准差的平均值、标准差、变异系数。

五、报告

试验应列表报告每一个评定路段内各测定区间的平整度标准差，各评定路段平整度的平均值、标准差、变异系数以及不合格区间数。

第三节　车载式颠簸累积仪测定平整度

一、目的与适用范围

（1）车载式颠簸累积仪测量车辆在路面上通行时后轴与车厢之间的单向位移累积值，以 VBI 表示路面平整度，以 cm/km 计。

（2）不适用于在有较多坑槽、破损严重的路面上测定。

二、仪具与材料技术要求

（1）车载式颠簸累积仪：由机械传感器、数据处理器及微型打印机组成，传感器固定安装在测试车的底板上。

仪器的主要技术性能指标如下：

①测试速度：以 32 ~ 50 km/h 为宜，一般不宜超过 80 km/h。车速越高，VBI 测值越大。

②最小读数：1 mm。

③系统最高反应频率：5 kHz。

（2）测试车：越野车或小轿车。

三、工作原理

测试车以一定的速度在路面上行驶，由于路面上的凹凸不平状况，引起汽车的激振，通过机械传感器可测量后轴同车厢之间单向位移累积值 VBI，以 cm/km 计。VBI 值越大，说明路面平整性越差，人体乘坐汽车时越不舒适。

四、方法与步骤

（一）准备工作

（1）当测试车辆在正常状态下行驶超过 20 000 km，或者标定的时间间隔超过 1 年，或者减振器、轮胎等发生更换、维修时，都应进行仪器测值与国际平整度指数 IRI（International Roughness Index）的相关性标定，相关系数 R 应不低于 0.99。

（2）检查测试车轮胎气压，应达到车辆轮胎规定的标准气压；车胎应清洁，不得黏附杂物；车上载重、人数以及分布应与仪器相关性标定试验时一致。

（3）距离测量系统需要现场安装的，根据设备操作手册说明进行安装，确保紧固装置安装牢固。

（4）检查测试系统，各部分应符合测试要求，不应有明显的可视性破损。

（5）打开系统电源，启动控制程序，检查系统各部分的工作状态。

（二）测试步骤

（1）测试开始之前，应让测试车以测试速度行驶 5~10 km，按照设备操作手册规定的预热时间对测试系统进行预热。

（2）测试车停在测试起点前 300~500 m 处启动平整度测试系统程序，按照设备操作手册的规定和测试路段的现场技术要求设置所需的测试状态。

（3）驾驶员在进入测试路段前，应保持车速在规定的测试速度范围内，沿正常行车轨迹驶入测试路段。

（4）进入测试路段后，测试人员启动系统的采集和记录程序，在测试过程中必须及时准确地将测试路段的起终点和其他需要特殊标记点的位置输入测试数据记录表中。

（5）当测试车辆驶出测试路段后，仪器操作人员应停止数据采集和记录，并恢复仪器各部分至初始状态。

（6）操作人员检查数据文件，文件应完整，内容应正常，否则需要重新测试。

（7）关闭测试系统电源，结束测试。

五、计算

车载式颠簸累积仪直接测试输出的颠簸累积值 VBI，要按照相关性标定试验得到相关关系式，并以 100 m 为计算区间换算成国际平整度指数 IRI，以 m/km 计。

六、报告

（1）平整度测试报告应包括颠簸累积值 VBI、国际平整度指数 IRI 平均值和现场测试速度。

（2）提供车载式颠簸累积值 VBI 与标准国际平整度指数 IRI 在选定测试条件下的相关关系式及相关系数。

第四节　车载式激光平整度仪测定平整度

车载式激光平整度仪是一种与路面无接触的测量仪器,测试速度快、精度高。

一、适用范围

它适用于在无严重坑槽、车辙等病害及无积水、积雪、泥浆的正常通车条件下连续采集路段平整度数据,评定验收新建、改建路面工程质量。

车载式激光平整度仪采集的数据是路面相对高程值,应以 100 m 为计算区间长度,用 IRI 的标准计算程序计算 IRI 值,以 m/km 计。

二、仪具与材料技术要求

(一)测试系统

测试系统由承载车辆、距离传感器、纵断面高程传感器和主控制系统组成。主控制系统对测试装置的操作实施控制,完成数据采集、传输、存储与计算过程。

(二)测试系统基本技术要求和参数

(1)测试速度:30~100 km/h。

(2)采样间隔:≤500 mm。

(3)传感器测试精度:0.5 mm。

(4)距离标定误差:<0.1%。

(5)系统工作环境温度:0~60 ℃。

三、方法与步骤

(一)准备工作

(1)设备安装到承载车上以后应按规定进行相关性试验。

(2)根据设备操作手册的要求对测试系统各传感器进行校准。

(3)检查测试车轮胎气压,应达到车辆轮胎规定的标准气压,车胎应清洁,不得黏附杂物。

(4)距离测量装置需要现场安装的,根据设备操作手册说明进行安装,确保机械紧固装置安装牢固。

(5)检查测试系统各部分应符合测试要求,不应有明显的可视性破损。

(6)打开系统电源,启动控制程序,检查各部分的工作状态。

(二)测试步骤

(1)测试开始之前应让测试车以测试速度行驶 5~10 km,按照设备使用说明规定的预热时间对测试系统进行预热。

(2)测试车停在测试起点前 50~100 m 处,启动平整度测试系统程序,按照设备操作手册的规定和测试路段的现场技术要求设置完毕所需的测试状态。

(3)驾驶员应按照设备操作手册要求的测试速度范围驾驶测试车,宜为 50~80 km/h,

避免急加速和急减速，急弯路段应放慢车速沿正常行车轨迹驶入测试路段。

（4）进入测试路段后，测试人员启动系统的采集和记录程序，在测试过程中必须及时准确地将测试路段的起终点和其他需要特殊标记的位置输入测试数据记录表中。

（5）当测试车辆驶出测试路段后，测试人员应停止数据采集和记录，并恢复仪器各部分至初始状态。

（6）检查测试数据文件，文件应完整，内容应正常，否则需要重新测试。

（7）关闭测试系统电源，结束测试。

四、计算

车载式激光平整度仪采集的数据是路面相对高程值，应以 100 m 为计算区间长度，用 IRI 的标准计算程序计算 IRI 值，以 m/km 计。

五、报告

（1）国际平整度指数 IRI 平均值。

（2）车载式激光平整度仪测值 IRI 在选定测试条件下的相关关系式及相关系数。

本章小结

本章主要学习了 3 m 直尺测定平整度、连续式平整度仪测定平整度、车载式颠簸累积仪测定平整度、车载式激光平整度仪测定平整度，要重点掌握 3m 直尺测定平整度、连续式平整度仪测定平整度。

复习思考题

1. 简述 3 m 直尺测定平整度的步骤。

2. 简述连续式平整度仪测定平整度的原理。

3. 简述车载式激光平整度仪测定平整度的步骤。

第六章　土基现场 CBR 值测试和回弹模量检测

【教学目标】

(1)学生通过学习视频、PPT、现场检测实践,能现场进行土基 CBR 值测试,并能对测试结果进行分析处理,正确率达 90%以上。

(2)学生通过学习视频、PPT、现场检测实践,能现场运用承载板法和贝克曼梁法测定路基路面回弹模量,并能对测试结果进行分析处理,正确率达 95%以上。

(3)学生通过学习视频、PPT、现场观摩,能描述动力锥贯入仪测试系统的组成、测定路基路面回弹模量的原理,并能对测试结果进行分析处理,正确率达 80%以上。

【引例导入】

道路在运营过程中,长期受到车辆反复荷载,路基路面如果没有足够的抗荷载能力,将很快出现开裂、破损、局部沉降等影响行车安全的病害,如图 6-1 所示。

图 6-1　路面沉降变形

最直接反映路基路面抗荷载能力的参数指标包括强度特性和变形特性,因此在相关规程中,特别规定了相关参数技术要求,或规定了测试路基路面强度特性和变形特性的方法,对确保道路工程质量,保障行车安全具有重要意义。

第一节　土基现场 CBR 值测试

一、目的与适用范围

(1)本方法适用于在现场测定各种土基材料的现场 CBR 值,同时适合于基层、底基层砂类土、天然砂砾、级配碎石等材料 CBR 值的试验。

(2)本方法所用试样的最大集料粒径宜小于 19.0 mm,最大不得超过 31.5 mm。

二、检测项目与要求

CBR是表征路基土、粒料、稳定土强度的一种指标，是California Bearing Ratio的简称，即常说的加州承载比，为室内标准压实的试件经泡水膨胀后进行贯入试验，在荷载压强—贯入量曲线上读取规定贯入量的荷载压强与标准压强的比值，以百分数表示，是用于评定路基土和路面材料的强度指标。在国外，多采用CBR作为路面材料和路基土的设计参数。为了促进国际交流，参考国内外的情况，我国将CBR指标列入《公路路基设计规范》(JTG D30—2015)、《公路路基施工技术规范》(JTG F10—2006)和《公路路基路面现场测试规程》(JTG E60—2008)等相关规范规程中，作为路基填料选择和路基路面施工质量检测的依据。

综合相关规范的规定，路基填料最小强度要求见表6-1。

表6-1　路基填料最小强度要求

<table>
<tr><th colspan="3" rowspan="2">路基部位</th><th rowspan="2">路面底面以下深度(cm)</th><th colspan="3">填料最小强度(CBR)(%)</th></tr>
<tr><th>高速公路一级公路</th><th>二级公路</th><th>三、四级公路</th></tr>
<tr><td rowspan="7">路堤</td><td colspan="2">上路床</td><td>0~30</td><td>8</td><td>6</td><td>5</td></tr>
<tr><td rowspan="2">下路床</td><td>轻、中等及重交通</td><td>30~80</td><td>5</td><td>4</td><td>3</td></tr>
<tr><td>特重、极重交通</td><td>30~120</td><td>5</td><td>4</td><td>—</td></tr>
<tr><td rowspan="2">上路堤</td><td>轻、中等及重交通</td><td>80~150</td><td>4</td><td>3</td><td>3</td></tr>
<tr><td>特重、极重交通</td><td>120~190</td><td>4</td><td>3</td><td>—</td></tr>
<tr><td rowspan="2">下路堤</td><td>轻、中等及重交通</td><td>150以下</td><td rowspan="2">3</td><td rowspan="2">2</td><td rowspan="2">2</td></tr>
<tr><td>特重、极重交通</td><td>190以下</td></tr>
<tr><td colspan="3" rowspan="2">零填及挖方路基</td><td>0~30</td><td>8</td><td>6</td><td>5</td></tr>
<tr><td>30~80</td><td>5</td><td>4</td><td>3</td></tr>
</table>

注：①当路基填料CBR值达不到表列要求时，可掺石灰或其他稳定材料处理。

②当为三、四级公路铺筑沥青混凝土和水泥混凝土路面时，应采用二级公路的规定。

③填方路堤参数为《公路路基设计规范》(JTG D30—2015)的规定；零填及挖方路基参数为《公路路基施工技术规范》(JTG F10—2006)的规定。

在路基铺装施工现场，用载重汽车作为反力架，通过千斤顶连续加载，使贯入杆匀速压入土基。为了模拟路面结构对土基的附加应力，在贯入杆位置安放荷载板。路基强度越高，贯入量为25 mm或50 mm的荷载越大，即CBR值越大。采用该方式现场测试CBR值需要的仪具和材料包括以下几种。

(一)荷载装置

检测中一般采用装载有铁块或集料等重物的载重汽车作为反力装置，并要求其后轴重不小于60 kN，在汽车大梁的后轴之后设有一加劲横梁作为反力架用。

(二)CBR现场测试装置

如图6-2所示，CBR现场测试装置由千斤顶(机械或液压)、测力计(测力环或压力表)及球座组成。千斤顶可使贯入杆的贯入速度调节成 1 mm/min。测力计的容量应不小于土基强度,测定精度应不小于测力计量程的 1%。

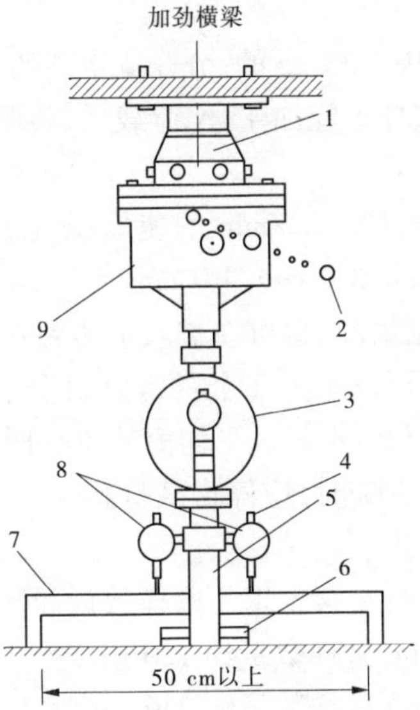

1—球座;2—手柄;3—测力计;4—百分表夹具;5—贯入杆;
6—承载板;7—平台;8—百分表;9—加载千斤顶

图 6-2　CBR 现场测试装置

(三)贯入杆

贯入杆为直径 50 mm、长约 200 mm 的金属圆柱体。

(四)承载板

承载板每块质量为 1.25 kg,直径 150 mm,中心孔眼直径 52 mm,不少于 4 块,并沿直径分为两个半圆块。

(五)贯入量测定装置

如图 6-2 所示平台及百分表组成:百分表量程为 20 mm,精度为 0. 01 mm,数量 2 个,对称固定于贯入杆上,端部与平台接触,平台跨度不小于 50 cm。

另外,也可以采用 2 台贝克曼梁弯沉仪作为贯入量测定设备。

(六)细砂及其他

细砂作为测试位置填平之用,要求洁净干燥,粒径介于 0.3~0.6 mm。

铁铲、盘、直尺、毛刷、天平等,也是现场不时需要的工具,应准备齐备。

三、试验方法与步骤

(一)准备工作

(1)将试验地点(直径约 30 cm 范围)的表面找平,用毛刷刷净浮土。如表面为粗粒土,应撒布少许洁净的细砂填平,但不能覆盖全部土基表面,避免形成夹层。

(2)安装测试设备:按图 6-2 设置贯入杆及千斤顶。千斤顶顶在加劲横梁上且调节至高度适中,贯入杆应与土基表面紧密接触。

(3)安装贯入量测定装置:将支架平台、百分表(或 2 台贝克曼梁弯沉仪)按图 6-2 安装好。

(二)测试步骤

(1)在贯入杆位置安放 4 块 1.25 kg 的、分开成半圆的承载板,共 5 kg。

(2)试验贯入前,先在贯入杆上施加 45 N 荷载后,将测力计及贯入量百分表调零,记录初始读数。

(3)启动千斤顶,使贯入杆以 1 mm/min 的速度压入土基,相应于贯入量为 0.5 mm、1. 0 mm、1.5 mm、2.0 mm、2.5 mm、3.0 mm、4.0 mm、5.0 mm、6.5 mm、10.0 mm 及 11.5 mm 时,分别读取测力计读数。根据情况,也可在贯入量达到 6.5 mm 时,结束试验。

需要说明的是,用千斤顶连续加载,2 个贯入量百分表及测力计均应在同一时刻读数。当 2 个贯入量百分表读数差值不超过平均值的 30%时,以平均值作为贯入量;当 2 个百分表读数差值超过平均值的 30%时,应停止试验。

(4)卸除荷载,移去测定装置。

(5)在试验点下取样,测定材料含水率。取样数量如下:

①最大粒径不大于 4.75 mm,试样数量约 120 g;

②最大粒径不大于 19.0 mm,试样数量约 250 g;

③最大粒径不大于 31.5 mm,试样数量约 500 g。

(6)在紧靠试验点旁边的适当位置,用灌砂法或环刀法等测定土基的密度。

(三)测试技术要点

(1)将测点直径约 30 cm 范围的表面找平。

(2)安装现场测试装置,使贯入杆与土基表面紧密接触。

(3)启动千斤顶,使贯入杆以 1 mm/min 的速度压入土基,记录不同贯入量及相应荷载。当贯入量达 7.5 mm 或 12.5 mm 时,结束试验。

(4)在贯入杆位置安放半圆形承载板,限制贯入杆的侧向倾斜,当发生细微倾斜时,不应人为扶正;当发生较大倾斜时,应重新试验。

(5)在加荷装置上安装贯入杆后,为了使贯入杆断面与土基表面充分接触,在贯入杆上施加 45 N 的预压力,将此荷载作为试验时的零荷载,并将该状态的贯入量设为零点。绘制的压强—贯入量关系曲线,起始部分呈反弯,则表示试验开始时贯入杆端面与土表面接触不好,应对曲线进行修正。

(6)试验结束时间应根据土基强度而定,当土基强度较大时,可在贯入量达 6.5 mm 时结束试验。荷载压强及贯入量读数不宜过小,一般要求在达到 2.5 mm 贯入量时,应不少于 5 个读数。

(7)卸载后在测点取样,测定材料含水率。

(8)在测点旁用灌砂法或环刀法等测定土基的密度。

(9)绘制荷载压强—贯入量曲线,必要时进行原点修正。

四、数据整理计算

应当注意,公路现场条件下测定的 CBR 值,因土基的含水量和压实度与室内试验条件不同,也未经泡水,故与室内试验 CBR 值不一样。应通过试验,寻找两者之间的关系,换算为室内试验 CBR 值后,再用于路基施工强度检验或评定。

(1)将贯入试验得到的等级荷重数除以贯入断面面积($19.625\ cm^2$),得到各级压强(MPa),绘制荷载压强—贯入量关系曲线,如图 6-3 所示。当图中曲线在起点处有明显凹凸的情况时,应在曲线的拐弯处作切线延长进行修正,以与坐标轴相交点 O' 作原点,得到修正后的压强—贯入量曲线。

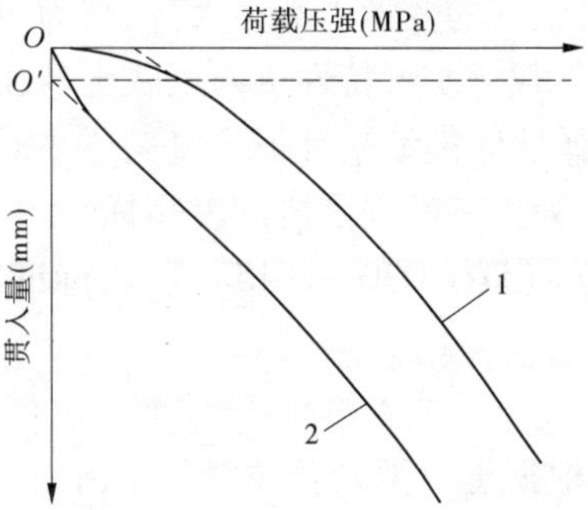

图 6-3　荷载压强—贯入量关系曲线

(2)从压强—贯入量曲线上读取贯入量为 2.5 mm 及 5.0 mm 时的荷载压强 p_1,按式(6-1)计算现场 CBR 值,CBR 一般以贯入量为 2.5 mm 时的测定值为准。当贯入量为 5.0 mm 时的 CBR 值大于贯入量为 2.5 mm 时的 CBR 值时,应重新试验;如重新试验仍然如此,则以贯入量为 5.0 mm 时的 CBR 值为准。

$$\text{现场 } CBR(\%) = \frac{p_1}{p_0} \times 100\% \tag{6-1}$$

式中　p_1——荷载压强,MPa,取贯入量为 2.5 mm 或 5.0 mm 时的压强值;

p_0——标准压强,当贯入量为 2.5 mm 时,为 7 MPa,当贯入量为 5.0 mm 时,为 10.5 MPa。

原点修正时,应注意压强或贯入量值随平移后的原点而变化。各级贯入量下的标准压强如表 6-2 所示。

表 6-2　各级贯入量下的标准压强

贯入量(mm)	2.54	5.08	7.62	10.16	12.7
标准压强(MPa)	7.03	10.55	13.36	16.17	18.23

五、报告

CBR 试验报告应包含下列结果:

(1)土基含水率(%)。

(2)测点的干密度(g/cm^3)。

(3)现场 CBR 值及相应的贯入量。

第二节　承载板测定土基回弹模量

道路工程中土基是常见的路基形式，是路面的土质基础，承受着通过路面结构传来的行车荷载，即是路面结构的支承结构。土基的荷载—变形特性对路面结构的整体强度和刚度有很大影响。路面结构的损坏，除了它本身的原因，主要是由于土基变形过大所引起的。在路面结构的总变形中，土基的变形占有很大部分，为 70%～90%。

以回弹模量表征土基的荷载—变形特性可以反映土基在瞬时荷载作用下的可恢复变形性质。对于各种以半空间弹性体模型来表征土基特性的设计方法，无论是柔性路面或是刚性路面，都以回弹模量作为土基的强度或刚度指标。

根据《公路路基设计规范》（JTG D30—2015）规定，标准状态下路基回弹模量值应按下列方法确定：

（1）通过试验获取。

（2）受试验条件限制时，根据土组类别及粒料类型由表 6-3 取回弹模量参考值。

表 6-3　标准状态下路基土及粒料回弹模量参考值

土组	取值范围（MPa）	土组	取值范围（MPa）
砾（G）	110～135	低液限黏土（CL）	50～85
含细粒土砾（GF）	100～130	高液限粉土（MH）	30～70
粉土质砾（GM）	100～125	高液限黏土（CH）	20～50
黏土质砾（GC）	95～120	粒料类型	取值范围（MPa）
砂（S）	95～125	级配碎石	180～400
含细粒土砂（SF）	80～115	未筛分碎石	180～220
粉土质砂（SM）	65～95	级配砾石	150～300
黏土质砂（SC）	60～90	天然砂砾	100～140
低液限粉土（ML）	50～90		

注：①对砾和砂，D_{60}（通过率为 60%时的颗粒粒径）大时，模量取高值；D_{60}小时，模量取低值。

②对其他含细粒的土组，小于 0.075 mm 颗粒含量大和塑性指数高时，模量取低值；反之，模量取高值。

③同等条件下，轻、中等及重交通荷载时路基土回弹模量取较小值，特重、极重交通条件取较大值。

（3）初步设计阶段，可按式（6-2）、式（6-3）由填料的 CBR 值估算标准状态下填料的回弹模量值。

$$M_R = 17.6\,CBR^{0.64}(2 < CBR \leqslant 12) \tag{6-2}$$

$$M_R = 22.1\,CBR^{0.55}(12 < CBR < 80) \tag{6-3}$$

在我国，回弹模量是公路设计的一个重要参数，也是施工质量控制的重要指标，目前国内常用的测定回弹模量的方法包括承载板法、贝克曼梁法等。

一、目的与适用范围

(1)本方法适用于在现场土基表面,通过用承载板对土基逐级加载、卸载的方法,测出每级荷载下相应的土基回弹变形值,通过计算求得土基回弹模量。

(2)本方法测定的土基回弹模量可作为路面设计参数使用。

二、检测仪具与材料

承载板测定土基回弹模量试验方法,常用设备主要包括承载板、加荷系统、反力系统及量测系统等。

(一)承载板

承载板即试验用刚性板,板厚 20 mm,直径 30 cm,直径两端设有立柱和可以调整高度的支座,供安放弯沉仪测头,承载板安放在土基表面上。承载板要有足够的刚度,保持试验过程中不变形,一般采用圆形且加肋的焊接钢板。

(二)加荷系统

加荷系统用于对安放在土基表面上的承载板进行加载和卸载,进而实现对土基逐级加载的目的。加荷系统一般由千斤顶、立柱、油泵、油管和稳压器等组成。

(三)反力系统

反力系统采用载有铁块或集料等重物的载重汽车。要求汽车后轴重不小于 60 kN,在汽车大梁的后轴之后约 80 cm 处,附设加劲小梁一根作反力架。汽车轮胎充气压力为 0.50 MPa。

(四)测量系统

测量系统由一系列测量工具或仪器仪表组成,包括测力计(测力环或压力表)、路面弯沉仪、秒表、水平尺等。其中,路面弯沉仪需要 2 台,由贝克曼梁、百分表及支架组成;测力计(测力环或压力表)装于千斤顶上,并经过标定,其容量不小于土基强度,测定精度不小于测力计量程的 1/100。

除上述主要装置系统外,还需要用到细砂、毛刷、垂球、镐、铁锹、铲等辅助材料或工具。一套完整的现场测试装置如图 6-4 所示。

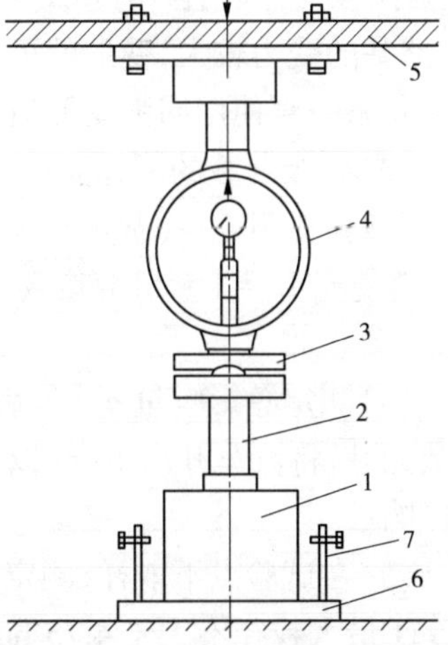

1—加劲横梁;2—测力计;3—钢板及球座;
4—钢圆筒;5—加载千斤顶;
6—立柱及支座;7—承载板

图 6-4　承载板试验现场测试装置

三、试验方法与步骤

(一)准备工作

(1)根据需要选择有代表性的测点,测点应位于水平的路基上,土质均匀,不含杂物。

(2)仔细平整土基表面,撒干燥洁净的细砂填平土基凹处。砂子不可覆盖全部土基表面,避免形成夹层。

(3)安置承载板,并用水平尺进行校正,使承载板处于水平状态。

(4)将试验车置于测点上，在加劲横梁中部悬挂垂球测试，使之恰好对准承载板中心，然后收起垂球。

(5)在承载板上安放千斤顶，上面衬垫钢圆筒、钢板，并将球座置于顶部与加劲横梁接触。如用测力环，应将测力环置于千斤顶与加劲横梁中间，千斤顶及衬垫物必须保持垂直，以免加压时千斤顶倾倒发生事故并影响测试数据的准确性。

(6)安放弯沉仪，将两台弯沉仪的测头分别置于承载板立柱的支座上，使百分表对零或其他合适的初始位置上。

(二)测试步骤

(1)用千斤顶开始加载，注视测力环或压力表，至预压 0.05 MPa，稳压 1 min，承载板与土基紧密接触，同时检查百分表的工作情况是否正常，然后放松千斤顶油门卸载，稳压 1 min 后，将指针对零或记录初始读数。

(2)测定土基的压力—变形曲线。用千斤顶加载，采用逐级加载卸载法，用压力表或测力环控制加载量，当荷载小于 0.1 MPa 时，每级增加 0.02 MPa，以后每级增加 0.04 MPa 左右。为了使加载和计算方便，加载数值可适当调整为整数。每次加载至预定荷载 P 后，稳定 1 min，立即读记 2 台弯沉仪百分表数值，然后轻轻放开千斤顶油门卸载至 0，待卸载稳定 1 min 后，再次读数，每次卸载后，百分表不再对零。当 2 台弯沉仪百分表读数之差小于平均值的 30%时，取平均值。如超过 30%，则应重测。

承载板测定回弹模量试验至何时结束，现在有不同的做法，总的原则是，路基应基本处于弹性变形的范围内，且大体符合路基变形情况，对高速公路、一级公路、二级公路，半刚性基层沥青路面、水泥混凝土路面，由于路面较厚，模量较高，交通荷载传递到路基的受力较小，实际上往往小于 0.1 MPa，变形小于 0.3~0.5 mm；而当路面较薄、公路等级较低时，路基的受力较大，变形就可能达到 0.5~1.0 mm。因此，应根据具体情况确定。公路部门多年来一直使用回弹变形值超过 1 mm 时，即可停止加载。

(3)各级荷载的回弹变形和总变形，按以下方法计算：

$$回弹变形\ L = (加载后读数平均值 - 卸载后读数平均值) \times 弯沉仪杠杆比 \tag{6-4}$$

$$总变形\ L' = (加载后读数平均值 - 加载初始前读数平均值) \times 弯沉仪杠杆比 \tag{6-5}$$

(4)测定总影响量 a。最后一次加载卸载循环结束后，取走千斤顶，重新读取百分表读数，然后将汽车开出 10 m 以外，读取终读数，两只百分表的初、终读数差的平均值即为总影响量 a。

(5)在试验点下取样，测定材料含水率。取样数量如下：

①最大粒径不大于 4.75 mm，试样数量约 120 g；

②最大粒径不大于 19.0 mm，试样数量约 250 g；

③最大粒径不大于 31.5 mm，试样数量约 500 g。

(6)在紧靠试验点旁边的适当位置，用灌砂法或环刀法等测定土基的密度。

(7)将试验得到的各项数值记录于记录表上。

四、数据整理计算

(1)各级压力的回弹变形值加上该级的影响量后,则为计算回弹变形值,是以后轴重 60 kN 的标准车为测试车的各级荷载影响量的计算值。当使用其他类型测试车时,各级压力下的影响 a_i 计算按式(6-6)计算:

$$a_i = \frac{(T_1 + T_2)\pi D^2 p_i}{4 T_1 Q} a \tag{6-6}$$

式中　a_i ——该级压力的分级影响量,0.01 mm;

T_1 ——测试车前后轴距,m;

T_2 ——加劲横梁距后轴距离,m;

D ——承载板直径,m;

p_i ——承载板压力,Pa;

Q——测试车后轴重,N;

a ——总影响量,0.01 mm。

(2)将各级计算回弹变形值点绘于标准计算纸上,排除显著偏离的异常点并绘出顺滑的 P—L 曲线。如曲线起始部分出现反弯,应按图 6-5 所示修正原点 O,O'则是修正后的原点。

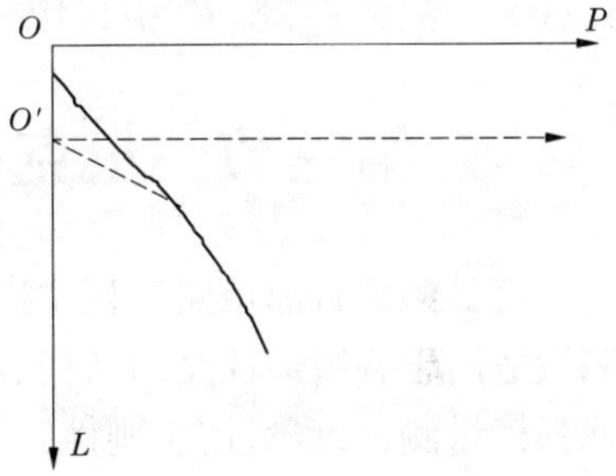

图 6-5　修正原点示意

(3)按式(6-7)计算相应于各级荷载下的土基回弹模量 E_i 值,其中,泊松比 μ_0 是必须用的指标,可根据相关设计规范的规定选用;当无规定时,非黏性土可取 0.30,高黏性土取 0.50,一般可取 0.35 或 0.40。

$$E_i = \frac{\pi D p_i}{4 L_i}(1 - \mu_0^2) \tag{6-7}$$

式中　E_i ——相应于各级荷载下的土基回弹模量,MPa;

D ——承载板直径,取 30 cm;

p_i ——承载板压力,MPa;

L_i ——相对于荷载 p_i 时的回弹变形,cm;

μ_0 ——土的泊松比,根据相关路面设计规范规定选用。

(4)取结束试验前的各回弹变形值,按线性回归方法按式(6-8)计算土基回弹模量 E_0 值:

$$E_0 = \frac{\pi D \sum p_i}{4 \sum L_i}(1 - \mu_0^2) \tag{6-8}$$

式中　E_0 ——土基回弹模量,MPa;

p_i ——对应于 L_i 的各级压力值,MPa;

L_i ——结束试验前的各级实测回弹变形值,cm;

μ_0 ——土的泊松比,根据相关路面设计规范规定选用。

五、报告

试验报告应结合试验现场记录和具体试验数据整理分析,给出科学公正、准确合理的结论,并包含下列内容或结果:

(1)试验时所采用的汽车。

(2)近期天气情况。

(3)试验时土基的含水率(%),应根据相关要求取样,由试验获取。

(4)土基密度和压实度,应采用规定的方法通过试验获取。

(5)相应于各级荷载下的土基回弹模量 E_i 值。

(6)土基回弹模量 E_0 值(MPa)。

第三节　贝克曼梁测定路基路面回弹模量

贝克曼梁即目前道路工程中广泛使用贝克曼梁路面弯沉仪,如图 6-6 所示。该种测量装置适用于各级柔性路面结构、半刚性路面结构路基、基层及面层的总弯沉或回弹弯沉和回弹模量测试,也适用于刚性路面板间传荷能力的测试。在此介绍贝克曼梁测定路基路面回弹模量试验方法。

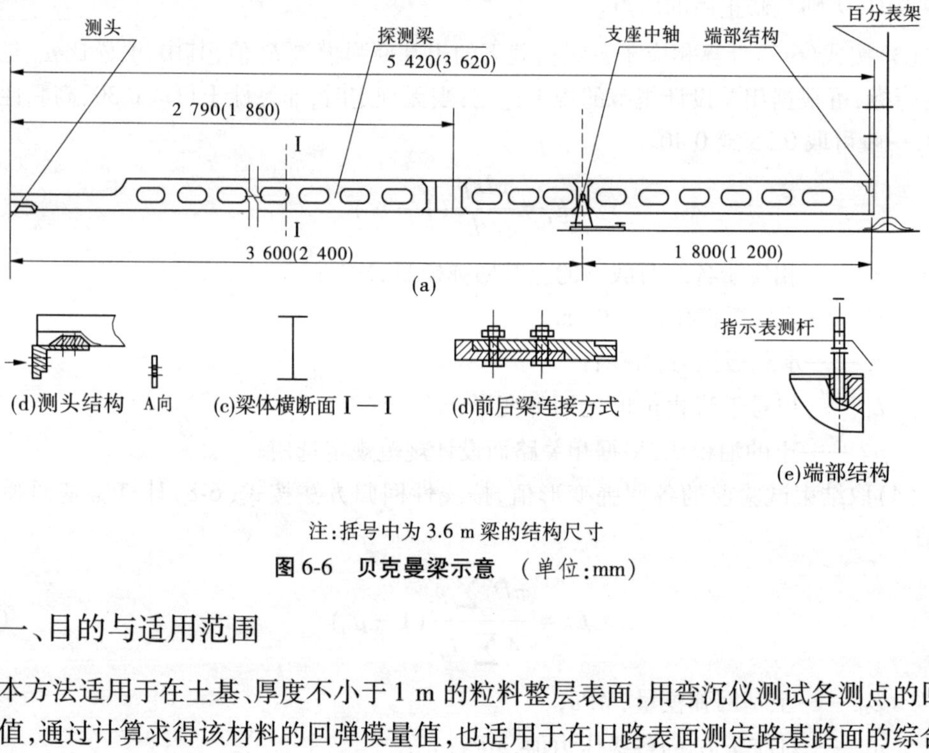

注:括号中为 3.6 m 梁的结构尺寸

图 6-6　贝克曼梁示意　(单位:mm)

一、目的与适用范围

本方法适用于在土基、厚度不小于 1 m 的粒料整层表面,用弯沉仪测试各测点的回弹弯沉值,通过计算求得该材料的回弹模量值,也适用于在旧路表面测定路基路面的综合回弹模量。

二、检测仪具及其技术要求

本试验需要下列仪具。

(一)标准车

双轴、后轴双侧 4 轮的载重汽车,其标准轴荷载、轮胎尺寸、轮胎间隙及轮胎气压等主要参数如表 6-4 所示。测试车一般采用后轴 10 t 的 BZZ−100 标准车。

表 6-4 标准测试参数

标准轴载等级	BZZ−100
后轴标准轴载 P(kN)	100±1
一侧双轮荷载(kN)	50±0.5
轮胎充气压力(MPa)	0.70±0.05
单轮传压面当量直径(cm)	21.304±0.5
轮隙宽度	应满足能自由插入弯沉仪测头的测试要求

(二)路面弯沉仪

如图 6-6 所示,由贝克曼梁、百分表及表架组成,贝克曼梁由合金铝制成,上有水准泡,其前臂(接触路面)与后臂(装百分表)长度比为 2∶1。标准弯沉仪长度有两种:一种长 3.6 m,前后臂分别为 2.4 m 和 1.2 m;另一种加长的弯沉仪长 5.4 m,前、后臂分别为 3.6 m 和 1.8 m。弯沉采用百分表量得,也可以用自动记录装置进行测量。贝克曼梁路面弯沉仪基本参数如表 6-5 所示。

表 6-5 贝克曼梁路面弯沉仪基本参数

序号	名称		要求	
			3.6 m 梁	5.4 m 梁
1	弯沉测量范围(mm)		0~10	0~10
2	测量最大允许误差(mm)		±0.01	±0.01
3	杠杆比及其误差		2∶1,≤0.008	2∶1,≤0.008
4	测头尺寸(底部为凸形弧面)(mm)	长	50±0.5,100±1,150±1.5,200±2	50±0.5,100±1,150±1.5,200±2
		宽	15±0.5	15±0.5
		厚	10±0.5	10±0.5
5	仪器长度(mm)	测头前端与支座中轴孔中心之间的水平距离	2 400±4	3 600±6
		指示表测杆孔中心与支座中轴孔中心之间的水平距离	1 200±2	1 800±3
		有效长度	3 600±6	5 400±9
6	竖向挠度(后杠杆指示表测杆处、前杠杆长度 1/2 处加载 2 N 时)(mm)		≤0.05	≤0.1
7	横向顺直度(中心线偏差)(mm)		≤15	≤15

(三)其他仪具

标准车和路面弯沉仪是贝克曼梁法测定回弹模量最主要的仪具,此外,还需要路表湿度计,分度不大于 1 ℃;接长杆直径 16 mm、长 500 mm;皮尺、口哨、粉笔、指挥旗等。

三、试验方法与步骤

(一)准备工作

(1)选择洁净的路基路面表面作为测点,在测点处做好标记并编号。

(2)无结合料粒料基层的整层试验段(试槽)应符合下列要求:

①整层试槽可修筑在行车带范围内,或路肩及其他合适处,也可在室内修筑,但均应适于用汽车测定弯沉。

②试槽应选择在干燥或中湿路段处,不得铺筑在软土基上。

③试槽面积不小于 3 m×2 m,厚度不宜小于 1 m。铺筑时,先挖 3 m×2 m×1 m(长×宽×深)的坑;然后用欲测定的同一种路面材料按有关施工规范规定的压实层厚度分层铺筑并压实,直至顶面,使其达到要求的压实度标准。同时,应严格控制材料组成,级配均匀一致,符合施工质量要求。

④试槽表面的测点间距如图 6-7 所示,布置在中间 2 m×1 m 的范围内,可测定 23 点。

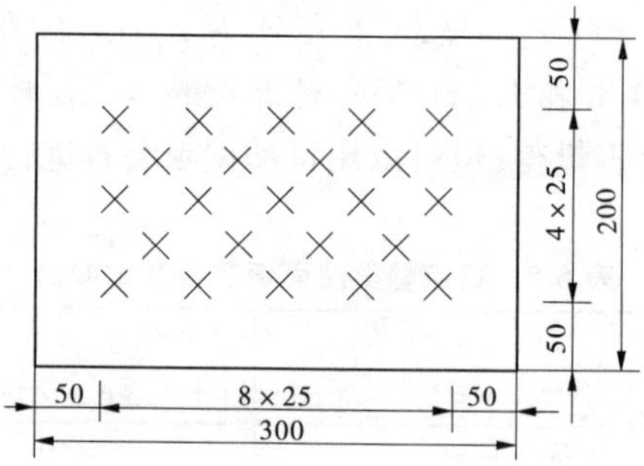

图 6-7　试槽表面的测点布置　(单位:cm)

(二)测试步骤

实测各测点处的路面回弹弯沉值 L_i。如在旧沥青面层上测定,应读取湿度,并进行测定弯沉值的温度修正,得到标准温度为 20 ℃时的弯沉值。

四、试验结果计算处理

(一)计算平均弯沉

按式(6-9)、式(6-10)、式(6-11)计算全部测定值的算术平均值 $\overline{L}$、单次测量的标准差 S 和自然误差 r_0。

$$\overline{L} = \frac{\sum L_i}{N} \tag{6-9}$$

$$S = \sqrt{\frac{\sum (L_i - \overline{L})^2}{N - 1}} \tag{6-10}$$

$$r_0 = 0.675S \tag{6-11}$$

式中　$\bar{L}$——回弹弯沉的平均值,0.01 mm;

S——回弹弯沉测定值的标准差,0.01 mm;

r_0——回弹弯沉测定的自然误差,0.01 mm;

L_i——各测点的回弹弯沉值,0.01 mm;

N——测点总数。

(二)数据筛选

计算各测点的测定值与算术平均值的偏差值 $d_i = L_i - \bar{L}$,并计算较大的偏差与自然误差之比 $\frac{d_i}{r_0}$。当某个测点的观测值 $\frac{d_i}{r_0}$ 大于表 6-6 中的 $\frac{d}{r}$ 极限值时,则应舍弃该测点;然后重复计算所余各测点的算术平均值 $\bar{L}$ 及标准差 S。

表 6-6　数据筛选参数

N	5	10	15	20	50
$\frac{d}{r}$	2.5	2.9	3.2	3.3	3.8

(三)代表弯沉值计算

代表弯沉值可按式(6-12)计算:

$$L_1 = \bar{L} + S \tag{6-12}$$

式中　L_1——计算的代表弯沉值;

$\bar{L}$——舍弃不合要求的测点后所余各测点弯沉的算术平均值;

S——舍弃不合要求的测点后所余各测点弯沉的标准差。

(四)回弹模量计算

可按式(6-13)计算土基、整层材料的回弹模量 E_1 或旧路的综合回弹模量:

$$E_1 = \frac{2p\delta}{L_1}(1 - \mu^2)a \tag{6-13}$$

式中　E_1——计算的土基、整层材料的回弹模量或旧路的综合回弹模量,MPa;

p——测定车轮的平均垂直荷载,MPa;

δ——测定用标准车双圆荷载单轮传压面测量圆的半径,cm;

μ——测定层材料的泊松比,根据相关路面设计规范的规定取用;

a——弯沉系数,为 0.712。

五、报告

报告应包括弯沉测定表、计算的代表弯沉值、采用的泊松比及计算得到的材料回弹模量 E_1 等,对沥青路面,应报告测试时的路面温度。

采用的泊松比随测定方法及使用条件不同而异,具体取值可参照设计规范值。无规定时，可参考美国 AASHTO 路面设计指南之规定，如表 6-7 所示，但此表规定仅适用于弯沉计算。其中，路基 μ 值我国通常采用 0.35，沥青材料通常采用 0.25，有所不同。

表 6-7　AASHTO 路面设计指南规定的道路材料供弯沉计算用的泊松比 μ 值

<table>
<tr><th>材料</th><th>泊松比范围</th><th colspan="6">备考</th><th>常用泊松比</th></tr>
<tr><td>水泥混凝土</td><td>0.10~0.20</td><td colspan="6"></td><td>0.15</td></tr>
<tr><td>沥青混凝土</td><td rowspan="2">0.15~0.45</td><td>温度(℃)</td><td><0</td><td>20</td><td>30</td><td>40</td><td>>50</td><td rowspan="2">0.35</td></tr>
<tr><td>沥青碎石</td><td>μ</td><td>0.15</td><td>0.20</td><td>0.30</td><td>0.40</td><td>0.45</td></tr>
<tr><td>水泥稳定基层</td><td>0.15~0.30</td><td colspan="6" rowspan="2">无裂缝、龄期长、取值小，
裂缝多、龄期短、取大值</td><td>0.20</td></tr>
<tr><td>石灰粉煤灰稳定基层</td><td>0.15~0.30</td><td>0.25</td></tr>
<tr><td>无结合料粒料基层</td><td>0.30~0.40</td><td colspan="6">碎石取低值</td><td>0.35</td></tr>
<tr><td>土基</td><td>0.30~0.50</td><td colspan="6">非黏性土取 0.30，高黏性土可近似取 0.50</td><td>0.40</td></tr>
</table>

第四节　动力锥贯入仪测定路基路面 CBR 试验方法

一、目的与适用范围

动力锥贯入仪（Dynamic Cone Penetrometer，简称 DCP）是一种轻型轻便的地基土原位测试的触探仪，用于现场快速测定或评估无结合料材料路基、路面的强度。实际使用中，对于细粒土的检测效果较好，对于粗粒土、土石混填、压实后的粒料基层，检测过程有一定难度。

贯入杆在落锤的冲击作用下，逐渐贯入土基内部。显然，土基越坚硬，贯入一定深度的次数就越多，相应的每锤贯入的深度就越小；反之，土基越软，则贯入一定深度的次数就越少，而每锤贯入深度就越大。因此，DCP 的测试结果可以反映土基内部的结构性能和压实情况。动力锥贯入仪（DCP）的优点是快速、简便，不受场地限制，适用于施工现场或老路路基承载力评价。而动力锥贯入仪（DCP）通过快速检测土基的贯入度可有效地克服灌砂、环刀、灌水与电动取土器等方法的缺点，是新一代土基压实性能的快速检测设备；同时，DCP 与现场路基加州承载比（CBR）和回弹模量之间具有良好的相关性，可用来评价路基的强度。

二、仪具与材料技术要求

（一）动力锥贯入仪（DCP）

DCP 由英国交通研究实验室（Transportation Research Laboratory，简称 TRL）开发，属于轻型轻便的地基土原位测试的触探仪，其标准落锤质量为 8 kg 或 10 kg，落距 575 mm；圆锥头的最大直径是 20 mm，锥尖为 90°、60°或 30°等，锥头最大允许磨损尺寸，尖端为 4 mm，直径为 10%，否则应该更换；贯入杆长为 1 000 mm，贯入杆可以连接 1 000 mm 的钢直尺，公英制双面读数，直接读记每击一次的贯入值。其构件与尺寸具体如图 6-8 所示。

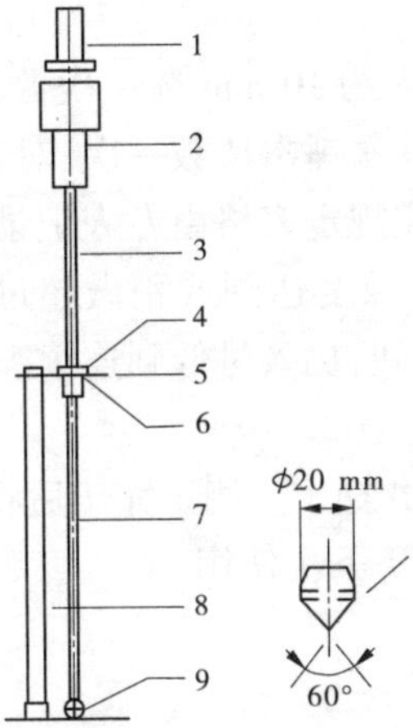

1—手柄；2—落锤；3—导向杆；4—联轴器；5—扶手；
6—夹紧环；7—探针；8—1 m 刻度尺；9—锤头

图 6-8　动力锥贯入仪的结构与形状示意

动力锥贯入仪国外已经在使用中积累了贯入值与相应土性指标的关系。其贯入值与土的弹性模量、加州承载比（CBR）、无侧限抗压强度间建立了关系，在南非，已经将贯入值作为路面设计的参数。

（二）其他辅助工具

动力锥贯入仪是测定路基路面回弹模量的主要器具，除此之外，可能用到的辅助工具包括电钻、扳手、铁铲、记录本等。

三、试验方法与步骤

（一）准备工作

（1）利用当地材料对比试验，建立现场 CBR 值或强度与用 DCP 测定的贯入度 D_d 或动贯入阻力 Q_d 之间的相关关系。测点数不宜少于 15 个，相关系数 R 应不小于 0.95。

（2）放入落锤，将仪器的导向杆与探杆在联轴处紧固连接，保证不会松动；将圆锥头连接到安装好的动力锥贯入仪杆上。

（3）将 DCP 竖直立于硬地（如水泥混凝土）上，将圆锥头对准要检测的土的表面，同时确保贯入杆竖直，在贯入杆旁边放好标尺，标尺要平行于贯入杆，然后记录初读数。

（4）根据需要选择有代表性的测点，测点应位于平整的路基、路面基层、面层上。如果要探测的层位上面有难以穿透的坚硬结构层，应钻孔或刨挖至其顶面；如果表面有浮土或土质较松软，应用铲子将表面一层土铲去，铲去土的厚度不宜大于 2 cm。若表面浮土较深，应在附近另选一测点进行测试。

（二）测试步骤

（1）用动力锥贯入仪（DCP）测试时，通常需要 3 个人操作，将 DCP 放至测点位置，一人手扶仪器手柄，使探杆保持竖直，同时将锥尖朝下，贴紧土基表面，并尽量使贯入杆垂直于土基表面；一人提升落锤至导向杆顶端，然后松开，使之呈自由落体下落。如果试验中探杆稍有倾斜,不可扶正;如果试验中探杆倾斜较大,造成落锤不是自由落体,则该点试验应废弃。

(2)一人读取贯入深度,每贯入约 10 mm 读一次数,记录锤击数和贯入量(mm)。一般对于粒料基层,可能每 5 次或 10 次锤击读数一次;对于比较软弱的结构层,可能每 1~2 次锤击读数一次。测试数据应按照规定表格由专人记录。

(3)连续锤击、测量,直到贯入深度达到或稍微超过当前被检结构层深度,即可取出贯入杆,结束测试。而若材料层坚硬,贯入量低到连续锤击 10 次而无变化,可停止试验或钻孔透过后继续试验。

(4)将落锤移走,从探坑中取出 DCP。测试完毕后将贯入杆从中部连接处拆开,连同标尺及落锤一起放进工具箱内,以备下次使用。

四、数据分析处理

DCP 的测试结果可用以锤击次数为横坐标,贯入深度为纵坐标的贯入曲线表示,或使用专用的计算机程序进行处理,得出结构层材料的现场强度或 CBR 值等。

(1)美国 AASHTO 公式。

由于动力锥贯入仪在国内应用较少,因而目前在国内尚没有相关的分析方法,根据美国 AASHTO 的规定,DCP 测试结果与 CBR 之间的关系如式(6-14)所示:

$$CBR = \frac{405.3}{PR^{1.259}} \tag{6-14}$$

式中　CBR——加州承载比(%)。

PR——DCP 测试的贯入率,mm/锤击次。

因此,通过现场测试时记录 DCP 的贯入率,即可快速计算土基 CBR,初步评价路基各层承载能力。

(2)荷兰公式。

荷兰公式首先计算出动贯入阻力 Q_d:

$$Q_d = \frac{m}{m + m_0} \cdot \frac{mgH}{A} \tag{6-15}$$

式中　Q_d——动贯入阻力,kPa;

m——落锤质量,kg;

m_0——贯入器即被打入部分(包括锥头、探杆、锤座和导向杆等)的质量,kg;

g——重力加速度,9.8 m/s^2;

H——落距,m;

A——探针截面面积,cm^2。

动贯入阻力 Q_d后,按对比率定得出的相关关系可计算 CBR 值,其相关关系一般形式如式(6-16)所示:

$$\lg(CBR) = a + b \cdot \lg Q_d \tag{6-16}$$

式中　a、b——回归系数;

CBR——结构层材料的现场 CBR 值;

Q_d——动贯入阻力,kPa。

(3)基于贯入度的相关公式。

通常可以计算出贯入度(平均每次的贯入量,mm/锤击次数)D_d,按对比率定得出的相关关系可计算 CBR 值,其相关关系一般形式如式(6-17)所示:

$$\lg(CBR) = a - b \cdot \lg D_d \tag{6-17}$$

式中　CBR——结构层材料的现场 CBR 值;

a、b——回归系数;

D_d——贯入度,mm。

五、报告

动力锥贯入仪在国内应用较少,而国外多采用 CBR 作为设计指标,因此如上各计算公式建立的是动力锥贯入仪测试指标,如贯入率、贯入度,或动贯入阻力 Q_d 与 CBR 的关系。

试验报告中应明确动力锥贯入的型号参数,相关参数在数据整理中作为重要指标在应用,如落锤质量等。

清楚记录各测点的位置桩号、锤击次数以及相应的贯入量深度,如表 6-8 所示,为锤击数与其对应的总贯入量深度,也应根据测试结果绘制相应的贯入曲线图,如图 6-9 所示。

表 6-8　动力锥贯入仪测试结果

锤击数(次)	1	2	3	4	5	6	7	8	9	10
总贯入量深度(mm)	13	24	33	40	47	55	63	71	77	81
锤击数(次)	11	12	13	14	15	16	17	18	19	20
总贯入量深度(mm)	86	91	95	100	104	106	109	113	116	120
锤击数(次)	21	22	23	24	25	26	27	28	29	30
总贯入量深度(mm)	123	126	130	133	135	138	140	141	142	143

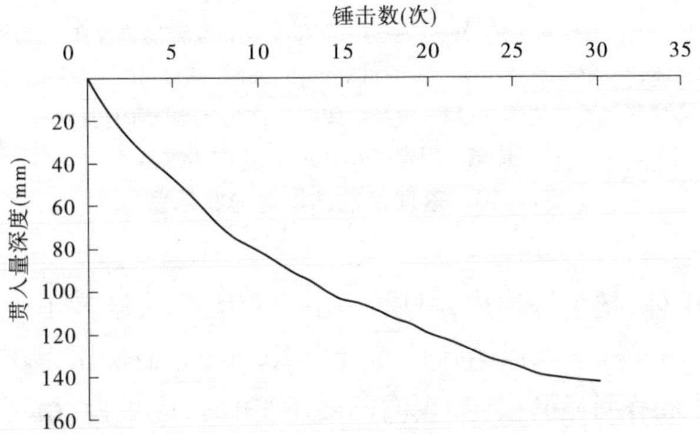

图 6-9　贯入曲线

第五节　落球仪测定土基回弹模量

一、目的与适用范围

落球仪测定土质路基回弹模量是指把刚性球体提到一定的高度，让刚性球体自由下落并与沿途材料碰撞，在这过程中测试加速度，通过对冲击过程的加速度的解析，即可求出土质材料包括回弹模量在内的各项指标。它适用于黏土、粉土、砂石土、砾石土土质路基的回弹模量快速测定。测试材料的最大粒径应小于 10 cm，测试深度不大于 25 cm。

二、仪具与材料技术要求

本试验采用落球仪进行测试，其结构与形状如图 6-10 所示，包括仪器主机、电荷电缆、把手等。

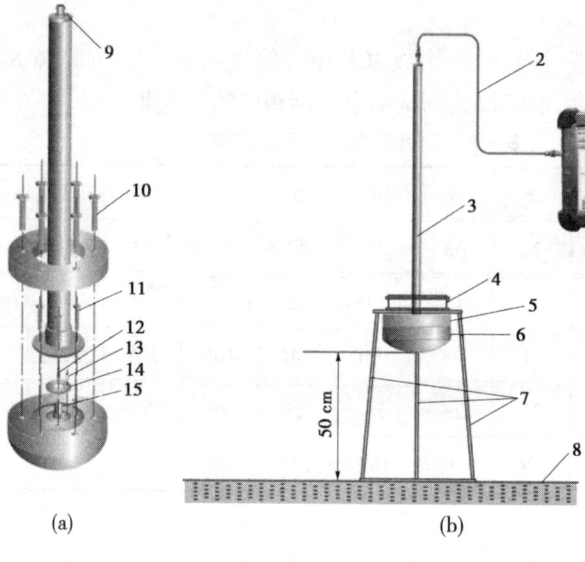

1—仪器主机；2—电荷电缆；3—把手；4—限位支架高度转换装置；5—落球砝码；
6—球冠体；7—限位支架主体；8—测试对象；9—BNC 端口；10—砝码安装螺丝；
11—把手安装螺丝；12—电荷电缆端口；13—传感器固定插销；
14—传感器固定垫片；15—加速度传感器

图 6-10　落球仪的结构与形状示意

(一) 碰撞装置

碰撞装置由落下体、把手等构成，材质采用不锈钢，退火硬度不大于 235 HB，淬火回火硬度不小于 192 HB。标准球冠的弹性模量为 200 GPa，泊松比为 0.3，先端曲率半径为 (12.0±0.5) cm，当球冠有明显磨损（如表面凹凸不平）时，应更换，落下体重 (19.1±0.2) kg（不含把手质量）。

(二) 信号拾取装置

落球仪采用加速度传感器作为信号拾取装置，该加速度传感器安装在碰撞球冠中，可记录下落体与结构对象发生碰撞时的加速度变化过程。由于加速度与球冠一体,测试中会反复与不同硬度材料“碰撞”,因此要求传感器应具有足够的耐冲击性,一般要求不低于 30 000 m/s^2,且接收最大加速度能力应不低于 20 000 m/s^2,传感器的频响在 15 kHz 左右即可,谐振频率趋高选择。

传感器得到的信号经电荷电缆、电荷放大器后,通过 A/D 卡转换成数字信号并输入到计算机中,其中:

①系统应具有预触发机能;

②信号增益应可调,以适应不同强度的土体;

③A/D 卡的采样间隔不应长于 2 μs,分辨率不应低于 16 Bit。

(三)其他

设备能够记录、保存测试数据,具备滤波机能并能够自动分析各测试参数。另外,需要些辅助工具,如卷尺、限位支架、安装工具等。

三、试验方法与步骤

(一)准备工作

(1)选择测试区域,在测试区域做好标记并编号,每车道可有 10~20 m 设一测区,测区还应满足以下条件:

①表面无明显积水或潮湿现象(高含水率);

②土基面坡度小于 10°;

③表面无明显碎石等杂物;

④表面观察填筑材料较为均匀;

⑤附近无影响测试的施工作业、磁场、静电等。

(2)根据现场连接好仪器设备。

(3)调试仪器设备,确定运行正常。

(4)准确填写现场检测记录表,测试过程中有任何特殊情况需要注明。

(二)测试步骤

(1)将落球仪放至测点区域,调节限位支架以保证球冠底部距测试对象表面的距离为 0.50 m。若不采用限位支架,则应用直尺量测球冠底部距测试对象表面的高度,并保证其为 0.50 m。一人手扶仪器手柄垂直提升至限定位置即可,松开把手,让球体做自由落体,并与测试面碰撞,设备自动采集并输出碰撞过程相关参数,确定采集信号正常后保存采集数据。每个测点测试 1 次(落下 1 次),在同一位置不能重复测试。

(2)每个测区至少保存 7 个有效采集数据(即 7 个测点),各测点间距应大于 50 cm,并避开明显的大粒径填料,测点布置如图 6-11 所示。

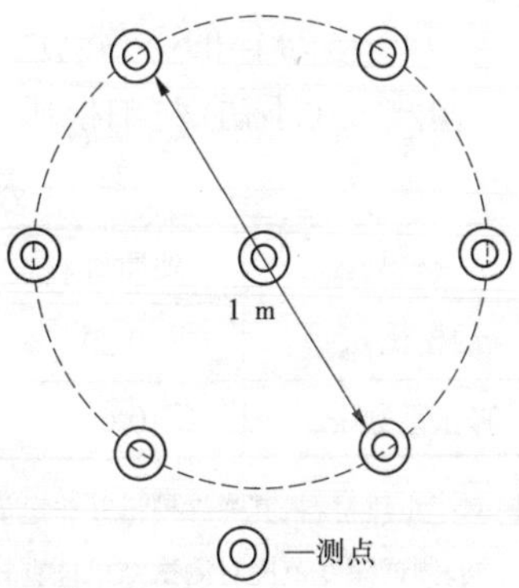

图 6-11　测点布置示意

(3)观察测试波形。理想的测试波形近似为半个正弦波，如图 6-12 所示。如果波形不完整，应对测试参数进行适当的调整（如调整触发电压水平）；如果噪声太大（如毛刺太多），可在激振点铺一层报纸或塑料薄膜，以减少土体材料与球体的摩擦静电。

（4）数据解析：首先，进行数据解析设定，根据记录设定球体的质量、半径、模量、泊松比，及其下落高度；其次，应根据记录设定测试材料的种类，并根据材料种类选取合适的材料泊松比和修正系数。

（5）结果保存：数据解析完成后，应进行结果一览，确定结果完整或无误后，进行结果数据保存。

四、数据分析处理

（一）弹性模量计算

弹性模量可根据测试得到的碰撞体的加速度—时间过程得到，该接触过程可分离为压缩过程和回弹过程，如图 6-12 所示。

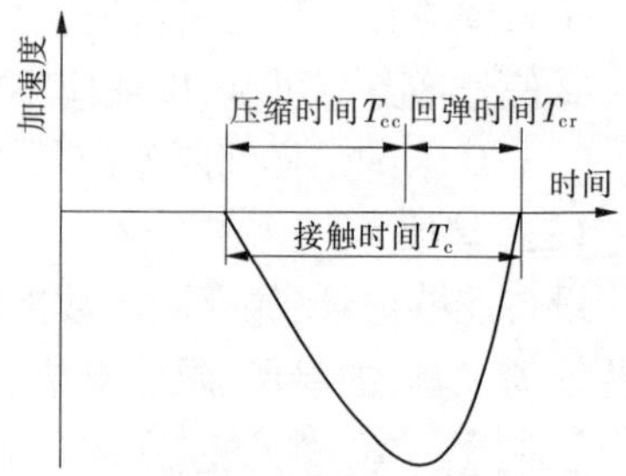

图 6-12　接触、压缩和回弹过程示意

按下式计算土基压缩时的弹性模量：

$$E_c = \frac{\kappa \cdot (1-\mu_s^2) \cdot m_f E_f}{0.071\,9 E_f \cdot \sqrt{R_f v_0} \cdot (2T_{cc})^{2.5} - m_f(1-\mu_f^{\ 2})} \tag{6-18}$$

式中　E_c——土基压缩时的弹性模量，MPa；

κ——材料修正系数，见表 6-9；

μ_s——路基材料的泊松比，见表 6-9；

m_f——碰撞体的质量，kg；

E_f——碰撞体材料（不锈钢）的变形模量，MPa，取 200×10^3 MPa；

R_f——自由下落球体的曲率半径，m，为 0.12 m；

v_0——自由下落球体与被碰撞对象碰撞时的速度，m/s：$v_0=\sqrt{2gH}$，其中，$g = 9.80$ m/s^2；

T_{cc}——碰撞压缩过程时间，s；

H——球体的下落高度，m，为 0.5 m；

μ_f——（不锈钢）泊松比，取 0.3。

表 6-9　各材料泊松比及修正系数

材料	硬质砾石	硬质砂石	粉土	软弱黏土	水泥稳定土
泊松比 μ_s	0.20	0.30	0.35	0.40	0.20
修正系数 κ	0.66	0.85	0.90	1.00	0.70

注：对于土质材料，其弹性模量并非定值，而是与载荷时间、应力水平等因素有关。对于路基，各层的材料也有所不同，测试深度范围对测试结果也有较大的影响。因此，在条件允许的情况下，对上述不同材料的修正系数，可通过平板荷载或贝克曼梁对比试验获取。

按下式计算土基回弹时的弹性模量，亦即回弹模量：

$$E_{ur}=\frac{\kappa\cdot(1-\mu^2)\cdot m_f E_f}{0.0719E_f\cdot\sqrt{R_f v_0}\cdot T_c^{2.5}-m_f(1-\mu_f^2)}\tag{6-19}$$

式中　E_{ur}——土基回弹模量,MPa;

T_c——碰撞接触时间,s。

其他符号意义同前。

按下式计算每个测区的弹性模量 $\tilde{E}$:

$$\tilde{E}=\frac{N}{\sum_{i=1}^{N}\frac{1}{E_i}}\tag{6-20}$$

式中　$\tilde{E}$——测区的弹性模量,Pa;

N——测试的次数;

E_i——各测点压缩时的弹性模量或者回弹时的弹性模量,Pa。

(二)其他参数计算

根据模量测试结果,还可以计算其他相关参数。

按下式计算基床系数 K_{30} :

$$K_{30}=\frac{E_c}{0.79\times D\times(1-\mu_s^2)}\tag{6-21}$$

式中　D——载荷板直径,为 0.30 m。

按下式计算贝克曼梁回弹弯沉 L_0:

$$L_0=\frac{2p\delta}{E_{ur}}(1-\mu_s^2)a\eta_1\eta_2\tag{6-22}$$

式中　L_0——贝克曼梁回弹弯沉,0.01 mm;

p——车轮的平均垂直荷载,为 0.70 MPa;

δ——标准车双圆荷载单轮传压面当量圆的半径,为 106.5 mm;

μ_s——土基的泊松比,一般可取为 0.35;

a——弯沉系数,为 0.712;

η_1——经验修正系数,可取 1.5;

η_2——分层修正系数(见表 6-10),一般为 0.8~1.3;当土基表层比内部坚硬时,$\eta_2>1$,反之,$\eta_2<1$。

表 6-10　分层修正系数参照

表层状态	η_2 取值
表层与内部状态一致	1
表层级配好或路床材料	1.1~1.3
表层受载重车反复碾压	1.3
表层洒水或雨后未干	0.8

五、报告

(1)本试验采用的记录格式如表6-11所示。

表6-11　落球仪试验记录

试验室名称：　　　　　　　　　　　　　　　　　　　　记录编号：

工程部位/用途		委托/任务编号	
试验依据		试验日期	
试验条件		测区标高	
路基结构		仪器设备编号	
球体质量(kg)		是否采用支架	
路基材料描述		材料种类	
材料泊松比 μ		材料修正系数 κ	
其他备注事项			

测区桩号	测试数据编号文件名	测点	压缩时间 T_{cc}(ms)	压缩时弹性模量 E_c(MPa)	碰撞时间 T_c(ms)	回弹模量 E_{ur}(MPa)
		1				
		2				
		3				
		4				
		5				
		6				
		7				
		测区单纯平均值			—	
		测区测试值			—	

备注：

试验：　　　　　　　　　　　　　复核：　　　　　　日期：　　　　年　　月　　日

(2)测试报告应包括下列事项：

①测试时，限位支架的限位高度以及传感器是否安装稳固；

②测试材料的种类、自然密度、泊松比和修正系数；

③一个测区每次测试值及其典型波形图；

④弹性模量及其他关注指标的控制标准，各指标的评价结果；

⑤在多点测试的基础之上，宜对土基铺装层进行均匀性评价。

美国联邦公路管理局(Federal Highway Administration，简称FHA)就曾指出，如果每层覆盖层的平均刚度的不均匀性只减少25%，路面的寿命就会延长一倍。可见，保证填筑材料的变形特性的均匀性，对提高道路的耐久性具有极其重要的意义。因此，在条件允许的情况下，应对测试对象进行均匀性分析，如图 6-13 所示。

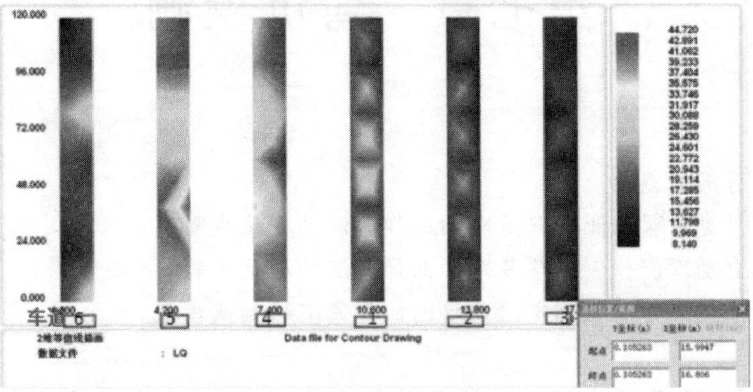

图 6-13　各车道的回弹模量分布

本章小结

本章主要学习了土质路基 CBR 及回弹模量的不同试验方法，分别对不同方法的目的与适用范围、检测项目及要求、检测方法及步骤、检测数据整理计算分析，以及试验报告要素等进行了讲解。

复习思考题

1. 土基现场 CBR 值测试的适用范围是什么？
2. 简述承载板测定土基回弹模量的测试步骤。
3. 动力锥贯入仪测定路基路面回弹模量的适用范围是什么？
4. 简述如何用落球仪测定土基回弹模量。

第七章　弯沉检测

【学习目标】

(1)了解弯沉的概念。

(2)掌握贝克曼梁法测定路基路面回弹弯沉的测试步骤。

(3)熟悉自动弯沉仪测定路基路面回弹弯沉的测试步骤。

(4)熟悉落锤式弯沉仪测定路基路面回弹弯沉的测试步骤。

【引例导入】

某地区二级公路沥青混凝土路面工程已施工完毕,通车半年后发现 K2+000～K3+500段有多处发生大面积沉陷、坑槽、车辙病害,调查原因是在路基、路面弯沉检测时,发生病害处弯沉检测不合格,而施工单位没有及时处理完善,监督管理部门没有尽到相应的监管责任,导致通车后病害的发生。而弯沉检测是路基、路面质量检测的关键项目,应予以高度重视。本章主要介绍路基、路面弯沉检测的方法及应用。

第一节　概　述

一、弯沉的基本概念

目前国内外广泛采用回弹弯沉值来表征路基路面的承载能力,不仅用于路面结构的设计,还用于施工控制及施工验收中,是公路设计的一个基本参数。

弯沉值是指在规定的标准轴载作用下,路基或路面表面轮隙位置产生的总垂直变形值(总弯沉)或垂直回弹变形值(回弹弯沉),以 0.01 mm 为单位。通常所说的回弹弯沉是指后轴载轮隙中心处的最大回弹弯沉值。路基路面在荷载作用下产生的垂直变形,卸载后能恢复的那一部分变形即回弹弯沉。

设计弯沉值是根据设计年限内一个车道上预测通过的累计当量轴次、公路等级、面层和基层类型而确定的路面弯沉设计值。

竣工验收弯沉值是检验路面是否达到设计要求的指标之一。当路面厚度计算以设计弯沉值为控制指标时,则验收弯沉值应小于或等于设计弯沉值;当路面厚度计算以层底拉应力为控制指标时,应根据拉应力计算所得的结构厚度,重新计算路面弯沉值,该弯沉值即为竣工验收弯沉值。

回弹弯沉值越大,承载能力越小;反之,越大。

二、路基路面回弹弯沉的测试方法

弯沉值的测试方法较多,参见表 7-1。目前应用较多的是贝克曼梁法,在我国已有成熟的经验,但由于其测试速度等因素的限制,各国都对快速连续或动态测定进行了研究,现在用得比较普遍的有法国洛克鲁瓦式自动弯沉仪，以及丹麦等国家发明并几经改进形成的落锤式弯沉仪(FWD)等。

表 7-1　弯沉值的测试方法

方法	特点
贝克曼梁法	速度慢，静态测试，比较成熟
自动弯沉仪法	利用贝克曼梁原理快速连续，属于静态测试范畴，但测定的是总弯沉，因此使用时应用贝克曼梁进行标定换算
落锤式弯沉仪法	利用重锤自由落下的瞬间产生的冲击荷载测定弯沉，并能反算路面的回弹模量，快速连续，使用时应用贝克曼梁法进行标定换算

第二节　贝克曼梁测定路基路面回弹弯沉

一、试验目的

(1)测定各类路基路面的回弹弯沉，以评定其整体承载能力，供路面结构设计使用。

(2)沥青路面的弯沉检测以沥青面层平均温度为 20 ℃时为准，当路面平均温度在(20±2)℃以内可不修正；当在其他温度测试时，对沥青层厚度大于 5 cm 的沥青路面，弯沉值应予温度修正。

二、试验原理

利用杠杆原理制成的贝克曼梁弯沉仪测定轮隙弯沉。贝克曼梁弯沉仪如图 7-1 所示。

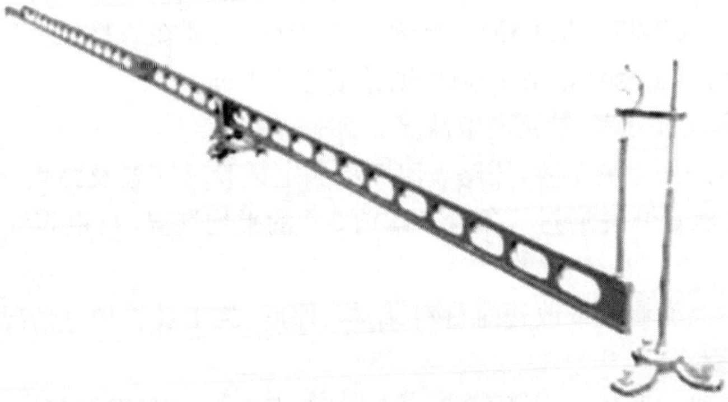

图 7-1　贝克曼梁弯沉仪

三、仪具与材料

(1)标准车：双轴、后轴双侧 4 轮的载重车，其标准轴荷载、轮胎尺寸、轮胎间隙及轮胎气压等主要参数应符合表 7-2 的要求。测试车应采用后轴 10 t 标准轴载 BZZ-100 汽车。

表 7-2　测定弯沉用标准车参数

标准轴载等级	BZZ-100
后轴标准轴载 P(kN)	100±1
一侧双轮荷载(kN)	50±0.5
轮胎充气压力(MPa)	0.70±0.05
单轮传压面当量圆直径(cm)	21.30±0.5
轮隙宽度	应满足能自由插入弯沉仪测头的测试要求

(2)路面弯沉仪:由贝克曼梁、百分表及表架组成。贝克曼梁由合金铝制成,上有水准泡,其前臂(接触路面)与后臂(装百分表)长度比为 2∶1。弯沉仪长度有两种:一种长 3.6 m,前后臂分别为 2.4 m 和 1.2 m;另一种加长的弯沉仪长 5.4 m,前后臂分别为 3.6 m 和 1.8 m。弯沉采用百分表量得,也可用自动记录装置进行测量。

(3)接触式路表温度计:端部为平头,分度不大于 1 ℃。

(4)其他:皮尺、口哨、白油漆或粉笔、指挥旗等。

四、方法与步骤

(一)准备工作

(1)检查并保持测定用标准车的车况及制动性能良好,轮胎胎压符合规定充气压力。

(2)向汽车车槽中装载(铁块或集料),并用地磅称量后轴总质量及单侧轮荷载,均符合要求的轴重规定。在汽车行驶及测定过程中,轴重不得变化。

(3)测定轮胎接地面积:在平整光滑的硬质路面上用千斤顶将汽车后轴顶起,在轮胎下方铺一张新的复写纸和一张方格纸,轻轻落下千斤顶,即在方格纸上印上轮胎印痕,用求积仪或数方格的方法测算轮胎接地面积,准确至 0.1 cm^2。

(4)检查弯沉仪百分表,量测灵敏情况。

(5)当在沥青路面上测定时,用路表温度计测定试验时气温及路表温度(一天中气温不断变化,应随时测定),并通过气象台了解前 5 d 的平均气温(日最高气温与最低气温的平均值)。

(6)记录沥青路面修建或改建时材料、结构、厚度、施工及养护等情况。

(二)测试步骤

(1)在测试路段布置测点,其距离随测试需要而定。测点应在路面行车车道的轮迹带上,并用白油漆或粉笔画上标记。

(2)将试验车后轮轮隙对准测点后 3~5 cm 处的位置上。

(3)将弯沉仪插入汽车后轮之间的缝隙处,与汽车方向一致,梁臂不得碰到轮胎,将弯沉仪测头置于测点上(轮隙中心前方 3~5 cm 处),并安装百分表于弯沉仪的测定杆上。百分表调零,用手指轻轻叩打弯沉仪,检查百分表应稳定回零。

弯沉仪可以是单侧测定,也可以是双侧同时测定。

(4)测定者吹哨发令指挥汽车缓缓前进,百分表随路面变形的增加而持续向前转动。当表针转动到最大值时,迅速读取初读数 L_1。如汽车仍在继续前进,表针反向回转,待汽车驶出弯沉影响半径(约 3 cm 以上)后,吹口哨或挥动指挥红旗,汽车停止。待表针回转稳定后,再次读取终读数 L_2。汽车前进的速度宜为 5 km/h 左右。

五、弯沉仪的支点变形修正

当采用长度为 3.6 m 的弯沉仪进行弯沉测定时,有可能引起弯沉仪支座处变形,在测定时应检验支点有无变形。如果有变形,此时应用另一台检验用的弯沉仪安装在测定用弯沉仪的后方,将其测定架置于测定用弯沉仪的支点旁。当汽车开出时,同时测定两台弯沉仪的弯沉读数,如检验用弯沉仪百分表有读数,则应该记录并进行支点变形修正。当在同一结构层上测定时,可在不同位置测定 5 次,求取平均值,以后每次测定时,以此作为修正值。支点变形修正的原理如图 7-2 所示。

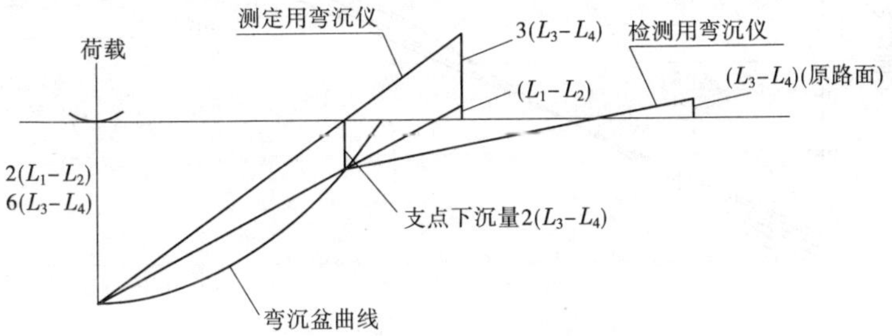

图 7-2　支点变形修正的原理

当采用长度为 5.4 m 的弯沉仪测定时,可不进行支点变形修正。

六、结果计算及温度修正

(1)路面测点的回弹弯沉值依下式计算:

$$l_t = (L_1 - L_2) \times 2 \tag{7-1}$$

式中　l_t——在路面温度 t 时的回弹弯沉值,0.01 mm;

L_1——车轮中心临近弯沉仪测头时百分表的最大读数,0.01 mm;

L_2——汽车驶出弯沉影响半径后百分表的终读数,0.01 mm。

(2)当需要进行弯沉仪支点变形修正时,路面测点的回弹弯沉值按下式计算:

$$l_t = (L_1 - L_2) \times 2 + (L_3 - L_4) \times 6 \tag{7-2}$$

式中　L_1——车轮中心临近弯沉仪测头时测定用弯沉仪的最大读数,0.01 mm;

L_2——汽车驶出弯沉影响半径后测定用弯沉仪的最终读数,0.01 mm;

L_3——车轮中心临近弯沉仪测头时检验用弯沉仪的最大读数,0.01 mm;

L_4——汽车驶出弯沉影响半径后检验用弯沉仪的终读数,0.01 mm。

注:此式适用于测定用弯沉仪支座处有变形,但百分表架处路面已无变形的情况。

(3)沥青面层厚度大于 5 cm 的沥青路面,回弹弯沉值应进行温度修正,温度修正及回弹弯沉的计算宜按下列步骤进行。

①测定时沥青层的平均温度按下式计算：

$$t = \frac{(t_{25} + t_m + t_e)}{3} \tag{7-3}$$

式中 t——测定时沥青层平均温度，℃；

t_{25}——由图 7-3 确定的路表下 25 mm 处的温度，℃；

t_m——由图 7-3 确定的沥青层中间深度的温度，℃；

t_e——由图 7-3 确定的沥青层底面处的温度，℃。

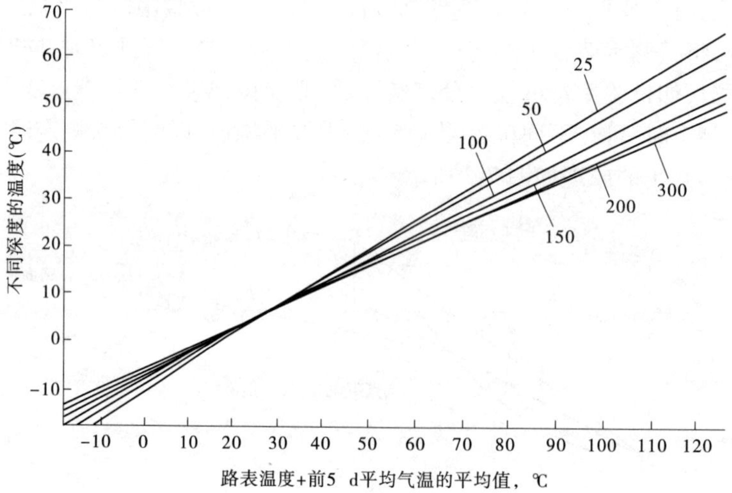

注：线上的数字表示从路表向下的不同深度。

图 7-3　沥青层平均温度的确定　（单位：mm）

②根据沥青层平均温度 T 及沥青层厚度，分别由图 7-4 及图 7-5 求取不同基层的沥青路面弯沉值的温度修正系数 K。

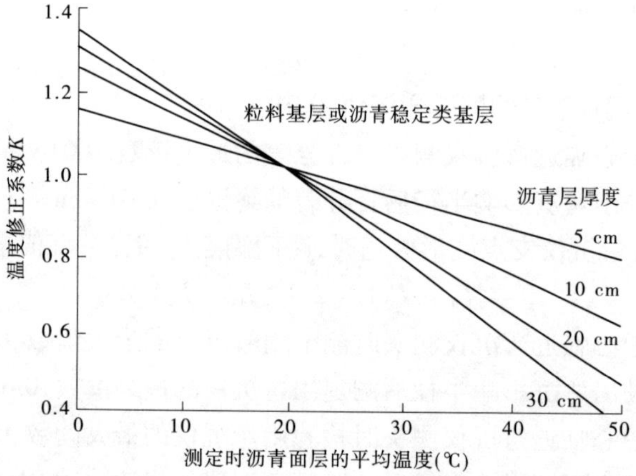

图 7-4　路面弯沉温度修正系数曲线 1(适用于粒料基层及沥青稳定类基层)

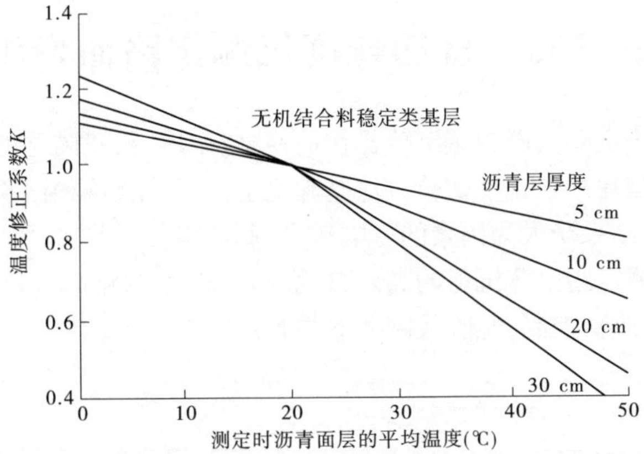

图 7-5　路面弯沉温度修正系数曲线 2(适用于无机结合料稳定类半刚性基层)

③沥青路面回弹弯沉按下式计算:

$$l_{20} = l_t \times K \tag{7-4}$$

式中　l_{20}——换算为 20 ℃时的沥青路面回弹弯沉值,0.01 mm;

l_t——测定时,沥青面层内平均温度为 t 时的回弹弯沉值,0.01 mm;

K——温度修正系数。

④按下式计算每一个评定路段的代表弯沉值:

$$l_r = \bar{l} + Z_a S \tag{7-5}$$

式中　l_r——一个评定路段的代表弯沉值,0.01 mm;

$\bar{l}$——一个评定路段内经各项修正后的各测点弯沉的平均值,0.01 mm;

Z_a——与保证率有关的系数,见表 7-3;

S——一个评定路段内经各项修正后的全部测点弯沉的标准差,0.01 mm。

表 7-3　Z_a值

层位	Z_a	
	高级公路、一级公路	二、三级公路
沥青面层	1.645	1.5
路基	2.0	1.645

七、报告

报告应包括下列内容:

(1)弯沉测定表、支点变形修正值、测试时的路面温度及温度修正值。

(2)每一个评定路段的各测点弯沉的平均值、标准差及代表弯沉。

第三节　自动弯沉仪测定路面弯沉

利用贝克曼梁测定路面回弹弯沉值操作简便,应用广泛,我国路面设计及检测的标准方法和基本参数都是建立在这种试验方法基础之上的,但是,这种试验方法整个测试过程全是人工操作,测试结果受人为因素的影响较大,测速慢。

自动弯沉仪是测定路面弯沉值的高效自动化设备,可对路面进行高密集点的强度测量,适用于路面施工质量控制、验收及路面养护管理。

一、试验目的

(1)采用自动弯沉仪在标准条件下每隔一定距离连续测试路面的总弯沉值,并计算总弯沉值的平均值。

(2)用于尚无坑洞等严重破坏的道路验收检查及旧路面强度评价,可为路面养护管理系统提供数据,经过与贝克曼梁测定值进行换算后,也可用于路面结构设计。

二、工作原理

自动弯沉仪的基本工作原理与贝克曼梁的原理是相同的,都是采用简单的杠杆原理。自动弯沉仪测定车在检测路段以一定速度行驶,将安装在测试车前后轴之间、底盘下面的弯沉测定梁放到车辆底盘的前端,并支于地面保持不动。当后轴双轮隙通过测头时,弯沉通过位移传感器等装置被自动记录下来,这时测定梁被拖动,以 2 倍的汽车速度拖到下一测点,周而复始地向前连续测定。通过计算机可输出路段弯沉检测统计计算结果。

三、仪具与材料

自动弯沉仪测定车为洛克鲁瓦型,由测试汽车、测量机构、数据采集处理系统三部分组成。测量机构分别如图 7-6、图 7-7 所示,它安装在测试车底盘下面或后面,测臂夹在后轴轮隙中间。汽车运行时,测量机构提起,离开路面。

图 7-6　测量机构 1

图 7-7　测量机构 2

自动弯沉仪测定车的主要技术参数如下：

测试车轴距	6.75 m
测臂长度	1.75～2.40 m
后轴荷载	100 kN
测定轮对路面的压强	0.7 MPa
最小测试步距	4～10 m
测试精度	0.01 mm
测试车速度	1.5～4.0 km/h

四、方法与步骤

(1)将自动弯沉仪测定车开到检测路段的测定车道(一般为行车道)上，测点应在路面行车道的轮迹带上。

(2)汽车到达测试地点第一个测点位置后，按下列步骤放下测量机构：

①关闭汽车发动机；

②松开离合器转盘；

③放下测量头，使测量头位于测定梁(后轴)前方的一定距离上；

④放下后支点，勾好把手；

⑤放下测量架，销好把手；

⑥放下导向机构；

⑦插上仪器与汽车的连接销杆或开动液压转向同步系统；

⑧检查钢丝绳一定要在离合器的槽内；

⑨启动汽车发动机，在操作键盘上按动离合器开关，将测量机构置于最前端。

(3)开始测试时，汽车以一定速度行进，测量头连续检测汽车后轴左右轮隙下产生的路面瞬间弯沉。通过测定梁支点的位移传感器将位移转换为电信号，并传送到数据记录器，待汽车后轮通过测量头后，显示器上显示弯沉盆弯沉峰值，打印机输出弯沉峰值及测定距离。第一点测定完毕后，车辆前面的牵引装置以 2 倍于汽车行进速度的速度把测量机构拉到测定轮前方，汽车继续行进，到达下一测点时，开始第二点测定。周而复始地向前测定，汽车在整个测试过程中应保持在规定的速度范围内稳定行驶，标准的行车速度应为 3.0～3.5 km/h。在标准速度下的测试步距不应大于 10 m。

五、数据采集

（1）显示器显示弯沉盆或弯沉峰值。

测定过程中按相应的功能键，显示器屏幕即可显示每一测点的总弯沉盆。测定一段距离后再按此键，将显示路段总弯沉均匀程度的弯沉峰值柱状图。

（2）打印机输出。

当用测定车测定工作时，应打印出测点位置和左右弯沉峰值。

（3）测定结束后，汽车停止前进，按下列步骤收起测量机构：

①收起导向机构；

②提起测量架机构；

③提起后支点；

④挂起测头。

六、数据处理

（1）测定机构应按计算区间输出计算结果。计算区间长度要根据公路等级和测试要求确定，标准的计算区间为 100 m。

（2）在测定时，随着打印机输出的同时，应将数据用文件方式同时记录在磁带或硬盘上，长期保存。通过计算机输出计算结果，包括每一个计算区间的平均总弯沉值、标准差、代表总弯沉值，如表 7-4 所示。其中，代表总弯沉值按 $L_r=\overline{L}+Z_aS$ 计算。如已进行过自动弯沉仪总弯沉与贝克曼梁回弹弯沉对比试验，则可据此计算出相应的回弹弯沉值。

表 7-4 按计划区间列出的总弯沉测定示例

记录号	路线号	千米桩	百米桩	平均总弯沉值（0.01 mm）	标准差（0.01 mm）	代表总弯沉值（0.01 mm）
1	56	2	100	41	19.256	79
2	56	2	200	45	9.916	65
3	56	2	300	55	18.442	92
4	56	2	400	57	12.739	82
5	56	2	500	42	9.096	60

注：本表计算区间为 100 m，代表总弯沉值按平均总弯沉值加 2 倍标准差计算。

（3）计算一个评定路段的平均总弯沉值、标准差、代表总弯沉值。

七、自动弯沉仪与贝克曼梁弯沉对比试验步骤

（1）针对不同地区选择某种路面结构的代表性路段，进行两种测定方法的对比试验，以便将自动弯沉仪测定的总弯沉换算成贝克曼梁测定的回弹弯沉值。测定路段的长度为 300～500 m，并应使测定的弯沉值有一定的变化幅度。

（2）对比试验步骤：

①采用同一辆自动弯沉仪测定车，使测定车型、荷载大小和轮胎作用面积完全相同；

②用油漆标记对比路段起点位置；

③用自动弯沉仪按前述的方法进行测定，同时仔细用油漆标出每一测点的位置；

④在每一标记位置用贝克曼梁定点测定回弹弯沉，测点范围精确至 10 cm^2以内；

⑤逐点对应计算两者的相关关系，得出回归方程式 $L_B=a+bL_A$，其中，L_B、L_A分别为贝克曼梁和自动弯沉仪测定的弯沉值，相关系数不得小于 0.90。

注：由于不同路面结构和材料、路基状况、温度、水文条件、路面使用状况不同，对比关系也有所不同，为了提高数据的准确性，应分情况做此项对比试验。

应当注意，自动弯沉仪测定的是总弯沉，因而与贝克曼梁测定的回弹弯沉有所不同。可通过自动弯沉仪总弯沉与贝克曼梁回弹弯沉对比试验，得到两者相关关系式，换算为回弹弯沉，用于路基、路面强度评定。

关于自动弯沉仪测定路面弯沉的试验方法可详见《公路路基路面现场测试规程》（JTG E60—2008）。

八、报告

报告应包括下列内容：

（1）按一个计算区间列出总弯沉测定表及弯沉峰值柱状图；

（2）每一个评定路段的全部测点总弯沉的平均值、标准差、变异系数及代表弯沉值。

如与贝克曼梁弯沉仪进行了对比试验，尚应列出相关关系式、相关系数及换算的回弹弯沉值。

第四节　落锤式弯沉仪测定弯沉试验方法

落锤式弯沉仪（Falling Weight Deflectometer，简称 FWD）具有无破损、测速快、精度高等优点，并很好地模拟了行车荷载作用，检测结果为弯沉盆数据，因此在国际上的应用也日益广泛，其应用范围主要是在路面养护管理方面。

一、试验目的

在落锤式弯沉仪（FWD）标准质量的重锤落下一定高度发生的冲击荷载的作用下，测定路基和路面所产生的瞬时变形，即测定在动态荷载作用下产生的动态弯沉及弯沉盆，并可由此反算路基路面各层材料的动态弹性模量，作为设计参数使用。所测结果也可用于评定道路承载能力，调查水泥混凝土路面的接缝传力效果，探查路面板下的空洞等。

二、工作原理

FWD 由拖车（包括加载系统和位移传感器）与微机控制系统（包括控制及数据采集处理部分）组成，如图 7-8 所示。

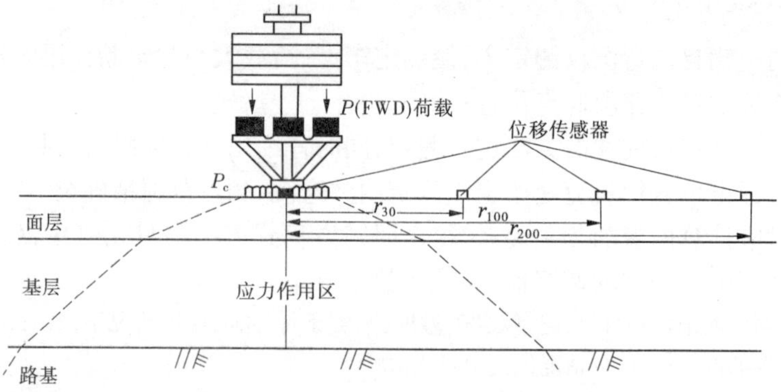

图 7-8　落锤式弯沉仪测量系统示意

其工作原理是：在计算机控制下，把一定质量的重锤由液压传动装置提升至一定高度后自由落下，冲击力作用于承载板上并传递到路面，从而对路面施加脉冲荷载，导致路面表面产生瞬时变形，分布于距测点不同距离的传感器检测结构层表面的变形，记录系统将信号传输至计算机，即测定在动态荷载作用下产生的动态弯沉及弯沉盆。测试数据可用于反算路面结构层模量，从而科学地评价路面的承载能力。

三、仪器设备

落锤式弯沉仪由荷载发生装置、弯沉检测装置、运算控制系统与车辆牵引系统等组成，如图 7-9 所示。

图 7-9　落锤式弯沉仪

（1）荷载发生装置：重锤的质量及落高根据使用目的与道路等级选择，荷载由传感器测定，如无特殊需要，重锤的质量为（200±10）kg，可采用（50±2.5）kg 的冲击荷载。承载板宜为十字对称、分开成 4 部分且底部固定有橡胶片的承载板。承载板的直径为 300 mm。

（2）弯沉检测装置：由一组高精度位移传感器组成，传感器可为差动变压器式位移计（LVDT）。自中心开始，承载板沿道路纵向设置，隔开一定距离布设一组传感器，传感器总数可为 5~7 个,根据需要及设备性能确定。

(3)运算控制装置:能在冲击荷载作用的瞬间内,记录冲击荷载及各个传感器所在位置测点的动态变形。

(4)牵引装置:牵引 FWD 并安装有运算及控制装置的车辆。

四、评定道路承载能力的方法与步骤

(一)准备工作

(1)调整重锤的质量及落高,使重锤的质量及产生的冲击荷载符合前述仪器的要求。

(2)在测试路段的路基或路面各层表面布置测点,其位置或距离随测试需要而定。当在路面表面测定时,测点宜布置在行车车道的轮迹带上。测试时,还可利用距离传感器定位。

(3)检查 FWD 的车况及使用性能,用手动操作检查,各项指标符合仪器规定要求。

(4)将 FWD 牵引至测定地点,将仪器打开,进入工作状态,牵引 FWD 行驶的速度不宜超过 50 km/h。

(5)对位移传感器按仪器使用说明书进行标定,使其达到规定的精度要求。

(二)测定方法

(1)承载板中心位置对准测点,承载板自动落下,放下弯沉装置的各个传感器。

(2)启动落锤装置,落锤瞬间即落下,冲击力作用于承载板上,又立即自动提升至原来位置固定。同时,各个传感器检测结构层表面变形,记录系统将位移信号输入计算机,并得到路面弯沉峰值,同时得到弯沉盆。每一测点重复测定应不少于 3 次,除去第一个测定值,取以后几次测定值的平均值为计算依据。

(3)提起传感器及承载板,牵引车向前移动至下一个测点,重复上述步骤,进行测定。

五、落锤式弯沉仪与贝克曼梁弯沉仪对比试验步骤

(一)路段选择

选择结构类型完全相同的路段,针对不同地区选择某种路面结构的代表性路段,进行两种测定方法的对比试验,以便将落锤式弯沉仪测定的动弯沉值换算成贝克曼梁测定的回弹弯沉值。选择的对比路段长 300~500 m,弯沉值应有一定的变化幅度。

(二)对比试验步骤

(1)采用与实际使用相同且符合要求的落锤式弯沉仪及贝克曼梁弯沉仪测定车。落锤式弯沉仪的冲击荷载应与贝克曼梁弯沉仪测定车的后轴双轮荷载相同。

(2)用油漆标记对比路段起点位置。

(3)布置测点位置,用贝克曼梁定点测定回弹弯沉,测定车开走后,用粉笔以测点为圆心,在周围画一个半径为 15 cm 的圆,标明测点位置。

(4)将落锤式弯沉仪的承载板对准圆圈,位置偏差不超过 30 mm,按前述进行测定。两种仪器对一点弯沉测试的时间间隔不应超过 10 min。

(5)逐点对应计算两者的相关关系。

通过对比试验得出回归方程式 $L_B \doteq a+bL_{FWD}$,其中,L_{FWD}、L_B 分别为落锤式弯沉仪及贝

克曼梁测定的弯沉值。回归方程式的相关系数应不小于0.90。

注:由于不同路面结构的材料、路基状况、温度、水文条件、路面使用状况不同,对比关系也有所不同,为了提高数据的准确性,应分情况做此项对比试验。

六、水泥混凝土路面板调查的方法与步骤

(1)在测试路段的水泥混凝土路面板表面布置测点,当为调查水泥混凝土路面接缝的传力效果时,测点布置在接缝的一侧,位移传感器分开布置在接缝两边;当为探查路面板下的空洞时,测点布置位置随测试需要而定,应在不同位置测定。

(2)按前述方法进行测定。

七、计算

(1)按桩号记录各测点的弯沉及弯沉盆数据,计算一个评定路段的平均值、标准差、变异系数。

(2)当为调查水泥混凝土路面接缝的传力效果时,利用分开在接缝两边布置的位移传感器测定值的差异及弯沉盆的形状,进行判断。

(3)当为探查路面板下的空洞时,利用在不同位置测定的测定值差异及弯沉盆的形状,进行判断。

八、报告

(1)报告应包括下列内容:

①各测点的最大弯沉及弯沉盆测定数据。

②每一个评定路段全部测点弯沉的平均值、标准差、变异系数及代表弯沉值。

(2)如与贝克曼梁弯沉仪进行对比试验,尚应列出相关关系式、相关系数和换算的回弹弯沉值。

本章小结

本章从路基路面回弹弯沉的检测出发,介绍了三种检测路基路面回弹弯沉的方法,应重点掌握贝克曼梁测定弯沉的原理和方法。

复习思考题

1.什么是弯沉值？常用哪几种方法进行测定？各测定方法有何特点？

2.弯沉检测的目的是什么？

3.贝克曼梁测定路面回弹弯沉的步骤是什么？

第八章　路面抗滑性能检测

【教学目标】

(1)学生通过学习教材、视频、PPT、现场检测实践,能进行手工铺砂法测定路面构造深度、电动铺砂仪测定路面构造深度、摆式仪测定路面摩擦系数,并能对测试结果进行分析处理,正确率达90%以上。

(2)学生通过学习视频、PPT,能描述车载式激光构造深度仪测定路面构造深度、单轮式横向力系数测试系统测定路面摩擦系数的测试步骤,并能对测试结果进行分析处理,正确率达80%以上。

第一节　概　述

路面表面应具备足够的抗滑性能,以保证行车安全。若路面抗滑性能不足,汽车启动,会发生空转打滑现象;汽车在弯道上行驶,会产生横向滑移;高速行车时紧急制动,所需的制动距离就会增长。路面滑溜极易引发交通事故。因此,抗滑性能是路面施工质量检验和使用性能评价的指标。

影响路面抗滑性能的因素有路面表面特性、干湿状态、温度、行车车速、轮胎特性等。路面表面特性包括路表面微观构造和宏观构造,路面面层所用粗集料应满足石料磨光值PSV(Polishi Stone Value)要求,表面粗涩,就可获得较好的微观构造,而宏观构造取决于沥青用量和集料级配等,适当降低沥青用量,采用有棱角、形状接近立方体的集料,开级配集料,路面表面抗滑性能相对较好。干湿状态对路面抗滑性能影响较大。干燥状态下的路面一般是能保证汽车安全行驶的,但当路表处于潮湿、积水状态,特别是当路表与轮胎之间形成水膜时,或者冬季结冰与积雪,抗滑性能则减小很多。这就是雨雪天发生的事故所占比率很高的原因。一般随着路面温度的升高,抗滑性能会减小。随着车速的提高,抗滑性能将会降低。轮胎特性包括轮胎的磨耗量、表面形状及构造。轮胎的磨耗量增加,抗滑性能降低;轮胎表面形状、轮胎的橡胶性质、轮胎的接触压力、轮重等都对抗滑性能有影响。

路面抗滑性能一般用轮胎与路面间的摩擦系数和表面宏观构造深度来表征,摩擦系数或构造深度越大,说明抗滑性能越强。

第二节　手工铺砂法测定路面构造深度

一、目的与适用范围

本方法适用于测定沥青路面及水泥混凝土路面表面构造深度,用以评定路面表面的宏观构造。

二、仪具与材料技术要求

本方法需要下列仪具与材料：

(1)人工铺砂仪：由圆筒、推平板组成。

①量砂筒：形状尺寸满足本规程要求，一端是封闭的，容积为(25±0.15)mL，可通过称量砂筒中水的质量以确定其容积 V，并调整其高度，使其容积符合规定要求。应带一专门的刮尺将筒口量砂刮平。

②推平板：形状尺寸满足本规程要求，推平板应为木制或铝制，直径为 50 mm，底面应粘一层厚 1.5 mm 的橡胶片，上面有一圆柱把手。

③刮平尺：可用 30 cm 钢板尺代替。

(2)量砂：足够数量的、干燥洁净的匀质砂，粒径为 0.15～0.3 mm。

(3)量尺：钢板尺、钢卷尺，或采用已按式(8-1)将直径换算成构造深度作为刻度单位的、专用的构造深度尺。

(4)其他：装砂容器(小铲)、扫帚或毛刷、挡风板等。

三、方法与步骤

(一)准备工作

(1)量砂准备：取洁净的细砂晾干、过筛，取 0.15～0.3 mm 砂置适当的容器中备用。量砂只能在路面上使用一次，不宜重复使用。

(2)按本规程的方法，对测试路段按随机取样选点的方法，确定测点所在横断面位置。测点应选在行车道的轮迹带上，距路面边缘不应小于 1 m。

(二)试验步骤

(1)用扫帚或毛刷将测点附近的路面清扫干净，面积不小于 30 cm×30 cm。

(2)用小铲装砂，沿筒壁向圆筒中注满砂，手提圆筒上方，在硬质路表面上轻轻地叩打 3 次，使砂密实，补足砂面用钢尺一次刮平。

注：不可直接用量砂筒装砂，以免影响量砂密度的均匀性。

(3)将砂倒在路面上，用底面粘有橡胶片的推平板，由里向外重复做旋转摊铺运动，稍稍用力将砂细心地、尽可能地向外摊开，使砂填入凹凸不平的路表面的空隙中，尽可能将砂摊成圆形，并不得在表面上留有浮动余砂。注意，摊铺时不可用力过大或向外推挤。

(4)用钢板尺测量所构成圆的两个垂直方向的直径，取其平均值，准确至 5 mm。

(5)按以上方法，同一处平行测定不少于 3 次，3 个测点均位于轮迹带上，测点间距 3～5 m。对同一处，应该由同一个试验员进行测定。该处的测定位置以中间测点的位置表示。

四、计算

(1)路面表面构造深度测定结果按下式计算：

$$TD = 4 \times 1\,000 \frac{V}{\pi D^2} = \frac{31\,831}{D^2} \tag{8-1}$$

式中 TD——路面表面构造深度,mm;

V——砂的体积,25 cm^3;

D——摊平砂的平均直径,mm。

(2)每一处均取 3 次路面构造深度的测定结果的平均值作为试验结果,准确至 0.01 mm。

(3)按相关规范的方法计算每一个评定区间路面构造深度的平均值、标准差、变异系数。

五、报告

(1)列表逐点报告路面构造深度的测定值及 3 次测定的平均值,当平均值<0.2 mm 时,试验结果以小于 0.2 mm 表示。

(2)每一个评定区间路面构造深度的平均值、标准差、变异系数。

第三节 电动铺砂仪测定路面构造深度

一、目的与适用范围

本方法适用于测定沥青路面及水泥混凝土路面表面构造深度,用以评定路面表面的宏观构造。

二、仪具与材料技术要求

仪具与材料技术要求如下所述:

(1)电动铺砂仪:利用可充电的直流电源将量砂通过砂漏铺设成宽 5 cm、厚度均匀一致的器具。

(2)量砂:足够数量的、干燥洁净的匀质砂,粒径为 0.15~0.3 mm。

(3)标准量筒:容积 50 mL。

(4)玻璃板:面积大于铺砂仪,厚 5 mm。

(5)其他:直尺、扫帚、毛刷等。

三、方法与步骤

(一)准备工作

(1)量砂准备:取洁净的细砂,晾干,过筛,取 0.15~0.3 mm 的砂置适当的容器中备用。量砂只能在路面上使用一次,不宜重复使用。

(2)对测试路段按随机取样选点的方法,确定测点所在横断面的位置,测点应选在行车道的轮迹带上,距路面边缘不应小于 1 m。

（二）电动铺砂仪标定

（1）将铺砂仪平放在玻璃板上，将砂漏移至铺砂仪端部。

（2）使灌砂漏斗口和量筒口大致齐平，通过漏斗向量筒中缓缓注入准备好的量砂至高出量筒成尖顶状，用直尺沿筒口一次刮平，其容积为 50 mL。

（3）使漏斗口与铺砂器砂漏上口大致齐平，将砂通过漏斗均匀倒入砂漏，漏斗前后移动，使砂的表面大致齐平，但不得用任何其他工具刮动砂。

（4）开动电动机，使砂漏向另一端缓缓运动，量砂沿砂漏底部铺成宽 5 cm 的带状，待砂全部漏完后停止。

（5）L_1 及 L_2 的平均值决定量砂的摊铺长度 L_0，精确至 1 mm。

（6）重复标定 3 次，取平均值确定 L_0，精确至 1 mm。

注：标定应在每次测试前进行，用同一种量砂，由同一试验员承担测试工作。

（三）测试步骤

（1）将测试地点用毛刷刷净，面积大于铺砂仪。

（2）将铺砂仪沿道路纵向平稳地放在路面上，将砂漏移至端部。

（3）按上述"电动铺砂仪标定"中（2）~（5）的步骤，在测试地点摊铺 50 mL 量砂，量取摊铺长度 L_1 及 L_2。计算 L，准确至 1 mm。

（4）按以上方法，同一处平行测定不少于 3 次，3 个测点均位于轮迹带上，测点间距 3~5 m，该处的测定位置以中间测点的位置表示。

四、计算

（1）计算铺砂仪在玻璃板上摊铺的量砂厚度 t_0。

（2）计算路面构造深度 TD：

$$TD = \frac{L_0 - L}{L \cdot t_0} \tag{8-2}$$

（3）每一处均取 3 次路面构造深度的测定结果的平均值作为试验结果，精确至 0.1 mm。

（4）计算每一个评定区间路面构造深度的平均值、标准差、变异系数。

五、报告

（1）列表逐点报告路面构造深度的测定值及 3 次测定的平均值；当平均值小于 0.2 mm 时，试验结果以<0.2 mm 表示。

（2）每一个评定区间路面构造深度的平均值、标准差、变异系数。

第四节　车载式激光构造深度仪测定路面构造深度

激光构造深度仪是利用激光测距的原理测量地面材料颗粒表面以及材料颗粒之间的深度变化的情况，其输出的测试结果是沿测试断面一定间距长度内的平均深度数据。由于测试方法和原理不同，激光构造深度仪与铺砂法的测试结果存在一定的差异。应通过对比试验建立相关关系式,将激光构造深度仪的测值转换为铺砂法构造深度值后,才能进行测试结果的评定。

一、目的与适用范围

本方法适用于各类车载式激光构造深度仪在新建、改建路面工程质量验收和无严重破损病害及无积水、积雪、泥浆等正常行车条件下测定,连续采集路面构造深度,但不适用于带有沟槽的水泥路面构造深度的测定。

本方法的数据采集、传输、记录和处理分别由专用的软件自动控制进行。

二、仪具与材料技术要求

本方法需要下列仪具与材料:

激光构造深度仪与激光平整度仪类似,测试系统由承载车辆、距离传感器、激光传感器和主控系统组成,但对测试速度、采样间距和传感器测试精度要求有所不同。基本技术要求和参数如下:

(1)承载车要求:根据设备供应商的要求选择测试系统承载车辆;

(2)最大测试速度:≥50 km/h;

(3)采样间隔:≤10 mm;

(4)传感器测试精度:0.1 mm;

(5)距离标定误差:<0.1%;

(6)系统工作环境温度:0~60 ℃。

三、方法与步骤

(一)准备工作

(1)设备安装到承载车上以后应按规定进行相关性试验。

(2)根据设备操作手册的要求对测试系统各传感器进行校准。

(3)检查测试车轮胎气压,应达到车辆轮胎规定的标准气压,车胎应清洁,不得黏附杂物。

(4)距离测量装置需要现场安装的,根据设备操作手册说明进行安装,确保机械紧固装置安装牢固。

(5)检查测试系统各部分应符合测试要求,不应有明显的可视性破损。

(6)打开系统电源,启动控制程序,检查各部分的工作状态。

(二)测试步骤

(1)测试开始之前应让测试车以测试速度行驶 5~10 km,按照设备使用说明规定的预热时间对测试系统进行预热。

(2)测试车停在测试起点前 50~100 m 处,应启动平整度测试系统程序,按照设备操作手册的规定和测试路段的现场技术要求设置完毕所需的测试状态。

(3)驾驶员应按照设备操作手册要求的测试速度范围驾驶测试车,宜为 50~80 km/h,避免急加速和急减速,急弯路段应放慢车速,沿正常行车轨迹驶入测试路段。

(4)进入测试路段后,测试人员应启动系统的采集和记录程序,在测试过程中必须及时准确地将测试路段的起终点和其他需要特殊标记的位置输入测试数据记录中。

(5)当测试车辆驶出测试路段后,测试人员应停止数据采集和记录,并恢复仪器各部分至初始状态。

(6)检查测试数据文件,文件应完整,内容应正常,否则需要重新测试。

(7)关闭测试系统电源,结束测试。

四、报告

报告应包括以下内容:

(1)测试路段构造深度平均值、标准差。

(2)激光构造深度仪测值与铺砂法构造深度值在选定测试条件下的相关关系式及相关系数。

第五节　摆式仪测定路面摩擦系数

一、目的与适用范围

本方法适用于以摆式摩擦系数测定仪(简称摆式仪)测定沥青路面、标线或其他材料试件的抗滑值,用以评定路面或路面材料试件在潮湿状态下的抗滑能力。

二、仪具与材料技术要求

本方法需要下列仪具与材料:

(1)摆式仪:摆及摆的连接部分总质量为(1 500±30)g,摆动中心至摆的重心距离为(410±5)mm,测定时,摆在路面上滑动长度为(126±1)mm,摆上橡胶片端部距摆动中心的距离为 510 mm,橡胶片对路面的正向静压力为(22.2±0.5)N。

(2)橡胶片:当用于测定路面抗滑值时,其尺寸为 6.35 mm×25.4 mm×76.2 mm。橡胶物理性质技术要求应符合表 8-1 的要求。当橡胶片使用后,端部在长度方向上磨耗超过 1.6 mm 或边缘在宽度方向上磨耗超过 3.2 mm,或有油类污染时,即应更换新橡胶片。新橡胶片应先在干燥路面上测试 10 次后,再用于测试。橡胶片的有效使用期从出厂日期起算为 12 个月。

表 8-1　橡胶物理性质技术要求

性质指标	温度(℃)				
	0	10	20	30	40
弹性(%)	43~49	58~65	66~73	71~77	74~79
硬度(*IR*)	55±5				

(3)滑动长度量尺:长 126 mm。

(4)喷水壶。

(5)硬毛刷。

(6)路面温度计:分度不大于 1 ℃。

(7)其他:扫帚、记录表格等。

三、方法与步骤

(一)准备工作

(1)检查摆式仪的调零灵敏情况,并定期进行仪器的标定。

(2)按规程随机取样法,进行测试路段的取样选点。在横断面上测点应选在行车道轮迹处,且距路面边缘应不小于 1 m。

(二)测试步骤

(1)清洁路面:用扫帚或其他工具将测点处的路面打扫干净。

(2)仪器调平。

①将仪器置于路面测点上,并使摆的摆动方向与行李方向一致。

②转动底座上的调平螺栓,使水准泡居中。

(3)调零。

①放松紧固把手,转动升降把手,使摆升高并能自由摆动,然后旋紧紧固把手。

②将摆固定在右侧悬壁上,使摆处于水平位置,并把指针拨至右端与摆杆平行处。

③按下释放开关,使摆向左带动指针摆动。当摆达到最高位置后下落时,用手将摆杆接住,此时指针应指零。

④若指针不指零,可稍旋紧或旋松摆的调节螺母。

⑤重复上述 4 个步骤,直至指针指零,调零允许误差为±1。

(4)校核滑动长度。

①让摆处于自然下垂状态,松开固定把手,转动升降把手,使摆下降。与此同时,提起举升柄,使摆向左侧移动,然后放下举升柄,使橡胶片下缘轻轻触地,紧靠橡胶片摆放滑动长度量尺,使量尺左端对准橡胶片下缘;再提起举升柄,使摆向右侧移动,然后放下举升柄,使橡胶片下缘轻轻触地,检查橡胶片下缘应与滑动长度量尺的右端齐平。

②若齐平,则说明橡胶片两次触地的距离(滑动长度)符合 126 mm 的规定。校核滑动长度时,应以橡胶片长边刚刚接触路面为准,不可借摆的力量向前滑动,以免标定的滑动长度与实际不符。

③若不齐平,应升高或降低摆或仪器底座的高度。微调时,用旋转仪器底座上的调平螺丝调整仪器底座的高度的方法比较方便,但需注意保持水准泡居中。

④重复上述动作,直至滑动长度符合 126 mm 的规定。

(5)将摆固定在右侧悬壁上,使摆处于水平释放位置,并把指针拨至右端与摆杆平行处。

(6)用喷水壶浇洒测点,使路面处于湿润状态。

(7)按下右侧悬壁上的释放开关,使摆在路面滑过。当摆杆回落时,用手接住,读数但不记录。然后使摆杆和指针重新置于水平释放位置。

（8）重复（6）和（7）的操作 5 次，并读记每次测定的摆值。

单点测定的 5 个值中最大值与最小值的差值不得大于 3。如差值大于 3，应检查产生的原因，并再次重复上述各项操作，直至符合规定。

取 5 次测定的平均值作为单点的路面抗滑值（即摆值 BPN_t），取整数。

（9）在测点位置用温度计测记潮湿路表温度，准确至 1 ℃。

（10）每个测点由 3 个单点组成，即需按以上方法在同一测点处平行测定 3 次，以 3 次测定结果的平均值作为该测点的代表值（精确到 1）。

3 个单点均应位于轮迹带上，单点间距离为 3~5 m，该测点的位置以中间单点的位置表示。

四、抗滑值的温度修正

当路面温度为 t（℃）时，测得的摆值为 BPN_t，必须按下式换算成标准温度 20 ℃的摆值 BPN_{20}：

$$BPN_{20} = BPN_t + \Delta BPN \tag{8-3}$$

式中　BPN_{20}——换算成标准温度 20 ℃时的摆值；

BPN_t——路面温度 t 时测得的摆值；

ΔBPN——温度修正值，按表 8-2 采用。

表 8-2　温度修正值

温度（℃）	0	5	10	15	20	25	30	35	40
温度修正值 ΔBPN	−6	−4	−3	−1	0	+2	+3	+5	+7

五、报告

报告应包含如下内容：

（1）路面单点测定值 BPN_t 经温度修正后的 BPN_{20}、现场温度、3 次测点平均值。

（2）评定路段路面抗滑值的平均值、标准差、变异系数。

第六节　单轮式横向力系数测试系统测定路面摩擦系数

当测定轮与行车方向呈 20°偏角且以一定速度行驶时，专用轮胎与潮湿路面之间的测试轮轴向摩擦阻力与垂直荷载的比值，称为路面横向力系数，代号 SFC，无量纲。

一、目的与适用范围

本方法适用于在新建、改建路面工程质量验收和无严重坑槽、车辙等病害的正常行车条件下连续采集路面的横向力系数。测试结果可作为竣工验收或使用期评定路面抗滑性能的依据。本方法的数据采集、传输、记录和处理分别由专门软件自动完成。

二、仪具与材料技术要求

（一）测试系统构成

测试系统由承载车辆、距离测试装置、横向力测试装置、供水装置和主控制系统组成。主控制系统除实施对测试装置和供水装置的操作控制外，同时控制数据的传输、记录与计算等环节。

（二）设备承载车基本技术要求和参数

横向力系数测试系统的承载车辆应为能够固定和安装测试、储供水、控制和记录等系统的载货车底盘，在水罐满载状态下，最高车速大于 100 km/h。

（三）测试系统技术要求和参数

（1）测试轮胎类型：光面天然橡胶充气轮胎。

（2）测试轮胎规格：3.00/20。

（3）测试轮胎标准气压：（350±20）kPa。

（4）测试轮偏置角：19.5°～21°。

（5）测试轮静态垂直标准荷载：（2 000±20）N。

（6）拉力传感器非线性误差：<0.05%。

（7）拉力传感器有效量程：0～2 000 N。

（8）距离标定误差：<2%。

三、方法与步骤

（一）准备工作

（1）每个测试项目开始前或连续测试超过 1 000 km 后，必须按照设备使用手册规定的方法进行测试系统的标定，记录标定数据并存档。

（2）检查测试车轮胎气压，应达到车辆轮胎规定的标准气压。

（3）检查测试轮胎磨耗情况，当其直径比新轮胎减小达 6 mm（即胎面磨损 3 mm）以上或有明显磨损裂口时，必须立即更换新轮胎。更换的新轮胎在正式测试前应试测 2 km。

（二）测试步骤

（1）正式开始测试前，首先应按设备操作手册规定的时间要求对系统进行通电预热。

（2）进入测试路段前，应将测试轮胎降至路面上预跑约 500m。

（3）按照设备操作手册的规定和测试路段的现场技术要求设置完毕所需的测试状态。

（4）驾驶员在进入测试路段前应保持车速在规定的测试速度范围内，沿正常行车轨迹驶入测试路段。

（5）进入测试路段后，测试人员启动系统的采集和记录程序，在测试过程中必须及时准确地将测试路段的起终点和其他需要特殊标记点的位置输入测试数据记录中。

（6）当测试车辆驶出测试路段后，仪器操作人员应停止数据采集和记录，提升测量轮并恢复仪器各部分至初始状态。

(7)操作人员检查数据文件应完整,内容应正常,否则需要重新测试。

(8)关闭测试系统电源,结束测试。

四、SFC 值的修正

(一)SFC 值的速度修正

测试系统的标准测试速度范围规定为(50±4)km/h,其他速度条件下测试的 SFC 值必须通过下式转换至标准速度下的等效 SFC 值。

$$SFC_{标} = SFC_{测} - 0.22(v_{标} - v_{测}) \tag{8-4}$$

式中　$SFC_{标}$——标准测试速度下的等效 SFC 值;

$SFC_{测}$——现场实际测试速度条件下的 SFC 测试值;

$v_{标}$——标准测试速度,取值为 50 km/h;

$v_{测}$——现场实际测试速度。

(二)SFC 值的温度修正

测试系统的标准现场测试地面温度范围为(20±5)℃,其他地面温度条件下测试的 SFC 值必须通过表 8-3 转换至标准温度下的等效 SFC 值。系统测试要求地面温度控制在 8~60 ℃。

表 8-3　SFC 值的温度修正　(单位:℃)

温度	10	15	20	25	30	35	40	45	50	55	60
修正	−3	−1	0	+1	+3	+4	+6	+7	+8	+9	+10

本章小结

本章主要学习了路面抗滑性能检测概述、手工铺砂法测定路面构造深度、电动铺砂仪测定路面构造深度、车载式激光构造深度仪测定路面构造深度、摆式仪测定路面摩擦系数、单轮式横向力系数测试系统测定路面摩擦系数及检测数据分析整理。

复习思考题

1.简述手工铺砂法测定路面构造深度的步骤。

2.简述电动铺砂仪测定路面构造深度的步骤。

3.简述摆式仪测定路面摩擦系数的步骤。

第九章　渗水、车辙、错台检测

【教学目标】

学生通过学习视频、PPT、现场检测实践，能进行路面渗水、车辙、错台检测，并能对测试结果进行分析处理，正确率达90%以上。

第一节　沥青路面渗水系数测试

在现实生活中，由于沥青路面渗水导致路面过早破坏的现象较多，如图9-1所示。加强对沥青路面渗水系数测试，对确保道路工程质量具有重要意义。

图9-1　沥青路面渗水严重

大气降水（雨、雪）通过路面孔隙或裂缝渗入沥青路面结构中，会导致基层软化、沥青面层开裂、松散等病害。在多雨地区，应特别重视路面结构层的水稳定性和面层的透水性问题。

沥青路面渗水性能用渗水系数表示。渗水系数是指在规定的初始水头压力下，单位时间内渗入路面规定面积的水的体积，用C_w表示，单位为mL/min，是反映路面沥青混合料级配组成的一个间接指标。如果整个沥青面层均透水，则水势必进入基层或路基，使路面承载力降低。相反，如果沥青面层中有一层不透水，而表层能很快透水，则不致形成水膜，能提高其抗滑性能，减少噪声，如OGFC（Open Graded Friction Course，大孔隙开级配排水式沥青磨耗层）等透水性路面。所以，路面渗水系数已成为评价路面使用性能的一个重要指标。

研究与实践表明，路面渗水系数与空隙率有很大关系，通常剩余空隙率越大，路面渗水系数越大，路面渗水越严重。但同样的空隙率，路面的渗水情况却不同，因为空隙率包括了开空隙和闭空隙，而只有开空隙才能够透水。由此可见，渗水系数与空隙率是性质不同的两项指标，控制好空隙率和压实度，并不能完全保证渗水性能。同时，渗水系数非常直观，很多国家越来越重视直接检查渗水系数。由于路面在使用过程中，灰尘极易堵塞空隙，使渗水试验无法做好，因此，渗水系数测试应在路面施工结束后进行。

沥青路面渗水性能的检验方法有许多种，我国目前常用的是路面渗水仪法。

一、目的与适用范围

本方法适用于在路面现场测定沥青路面的渗水系数。

二、仪具与材料技术要求

本方法需要下列仪具与材料：

(1)路面渗水仪：由盛水筒、支架、底座、细管和压重钢圈等组成(见图9-2)。上部盛水量筒由透明有机玻璃制成，容积600 mL，上有刻度，在100 mL及500 mL处有粗标线，下方通过直径10 mm的细管与底座相接，中间有一开关(阀门)。量筒通过支架联结，底座下方开口内径150 mm，外径220 mm，仪器附不锈钢圈压重两个，每个质量约5 kg，内径160 mm。

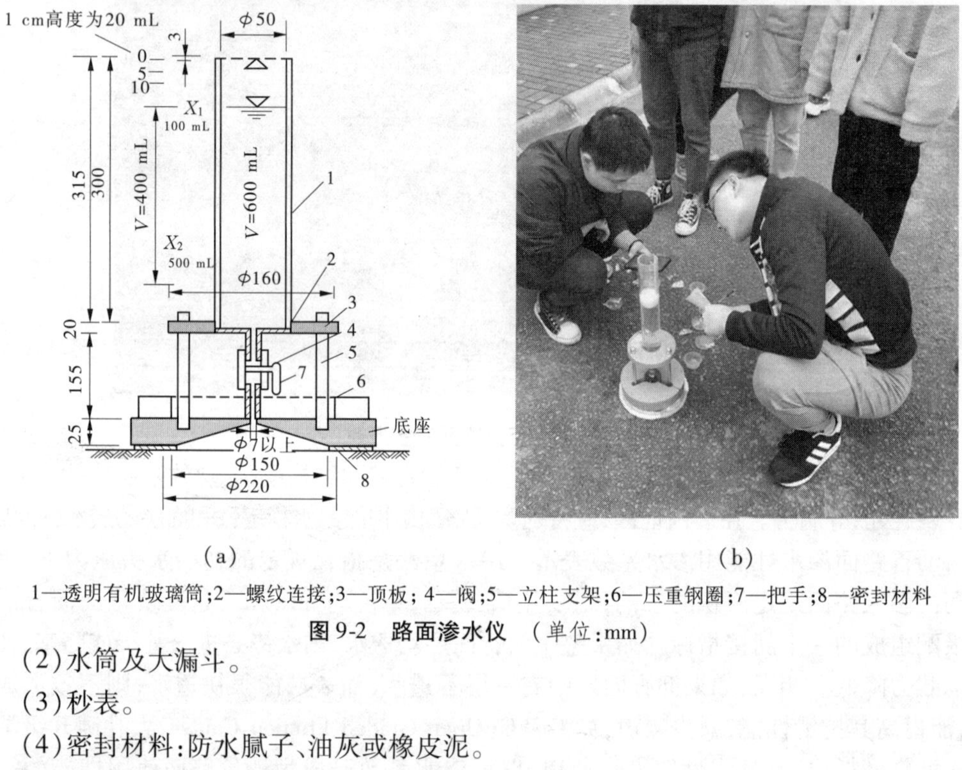

(a) (b)

1—透明有机玻璃筒；2—螺纹连接；3—顶板；4—阀；5—立柱支架；6—压重钢圈；7—把手；8—密封材料

图9-2 路面渗水仪 (单位：mm)

(2)水筒及大漏斗。

(3)秒表。

(4)密封材料：防水腻子、油灰或橡皮泥。

(5)其他：水、粉笔、塑料圈、刮刀、扫帚等。

三、方法与步骤

(一)准备工作

(1)在测试路段的行车道路面上，按随机取样方法选择测试位置，每一个检测路段应测定5个测点,用扫帚清扫表面,并用粉笔画上测试标记。

(2)试验前,用扫帚清扫表面,并用刷子将路面的杂物刷去。杂物的存在一方面会影响水的渗入,另一方面会影响渗水仪和路面或者试件的密封效果。

(二)测试步骤

(1)将塑料圈置于路面表面的测点上,用粉笔分别沿塑料圈的内侧和外侧画上圈,在外环和内环之间的部分就是需要用密封材料进行密封的区域。

(2)用密封材料对环状密封区域进行密封处理。注意,不要使密封材料进入内圈。如果密封材料不小心进入内圈,必须用刮刀将其刮走。然后将搓成拇指粗细的条状密封材料摞在环状密封区域的中央,并且摞成一圈。

(3)将渗水仪放在路面表面的测点上,注意使渗水仪的中线尽量和圆环中心重合,然后略使劲儿将渗水仪压在条状密封材料表面,再将配重加上,以防压力水从底座与路面间流出。

(4)将开关关闭,向量筒中注满水,然后打开开关,使量筒中的水往下流,排出渗水仪底部的空气,当量筒中水面下降速度变慢时,用双手轻压渗水仪,使渗水仪底部的气泡全部排出。关闭开关,并再次向量筒中注满水。

(5)将开关打开,待水面下降至100 mL刻度,立即开动秒表开始计时,每间隔60 s,读记仪器管的刻度一次,至水面下降500 mL时为止。测试过程中,如水从底座与密封材料间渗出,说明底座与路面密封不好,应移至附近干燥路面处重新操作。如果水面下降速度较慢,则测定3 min的渗水量,即可停止;如果水面下降速度较快,在不到3 min的时间内达到了500 mL刻度线,则记录达到了500 mL刻度线时的时间。若水面下降至一定程度后基本保持不动,说明路面基本不透水或根本不透水,则在报告中注明。

(6)按以上步骤在同1个检测路段选择5个测点测定渗水系数,取其平均值,作为检测结果,如表9-1所示。

表9-1　路面渗水系数试验记录

路段桩号K2+120~K3+120　　路面类型　沥青混凝土路面　　试验日期××.××.××

试验者　×××　　计算者　×××　　校核者×××

测试地点	路况	量筒读数(mL)							渗水系数	备注
桩号	描述	0	30″	1′	1′30″	2″	2′30″	3′	(mL/min)	
K2+120	干燥	0	77	102	149	215	325	500	199	
K2+320	干燥	0	65	121	178	227	331	487	183	
K2+520	干燥	0	55	109	167	216	319	406	149	
K2+720	干燥	0	71	112	159	214	318	426	157	
K2+920	干燥	0	50	95	181	218	342	398	152	
测点数	5	频率(点/km)			5	渗水系数规范要求(mL/min)			≤300	
平均渗水系数(mL/mim)	168	最大渗水系数(mL/min)			199	合格率(%)			100	

四、计算

计算时以水面从 100 mL 下降至 500 mL 所需的时间为标准，若渗水时间过长，也可以采用 3 min 通过的水量计算：

$$C_w = \frac{V_2 - V_1}{t_2 - t_1} \times 60 \tag{9-1}$$

式中　C_w——路面渗水系数，mL/min；

V_1——第一次读数时的水量，mL，通常为 100 mL；

V_2——第二次读数时的水量，mL，通常为 500 mL；

t_1——第一次读数时间，s；

t_2——第二次读数时间，s。

五、报告

现场检测，每一个检测路段应测定 5 个测点，计算其平均值作为检测结果。若路面不透水，在报告中注明渗水系数为 0。

第二节　沥青路面车辙测试

沥青路面车辙是指路面经汽车反复行驶产生流动变形、磨损、沉陷后，在车行道行车轨迹上产生的纵向带状辙槽，车辙深度以 mm 计，车辙面积以 m^2 计。达到一定深度的车辙，会增加车辆变道操控难度，影响行车安全性；会降低路面横向平整度以及行车舒适性；还可能会积水，加速路面的破坏。因此，车辙是沥青路面使用性能的评价指标，也是沥青路面养护决策的依据。

一、目的与适用范围

本方法适用于测定沥青路面的车辙，供评定路面使用状况及计算维修工作量时使用。

二、仪具与材料技术要求

常用的沥青路面车辙测试方法有横断面尺法、路面横断面仪法、激光或超声波车辙仪法，涉及的主要仪具有：

（1）横断面尺：硬木或金属制直尺，刻度间距 5 cm，长度不小于一个车道宽度，如图 9-3 所示。尺顶面平直，最大弯曲不超过 1 mm，两端有把手及高度为 10 ~ 20 cm 的支脚，两支脚的高度相同。

（2）路面横断面仪：如图 9-4 所示，其长度不小于一个车道宽度，横梁上有一位移传感器，可自动记录横断面形状，测试间距小于 20 cm，测试精度1 mm。

（3）激光或超声波车辙仪：包括多点激光或超声波车辙仪、线激光车辙仪和线扫描激光车辙仪等类型，如图 9-4 所示。通过激光测距技术或激光成像和数字图像分析技术得到车道横断面相对高程数据，并按规定模式计算车辙深度。

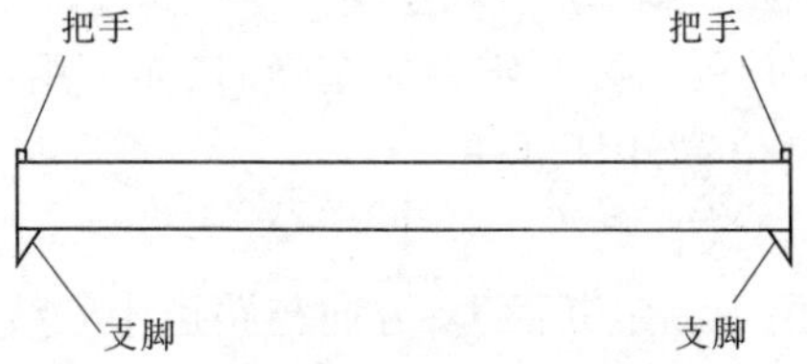

图 9-3 路面横断面尺

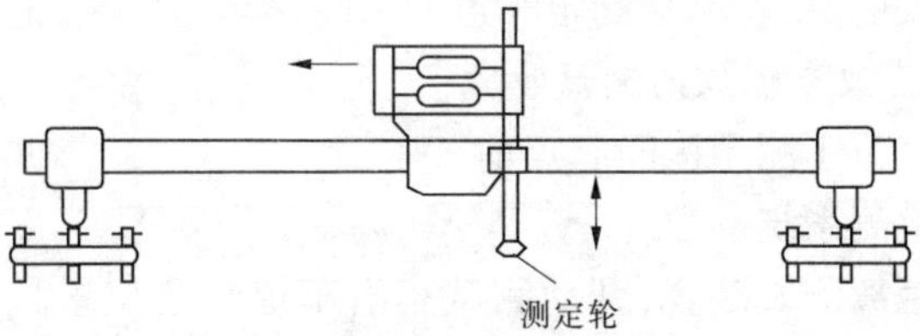

图 9-4 路面横断面仪

要求激光或超声波车辙仪有效测试宽度不小于 3.2 m,测点不少于 13 点,测试精度 1 mm。

(4)量尺:钢板尺、卡尺、塞尺,量程大于车辙深度,刻度至 1 mm。

(5)其他:皮尺、粉笔等。

三、方法与步骤

(一)车辙测定的基准测量宽度

(1)对高速公路及一级公路,以发生车辙的一个车道两侧标线宽度中点到中点的距离为基准测量宽度。

(2)对二级及二级以下公路,当有车道区划线时,以发生车辙的一个车道两侧标线宽度中点到中点的距离为基准测量宽度;当无车道区划线时,以形成车辙部位的一个设计车道宽度作为基准测量宽度。

(二)确定车辙测定的间距

以一个评定路段为单位,当用激光车辙仪连续检测时,测定断面间隔不大于 10 m;当用其他方法非连续测定时,在车道上每隔 50 m 作为一测定断面,用粉笔画上标记进行测定。根据需要也可按《公路路基路面现场测试规程》(JTG E60—2008)中随机选点方法在车道上随机选取测定断面,在特殊需要的路段,如交叉口前后可予以加密。

(三)各种仪器的测定方法

1. 采用横断面尺的测试步骤

(1)将横断面尺就位于测定断面上,两端支脚置于测定车道两侧。

(2)沿横断面尺每隔 20 cm 一点,用量尺垂直立于路面上,用目平视测记横断面尺顶面与路面之间的距离,准确至 1 mm。如断面的最高处或最低处明显不在测定点上,应加测该点距离。

(3)记录测定读数,绘出断面图,最后连接成圆滑的横断面曲线。

(4)横断面尺也可用线绳代替。

(5)当不需要测定横断面,仅需要测定最大车辙时,亦可用不带支脚的横断面尺架在路面上,由目测确定最大车辙位置,用尺量取。

2. 采用路面横断面仪的测试步骤

(1)将路面横断面仪就位于测定断面上,方向与路道中心线垂直,两端支脚立于测定车道的两侧边缘,记录断面桩号。

(2)调整两端支脚高度,使其等高。

(3)移动横断面仪的测量器,从测定车道的一端移至另一端,记录出断面形状。

3. 采用激光或超声波车辙仪的测试步骤

(1)将检测车辆就位于测定区间起点前。

(2)启动并设定检测系统参数。

(3)启动车辙和距离测试装置,开动测试车沿车道轮迹位置且平行于车道线平稳行驶,测试系统自动记录出每个横断面和距离数据。

(4)到达测定区间终点后,结束测定。

(5)系统处理软件按图 9-5 规定的模式,通过各横断面相对高程数据计算车辙深度。

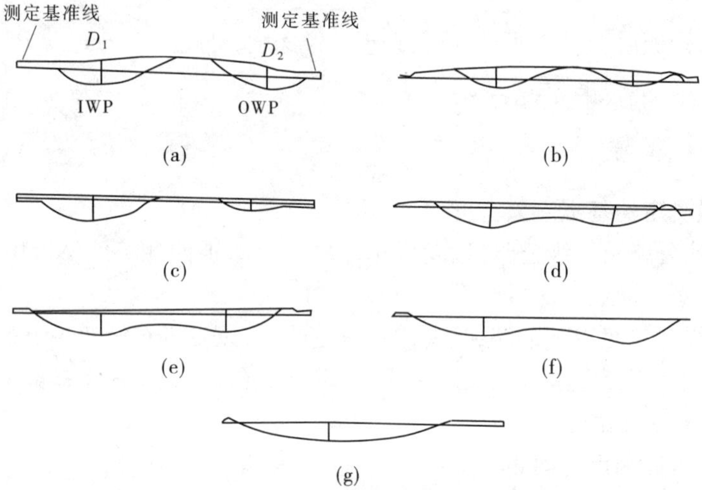

IWP、OWP 分别表示内侧轮迹带及外侧轮迹带

图 9-5　不同形状、不同程度的路面车辙示意

传感器数量较多的设备能够采集到全部计算控制点的高程,因此车辆在车道上的行驶位置对测试结果的影响不大;但传感器数量少的设备,必须保证车辆严格在行车轨迹上行驶,否则将导致传感器与车辙计算控制点错位,采集不到控制点高程数据,进而计算出错误的车辙深度。

四、计算

测定结果计算整理:

(1)根据断面线,按图 9-5 的方法画出横断面图及顶面基准线,通常为其中的一种形式。

（2）在图9-5上确定车辙深度 D_1 及 D_2，读数至1 mm，以其中最大值作为断面的最大车辙深度。

（3）求取各测定断面最大车辙深度的平均值，作为该评定路段的平均车辙深度。

世界各国采用的车辙深度计算方法有所不同。例如，美国以两条车辙中部最高点与车辙最低点的两个高差的平均值作为测试断面的车辙深度，这种模式只要测横断面上3点的高程即可；而我国将车辙分为图9-5所示的7种形式，先通过控制点画出基准线，再以车辙最低点到基准线的距离作为车辙深度，并且只取同一断面上的最大深度作为测试结果。

五、报告

测试报告应记录下列事项：

（1）采用的测定方法。

（2）路段描述，包括里程桩号、路面结构及横断面、使用年限、交通情况等。

（3）各测定断面的横断面图。

（4）各测定断面的最大车辙深度表。

（5）各评定路段的最大车辙深度及平均车辙深度。

（6）根据测定目的应记录的其他事项或数据。

第三节　路面错台测试

路面错台通常是指不同构造物或相邻水泥混凝土板块接缝间出现的高程突变，以mm计。路面错台过大，会使路面局部不平整，严重影响行车舒适性。它不仅是路面病害的调查项目，也是水泥混凝土路面施工质量的检验指标。

一、目的与使用范围

本方法适用于测定路面在人工构造物端部接头、水泥混凝土路面或桥梁的伸缩缝以及沥青路面裂缝两侧由于沉降所造成的错台（台阶）高度，以评价路面行车舒适性能（跳车情况），并作为计算维修工作量的依据。

二、仪具与材料技术要求

本方法需要下列仪具与材料：

（1）皮尺。

（2）水准仪。

（3）3 m直尺、钢板尺、钢卷尺、粉笔。

三、方法与步骤

（1）非经注明，错台的测定位置以行车道错台最大处纵断面为准，根据需要也可以其他代表性纵断面为测定位置。

(2)选择需要测定的断面,记录位置及桩号,描述发生错台的原因。

(3)构造物端部由于沉降造成的接头错台的测试步骤如下:

①将精密水平仪架在距构造物端部不远的路面平顺处调平。

②从构造物端部无沉降或鼓包的断面位置起,沿路线纵向用皮尺量取一定距离,作为测点,在该处立起塔尺,测量高程。再向前量取一定距离,作为测点,测量高程。如此重复,直至无明显沉降的断面。无特殊需要,从构造物端部起的2 m内应每隔0.2 m量测一次,2 ~5 m内宜每隔0.5 m量测一次,5 m以上可每隔1 m量测一次,由此得出沉降纵断面及最大沉降值,即最大错台高度D_m,准确至1 mm。

(4)测定由水泥混凝土路面或桥梁的伸缩缝或路面横向开裂造成的接缝错台、裂缝错台时,可按上述方法用水平仪测定接缝或裂缝两侧一定范围内的道路纵断面,确定最大错台的位置及高度D_m,准确至1 mm。

(5)当发生错台变形的范围不足3 m时,可在错台最大位置沿路线纵向用3 m直尺架在路面上,其一端位于错台的高出的一侧,另一端位于无明显沉降变形处,作为基准线。用钢板尺或钢卷尺每隔0.2 mm量取路面与基准线的直接高度D,同时测记最大错台高度D_m,准确至1 mm。

四、资料整理

以测定的错台读数与各测点的距离绘制成纵断面图作为测定结果。图中应标明相应断面的设计纵断面高程、最大错台的位置与高度D_m,准确至0.001 mm。

五、报告

测试报告应记录如下事项:

(1)路线名、测定日期、天气情况。

(2)测定地点、桩号、路面及构造物概况。

(3)道路交通情况及造成错台原因的初步分析。

(4)最大错台高度D_m及错台纵断面图。

本章小结

本章主要学习了沥青路面渗水系数、沥青路面车辙测试、路面错台测试的目的与适用范围、仪具与材料技术要求、方法与步骤、资料整理等内容。

复习思考题

1. 简述沥青路面渗水系数测试步骤。
2. 简述常用的沥青路面车辙测试方法。
3. 简述路面错台测试的目的及适用范围。
4. 简述路面错台测试的方法与步骤。

第十章　沥青路面施工控制

【教学目标】

学生通过学习视频、PPT、现场检测实践，能进行热拌沥青混合料施工温度测试、沥青喷洒法施工沥青用量测试、沥青混合料质量总量检验、半刚性基层透层油渗透深度测试，并能对测试结果进行分析处理，正确率达85%以上。

第一节　热拌沥青混合料施工温度测试

热拌沥青混合料的施工温度直接关系到沥青路面的施工质量，是施工质量管理的重点项目之一。热拌沥青混合料的施工温度包括拌和温度、摊铺温度、碾压温度等。

一、目的与适用范围

本方法适用于检测热拌热铺沥青混合料的施工温度，包括拌和厂沥青混合料的出厂温度、施工现场的摊铺温度、碾压开始时混合料的内部温度及碾压终了的内部温度等，供施工质量检验和控制使用。

二、仪具与材料

(1)温度计：常温至300 ℃，最小读数1 ℃，宜采用有度盘指针显示或数字显示的金属杆插入式热电偶温度计，测杆的长度不小于300 mm。

(2)其他：棉纱、软布、螺丝刀等。

三、方法与步骤

(一)在运料卡车上测试

(1)混合料出厂温度或运输至现场温度应在运料卡车上测试，每车检测一次。当运料卡车的侧面中部有专用的温度检测孔(距底板高约300 mm)时，可采用如图10-1所示的方法，用插入式温度计直接插入测试孔内的混合料中测试；当运料卡车的侧面中部无专用的温度检测孔时，可在运料车的混合料堆上部侧面测试。在拌和厂检测的为混合料出厂温度，在运输至现场后检测的为现场温度。

(2)测试时，温度计插入深度应不小于150 mm，注视温度变化直至不再继续上升，读记温度，准确至1 ℃。

(二)在摊铺现场检测

(1)混合料摊铺温度宜在摊铺机的一侧拨料器前方的混合料堆上测试。在测试位置将温度计插入混合料堆内150 mm以上，并跟着向前走，如料堆向前滚，拔出后重新插入，注视温度变化直至不再继续上升，读记温度，准确至1 ℃。

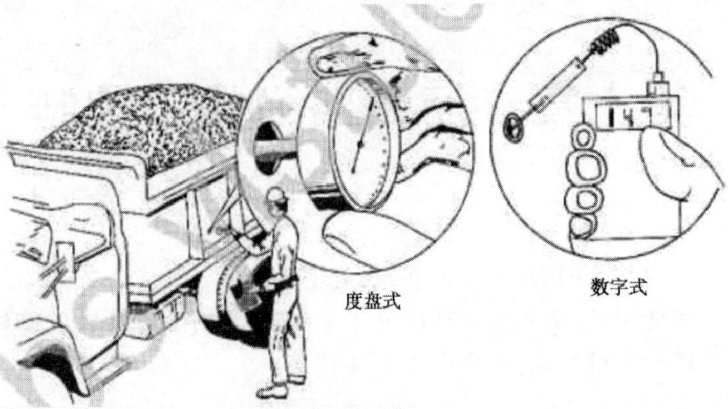

图 10-1　在运料车上测试沥青混合料温度的方法

(2)摊铺温度应每车检测一次,要求符合《公路沥青路面施工技术规范》(JTG F40—2004)的相关规定。

(三)在沥青混合料碾压过程中测定压实温度

(1)根据需要,随时选择初压开始、复压或终压成形等各个阶段的测点,供测试碾压温度及碾压终了温度用。

(2)将温度计仔细插入路面混合料压实层一半深度,轻轻压紧温度计旁被松动的混合料;当温度上升停止后,立即拔出并再次插入旁边的混合料层中测量;当测杆插入路面较困难时,可用螺丝刀先插一孔后再插入温度计。注视温度变化至不再继续上升为止,读记温度,准确至 1 ℃。

(3)压实温度一次检测不得少于 3 个测点,取平均值作为测试温度。

四、报告

(1)每车沥青混合料的出厂温度、到达现场温度、摊铺温度。

(2)压实温度,取 3 次以上测定值的平均值。

(3)气候状况、测定时间、层位、测定位置等。

第二节　沥青喷洒法施工沥青用量测试

对于层铺法施工的沥青表面处治、沥青贯入式路面,沥青洒布量既是最重要的质量指标之一,又是施工质量管理及检查验收的主要项目。

一、目的与适用范围

本方法适用于检测沥青表面处治、沥青贯入式、透层、黏层等采用喷洒法施工的沥青材料喷洒数量,供施工质量检验和控制使用。

二、仪具与材料技术要求

(1)天平或磅秤:感量不大于 10 g。

(2)受样盘:浅搪瓷盘或自制铁皮盘,面积不小于1 000 cm^2,也可用硬质牛皮纸代替。

(3)钢卷尺或皮尺。

(4)地磅。

三、方法与步骤

(1)用钢卷尺测量受样盘开口面积或牛皮纸的面积,计算准确至0.1 cm^2,并称取受样盘或牛皮纸的质量 m_1,准确至1 g。

(2)根据沥青洒布车的沥青用量预计洒布的路段长度,在距离两端1/3长度附近洒布宽度的任意位置上,放置2个搪瓷盘或硬质牛皮纸,但应躲开车轮轨迹。

(3)沥青洒布车按正常施工速度和洒布方法喷洒沥青。

(4)将已接收有沥青的搪瓷盘或牛皮纸仔细取走,称取总质量 m_2,准确至1 g。当采用牛皮纸时,应待沥青稍凝固后,再将四角稍稍抬起,以防沥青流失。

(5)搪瓷盘或牛皮纸取走后的空白处,应采用适当方式补洒沥青。

(6)沥青洒布车喷洒的沥青用量亦可用洒布车喷洒沥青的总质量及洒布总面积相除求得。此时,洒布车喷洒前后的质量应由地磅称重正确测定,洒布总面积由皮尺测量求得。

四、计算

(1)洒布的沥青用量按下式计算:

$$Q = \frac{m_2 - m_1}{F} \tag{10-1}$$

式中　Q——沥青洒布车洒布的沥青用量,kg/m^2;

m_1——搪瓷盘或牛皮纸的质量,kg;

m_2——搪瓷盘或牛皮纸与沥青的合计质量,kg;

F——搪瓷盘或牛皮纸的面积,m^2。

(2)计算所放置的各搪瓷盘或牛皮纸测定值的平均值。当两个测定值的误差不超过平均值的10%时,取两个数据的平均值作为洒布沥青用量的报告值。

五、报告

(1)试验时洒布车的车速、挡数等数据。

(2)施工路段(桩号)、洒布沥青用量的逐次测定值及平均值。

第三节　沥青混合料质量总量检验

一、目的与适用范围

本方法适用于在热拌沥青混凝土路面施工过程中对各层沥青混合料的厚度、矿料级配、油石比及拌和温度进行现场监测。通过拌和厂对混合料生产质量的总量检验,计算摊铺层的平均压实层厚度。

二、仪具与材料计算要求

(1)拌和机类型:按《公路沥青路面施工技术规范》(JTG F40—2004)的规定选用。

(2)高速公路和一级公路宜采用间歇式拌和机生产沥青混合料,拌和机必须配备计算机自动采集及记录打印数据的装置,以进行沥青混合料的总量检验。

三、方法与步骤

(一)准备工作

(1)对拌和机的各种称重传感器逐个认真标定,自动采集、记录打印的结果应经过校验,如与实际数量有差异,应求出修正系数,保证各项施工参数的准确性。

(2)开始拌和前应设定每拌和一盘沥青混合料的生产量,各个热料仓、矿粉、沥青等的标准配合比用量,设定各项施工温度。

(二)沥青混合料质量总量测试步骤

(1)拌和过程中,计算机通过传感器采集每拌和一盘混合料的各项数据,由计算机自动处理或者逐盘打印这些数据,进行沥青混合料质量的在线监测。当计算机能够实时监测、自动处理、显示、保存所采集的各项数据时,也允许不逐锅打印数据,只打印汇总统计值。

(2)计算机必须逐盘采集各项数据,按各个料仓的筛分曲线,逐锅计算出矿料级配,与工程设计级配范围及容许的施工波动范围进行比较,实时评定矿料级配是否符合要求。当发现有不合格情况时,必须引起注意。如果连续3锅以上都出现不合格情况,宜对设定值进行适当调整。

(3)计算机必须逐盘采集沥青结合料的实际使用量及沥青混合料的生产量,计算油石比(或沥青用量),与设计值及容许的波动范围相比较,评定是否符合要求。如果连续3锅以上不符合要求,宜对设定值适当调整。

(4)计算机必须实时监测和采集与沥青混合料生产有关的各种施工温度,与相关施工规范的要求进行比较,评定其是否符合规定。

(三)沥青混合料总量检验的计算方法

(1)沥青混合料总量检验的报告周期可以是一个工作日或一个台班。施工停止时,计算机应自动计算并及时打印各项数据的统计结果。

(2)对沥青混合料的矿料级配,可以打印全部筛孔的结果,但评定是否符合要求可只对5个控制性筛孔(0.075 mm、2.36 mm、4.75 mm、公称最大粒径、一档较粗的控制性粒径等筛孔)分析。按式(10-2)~式(10-4)计算全过程各种指标的平均值、标准差、变异系数,进行沥青混合料生产质量的总量检验。

$$K_0 = \frac{K_1 + K_2 + \cdots + K_N}{N} \tag{10-2}$$

$$S = \sqrt{\frac{(K_1 - K_0)^2 + (K_2 - K_0)^2 + \cdots + (K_N - K_0)^2}{N - 1}} \tag{10-3}$$

$$C_v = \frac{S}{K_0} \tag{10-4}$$

式中 K_0——该报告周期的平均值；

S——一个报告周期的测定值的标准差(%)；

C_v—— 一个报告周期的测定值的变异系数(%)；

K_1、K_2…、K_N—— 该报告周期内每一盘的测定值(%)；

N——该报告周期内总的拌和盘数,其自由度为 $N-1$。

(四)计算摊铺层的平均压实厚度

利用一个评定周期的沥青混合料总生产量、施工总面积、沥青混合料密度按式(10-5)计算该摊铺层的平均压实厚度：

$$H = \frac{\sum m_i}{A \times d} \times 1\,000 \tag{10-5}$$

式中 H——该评定周期沥青路面摊铺层的平均施工压实厚度,mm;

m_i——每一盘沥青混合料的质量,t;

i——依次记录的盘次;

$\sum m_i$ —— 一个评定周期内沥青混合料的总生产量,t;

A—— 该评定周期沥青路面摊铺层的实际总面积,m^2;

d——评定周期内摊铺层的现场压实密度的平均值,由钻孔试件的干燥密度(即试验室标准密度乘以压实度)测定得到,t/m^3。

四、其他

(1)沥青混合料生产过程中的动态质量管理按《公路沥青路面施工技术规范》(JTG F40—2004)的方法进行。

(2)一个沥青层全部铺筑完成后,应绘制出各个检测指标的变化过程,并计算总的平均值、标准差、变异系数。计算各个指标的总合格率,作为施工质量检验的依据。

(3)计算机采集、计算的沥青混合料过程控制及施工质量总量检验的数据图表,均必须按要求随工程档案一起存档。

第四节 半刚性基层透层油渗透深度测试

半刚性基层透层油是指为使沥青面层与无机结合料稳定类基层结合良好,在基层上喷洒液体石油沥青、乳化沥青、煤沥青而形成的透入基层表面一定深度的薄层。透层油要渗透入基层一定深度,才能起到固结、稳定、联结、防水等作用。

一、目的与使用范围

本方法适用于测定半刚性基层透层油的渗透深度,以评价透层油的渗透效果。

二、仪具与材料技术要求

(1)路面取芯钻机。

(2)钢板尺:量程不大于 200 mm,最小刻度 1 mm。

(3)填补钻孔材料:与基层材料相同。

(4)填补钻孔用具:夯、锤等。

(5)其他:毛刷、量角器、棉布等。

三、方法与步骤

(一)准备工作

在透层油基本渗透或喷洒 48 h 后,在测试段内随机选取芯样位置,钻取芯样。芯样直径宜为 100 mm,也可为 150 mm,芯样高度不宜小于 50 mm。

(二)测试步骤

(1)用水和毛刷(或棉布等)轻轻地将芯样表面黏附的粉尘除净。

(2)将芯样晾干,使其能分辨出芯样侧立面透层油的下渗情况。

(3)用钢板尺或量角器将芯样顶面圆周随机分成约 8 等份,分别测量圆周上各等分点处透层油渗透的深度(mm),估读至 0.5 mm,分别以 d_i($i=1$、2、…、8)表示,如图 10-2 所示。

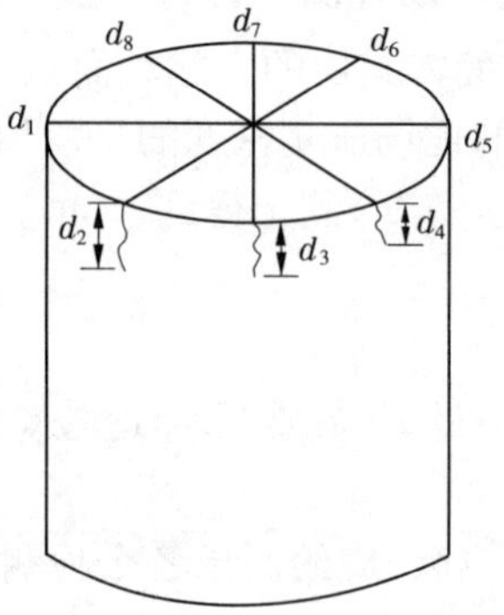

图 10-2　透层油渗透深度测试示意

(三)填补钻孔

(1)清理孔中残留物,钻孔时留下的积水应用棉布吸干。

(2)采用与基层相同的材料(包括配合比)进行填补,并用夯、锤击实。

四、计算

(一)单个芯样渗透深度计算

去掉 3 个最小值,计算其他 5 点渗透深度的算术平均值。

(二)测试路段渗透深度的计算

取所有芯样渗透深度的算术平均值。

注:检查频度为每 5 000 m^2 取一组,每组 3 个芯样。

五、报告

透层油渗透深度的报告应记录各测点的位置及各个芯样的渗透深度测试值。

本章小结

本章主要学习了热拌沥青混合料施工温度测试、沥青喷洒法施工沥青用量测试、沥青混合料质量总量检验、半刚性基层透层油渗透深度测试方法。

复习思考题

1. 如何在运料卡车上测试热拌沥青混合料施工温度？
2. 简述沥青喷洒法施工沥青用量测试方法。
3. 如何计算热拌沥青混合料摊铺层的平均压实厚度？
4. 简述半刚性基层透层油渗透深度测试步骤。

第三篇 桥梁工程试验检测

第十一章 桥涵地基检测

【教学目标】

学生通过学习PPT、教材、现场检测实践,能利用《公路桥涵地基与基础设计规范》(JTG D 63—2007)的方法进行地基土的分类,并确定地基承载力基本容许值;能利用动力触探法确定地基基本承载力,能进行浅层与深层平板荷载试验,并能对测试结果进行分析处理,正确率达90%以上。

第一节 动力触探确定地基基本承载力

原位测试确定地基承载力有静力触探、动力触探、标准贯入试验等方法。但必须有地区经验,即当地的对比资料。同时应注意,结合室内试验成果综合分析,不宜单独应用。

静力触探试验与标准贯入试验见《铁路工程地质原位测试规程》(TB 10018—2018 J261—2018)(以下简称《规程》)。由于动力触探在施工现场应用得非常广泛,下面介绍动力触探法确定地基承载力。

一、目的与适用范围

本方法适用于黏性土、砂性土和碎石类土地基承载力检测。

动力触探指利用锤击功能,将一定规格的圆锥探头打入土中,根据打入土中的阻抗大小判别土层的变化,对土层进行力学分层,并确定土层的物理力学性质,对地基土作出工程地质评价。

二、检测仪具与要求

动力触探仪分为:轻型动力触探仪、重型动力触探仪及特重型动力触探仪三类。轻型动力触探仪适用于一般黏质土及素填土;重型动力触探仪适用于中、粗、砂砾和碎石土;特重型动力触探仪适用于卵石、砾石类土。一般用于确定各类土的容许承载力,还可用于划分土的力学分层,评价土层的均匀程度和确定桩基持力层。试验依据《岩土工程勘察规范》(2009年版)(GB 50021—2001)。

试验设备由落锤、探杆、探头组成,具体规格见表11-1。

动力触探设备主要参数应符合下列要求：

轻型动力触探探头外形尺寸应符合图 11-1 的规定。材料应采用 45 号碳素钢或采用优于 45 号碳素钢的钢材。表面淬火后硬度 HRC 为 45～50。

表 11-1　动力触探设备类型和规格

类型	重锤质量（kg）	重锤落距（cm）	探头截面面积（cm^2）	探杆外径（mm）	动力触探击数	
					符号	单位
轻型	10±0.2	50±2	13	25	N_{10}	击/30 cm
重型	63.5±0.5	76±2	43	42、50	$N_{63.5}$	击/10 cm
特重型	120±1.0	100±2	43	50	N_{120}	击/10 cm

重型、特重型动力触探设备，应符合下列要求：

（1）探头：外形尺寸应符合图 11-2 的规定，材质应符合轻型动力触探设备上述要求。

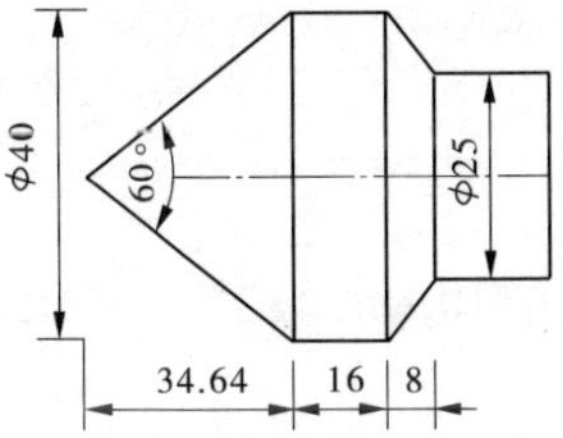

图 11-1　轻型动力触探探头外形尺寸
（单位：mm）

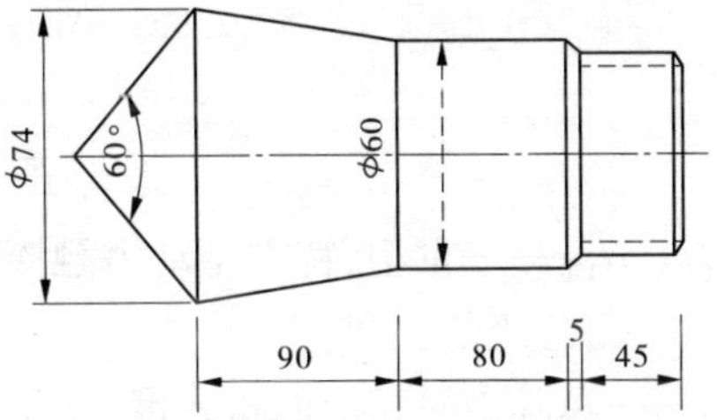

图 11-2　重型、特重型动力触探探头外形尺寸
（单位：mm）

（2）探杆：每米质量不宜大于 7.5 kg。探杆接头外径应与探杆外径相同，探杆和接头材料应采用耐疲劳、高强度的钢材。

（3）锤座直径应小于锤径的 1/2，并大于 100 mm；导杆长度应满足重锤落距的要求，锤座和导杆总质量为 20～25 kg。

重锤应采用圆柱型，高径比为 1～2，重锤中心的通孔直径应比导杆外径大 3～4 mm。

三、方法与步骤

（1）动力触探作业前必须对机具设备进行检查，确定正常后方可启动。部件磨损及变形超过下列规定者，应予更换或修复：

①探头允许磨损量：直径磨损不得大于 2 mm，锥尖高度磨损不得大于 5 mm。

②每节探杆非直线偏差不得大于 0.6%。

③所有部件连接处丝扣应完好，连接紧固。

（2）动力触探机具安装必须稳固，在作业过程中，支架不得偏移。

（3）动力触探时，应始终保持重锤沿导杆铅直下落，锤击频率应控制在 15～30 击/min。

(4)轻型动力触探作业时,应先用轻便钻具钻至所需测试土层的顶面,然后对该土层连续贯入。当贯入 30 cm 的击数超过 90 击或贯入 15 cm 的击数超过 45 击时,可停止作业。如需对下卧层进行测试,可用钻探方法穿透该层后继续触探。

(5)根据地层强度的变化,重型和特重型的动力触探可互换使用。当重型动力触探实测击数大于 50 击/10 cm 时,宜改用特重型;当重型动力触探实测击数小于 5 击/10 cm 时,不得采用特重型动力触探。

(6)在预钻孔内进行重型或特重型动力触探作业,当钻孔孔径大于 90 mm、孔深大于 3 m、实测击数大于 8 击/10 cm 时,可用小于或等于 90 mm 的孔壁管下放至孔底或用松土回填钻孔,以减小探杆径向晃动。

(7)各种类型动力触探的锤座距孔口高度不宜超过 1.5 m,探杆应保持竖直。

(8)轻型动力触探应每贯入 30 cm 记录其相应击数。

(9)重型、特重型动力触探应每贯入 10 cm 记录其相应击数。地层松软时,可采用测量每阵级(一般为 1 ~5 击)的贯入度,并按下式换算成相当于同类型动力触探贯入 10 cm 时的击数:

$$N_{63.5} = \frac{10n}{\Delta s} \qquad N_{120} = \frac{10n}{\Delta s} \tag{11-1}$$

式中 $N_{63.5}$、N_{120}——重型、特重型动力触探实测击数,击/10 cm;

n——每阵级的击数,击;

Δs——每阵击时相应的贯入度,cm。

(10)现场记录应清晰完整,除按相关规定填写外,还应在备注栏中记录下列事项:

①贯入间断原因及时间;

②落距超限量、落锤回弹情况;

③探杆及导杆偏斜及径向振动情况;

④接头紧固情况;

⑤其他异常情况。

四、资料整理与计算

动力触探记录应在现场进行初步整理,并对记录的击数和贯入尺寸进行校核和换算。轻型动力触探应以每层实测击数的算术平均值作为该层的触探击数平均值$\overline{N}_{10}$。重型动力触探实测击数 $N'_{63.5}$,应按下式进行杆长击数修正:

$$N'_{63.5} = \alpha N_{63.5} \tag{11-2}$$

式中 $N'_{63.5}$——重型动力触探修正后击数,击/10 cm;

α——杆长击数修正系数,可按表 11-2 确定。

特重型动力触探的实测击数,应按下式换算成相当于重型动力触探的实测击数后,再按式(11-3)进行修正:

$$N_{63.5} = 3N_{120} - 0.5 \tag{11-3}$$

根据修正后的动力触探击数，应绘制动力触探击数与贯入深度曲线图。

黏性土地基的基本承载力 σ_0，当贯入深度小于 4 m 时，可根据场地土层的 $\overline{N}_{10}$ 按表 11-3 确定。

表 11-2　杆长击数修正系数 α 值

杆长 L(m)	$N_{63.5}$(击/10 cm)								
	5	10	15	20	25	30	35	40	≥50
≤2	1.00	1.00	1.00	1.00	1.00	1.00	1.00	1.00	—
4	0.96	0.95	0.93	0.92	0.90	0.89	0.87	0.86	0.84
6	0.93	0.90	0.88	0.85	0.83	0.81	0.79	0.78	0.75
8	0.90	0.86	0.83	0.80	0.77	0.75	0.73	0.71	0.67
10	0.88	0.83	0.79	0.75	0.72	0.69	0.67	0.64	0.61
12	0.85	0.79	0.75	0.70	0.67	0.64	0.61	0.59	0.55
14	0.82	0.76	0.71	0.66	0.62	0.58	0.56	0.53	0.50
16	0.79	0.73	0.67	0.62	0.57	0.54	0.51	0.48	0.45
18	0.77	0.70	0.63	0.57	0.53	0.49	0.46	0.43	0.40
20	0.75	0.67	0.59	0.53	0.48	0.44	0.41	0.39	0.36

注：本表可线性内插取值。

表 11-3　黏性土 σ_0 值　（单位：kPa）

$\overline{N}_{10}$(击/30 cm)	15	20	25	30
σ_0	100	140	180	220

注：$\overline{N}_{10}$ 为轻型动力触探击数平均值，取同一层动力触探有效击数的算术平均值。

冲击、洪击成因的中砂—砾砂土地基和碎石类土地基的基本承载力 σ_0，当贯入深度小于 20 m 时，可根据场地土层的 $N_{63.5}$ 按表 11-4 确定。

表 11-4　中砂—砾砂土、碎石类土 σ_0 值　（单位：kPa）

$\overline{N}_{63.5}$(击/10 cm)	3	4	5	6	7	8	9	10	12	14
中砂—砾砂土	120	150	180	220	260	300	340	380	—	—
碎石类土	140	170	200	240	280	320	360	400	480	540
$\overline{N}_{63.5}$(击/10 cm)	16	18	20	22	24	26	28	30	35	40
碎石类土	600	660	720	780	830	870	900	930	970	1 000

注：$\overline{N}_{63.5}$ 为重型动力触探击数平均值，取同一层动力触探有效击数的算术平均值。

第二节　平板载荷试验确定地基承载力

平板载荷试验是用于确定地基承压板下应力主要影响范围内土层承载力和变形模量的原位测试方法。它要求岩土体在原有位置上,在保持土的天然结构、含水率及应力状态来测定岩土的性质。平板载荷试验包括浅层平板载荷试验和深层平板载荷试验。浅层平板载荷试验适用于浅层地基,深层平板载荷试验适用于深层地基。

一、浅层平板载荷试验

(一)试验方法原理

现场载荷试验是将一块刚性承压板(常用面积是 0.25 ~ 0.50 m^2的方板或圆板)置于欲测定的地基表面(见图 11-3)。先在承压板上分级施加载荷,测定承压板变形稳定的沉降量,绘制载荷强度 P 与沉降量 S 的关系线,然后确定地基容许承载力。

分析载荷试验由开始加荷使地基变形到破坏的全过程,并结合 P—S 曲线,如图 11-4 所示,可以把地基变形分为三个阶段。

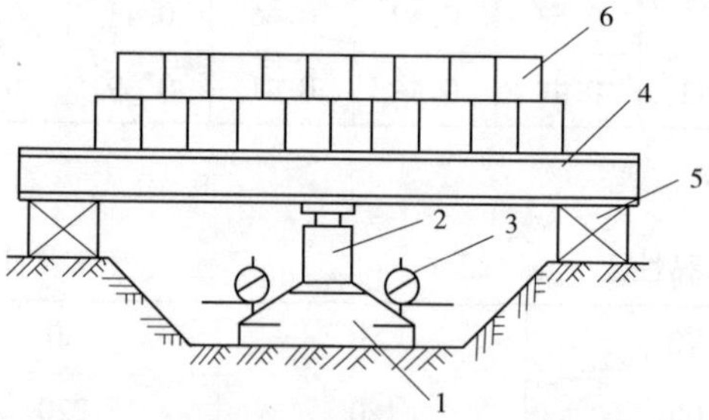

1—载荷板;2—千斤顶;3—百分表;4—反力梁;5—枕木垛;6—压重

图 11-3　现场载荷试验

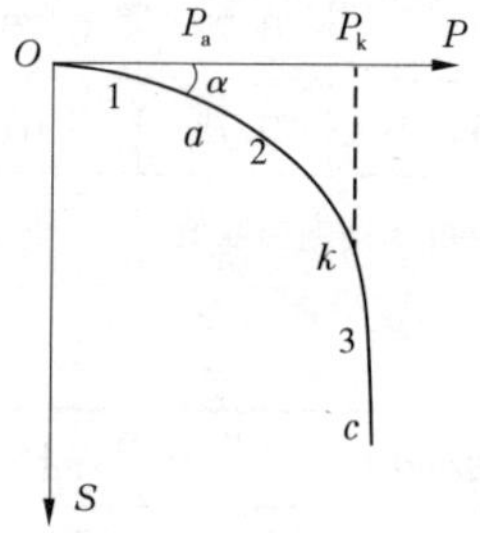

图 11-4　P—S 曲线

(1)压密阶段:该阶段 P—S 曲线接近于直线,沉降的主要原因是地基土被压缩。土中各点剪应力均小于土的抗剪强度,土体处于稳定的弹性平衡状态,见图 11-4 中 Oa 段。

(2)局部剪切阶段:a 点后 P—S 曲线不再呈直线关系(见图 11-4 中 ak 段),地基中已有局部区域(称为塑性变形区)的剪应力达到了土的抗剪强度,先在基础边缘处出现。随着载荷的持续增加,地基土中塑性区的范围也逐步扩大,直到出现连续的滑动面,这一阶段,基础沉降有较大的增加。

(3)破坏阶段:超过 k 点后,塑性变形区已扩大到形成一个连续的剪裂面,促使地基土向基础四周挤出,地面隆起,基础急剧沉陷,以致完全丧失稳定性。

载荷作用下地基变形的三阶段如图 11-5 ~ 图 11-7 所示。

由以上分析可见,a 点和 k 点是地基变形的两个特征分界点。与 a 点对应的载荷强度 P_a 称为临塑载荷(比例界限);与 k 点相对应的载荷强度 P_k 称为极限载荷。与塑性区最大深度 Z_{max} 相应的载荷强度称为临界载荷,如 $Z_{max} = b/4$(b 为基础宽度),临界载荷表示为$P_{\frac{1}{4}}$。

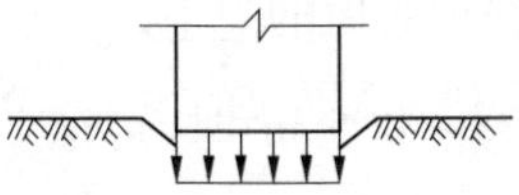

图 11-5　压密阶段

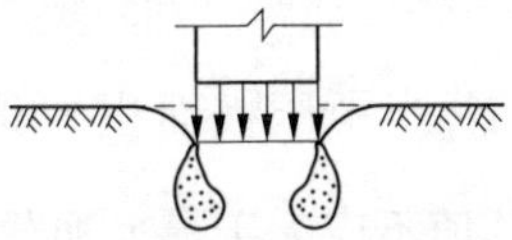

图 11-6　局部剪切阶段

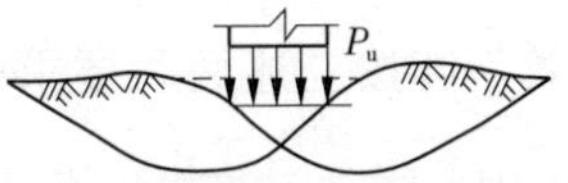

图 11-7　破坏阶段

(二)试验设备

载荷试验设备由稳压加荷装置、反力装置和沉降观测装置三部分组成。现以半自动稳压油压载荷试验设备为例,说明如下:

该设备适用于承压板面积不小于 0.25 m^2,软土地基不小于 0.5 m^2。利用高压油泵,通过稳压器及反力锚定装置,将压力稳定地传递到承压板。它由下列三部分组成:

(1)加荷及稳压系统:由承压板、加荷千斤顶、立柱、稳压器和支撑稳压器的三角架组成。加荷千斤顶、稳压器、储油箱和高压油泵分别用高压油管连接,构成一个油路系统。

(2)反力锚定系统:包括桁架和反力锚定两部分,桁架由中心柱套管、深度调节丝杆、斜撑管、主钢丝绳、三向接头等组成。

(3)观测系统:现场由百分表或其他自动观测装置进行观测。

目前,常用的载荷试验的加载方式如图 11-3 所示。根据现场情况,也可采用地锚代替荷重的方式,还可二者兼用。总的要求是加荷、卸荷既要简便,又要安全,并对试验沉降量观测不产生影响。载荷板为刚性的方形或圆形钢板。

用油压千斤顶加荷、卸荷虽然方便,但要注意设备是否变形、千斤顶是否漏油及载荷板是否下沉等,要防止千斤顶压力不稳定。注意随时调节,保持压力恒定。

(三)浅层平板载荷试验现场测试

(1)浅层平板载荷试验适用于确定浅部地基土层(深度小于 3 m)承压板下应力主要影响范围内的承载力和变形模量。

(2)试验基坑宽度不应小于承压板宽度 b 或直径 d 的 3 倍;应保持试验土层的原状结构和天然湿度。宜在拟试压表面用厚度不超过 20 mm 的粗砂或中砂层找平。

(3)加荷分级不应少于 8 级,最大加载量不应小于设计要求的 2 倍。

(4)每级加载后,按间隔 10 min、10 min、10 min、15 min、15 min,以后为每隔半小时测读一次沉降量。当在连续 2 h 内,每小时沉降量小于 0.1 mm 时,则认为已趋稳定,可加下一级载荷。

(5)当出现下列情况之一时,即可终止加载:

①承压板周围的土明显地侧向挤出;

②沉降量 S 急剧增大,载荷—沉降曲线($P—S$ 曲线)出现陡降段;

③在某一级载荷下,24 h 内沉降速率不能达到稳定;

④沉降量与承压板宽度或直径之比等于或大于 0.06。

当满足前三种情况之一时,其对应的前一级载荷定为极限载荷。

(四)试验数据处理

(1)承载力基本容许值的确定应符合下列规定:

①当 $P—S$ 曲线上有比例界限时,取该比例界限所对应的载荷值;

②当极限载荷值小于比例界限载荷值的 2 倍时,取极限载荷值的一半;

③若不能按上述两款要求确定,当承压板面积为 0.25 ~0.5 m^2时,可取$\frac{S}{b}$或$\frac{S}{d}$ = 0.01 ~0.015 所对应的载荷值,但其值不应大于最大加载量的一半。

同一土层参加统计的试验点不应少于 3 点。当试验实测值的极差不超过其平均值的 30% 时,取此平均值作为该土层的地基承载力基本容许值。

(2)计算地基土的变形模量 E_0。一般取 P—S 关系曲线的直线段,用下式计算:

$$E_0 = (1-\mu^2)\frac{\pi B}{4}\cdot\frac{\Delta P}{\Delta S} \tag{11-4}$$

式中 μ——地基土的泊松比,对于砂土和粉土,μ = 0.33,对于可塑—硬塑黏性土,μ = 0.38,对于软塑—流塑黏性土和淤泥质黏性土,μ = 0.41;

B——压板直径,m,当为方形板时,$B=\sqrt{\frac{A}{\pi}}$,A 为方形板面积,m^2;

$\frac{\Delta P}{\Delta S}$——P—S 关系曲线直线段斜率,kPa/m。

当 P—S 曲线的直线段不明显时,可用上述确定地基土承载力的方法所确定的地基承载力的基本值与相应的沉降量代入式(11-4)计算E_0,但此时应与其他原位测试资料比较,综合考虑确定E_0值。

二、深层平板载荷试验

(1)深层平板载荷试验用于确定深部地基及大直径桩桩端在承压板压力主要影响范围内土层的承载力及变形模量。该法适用于埋深等于或大于 3.0 m 和地下水位以上的地基土。承压板为直径 800 mm 的刚性板,如采用厚约 300 mm 的现浇混凝土板,紧靠承压板周围外侧的土层高度不应小于 0.8 m。

加载反力装置有压重平台反力装置、地锚反力装置、锚桩横梁反力装置、地锚压重联合反力装置等。

(2)加荷分级可按预估极限承载力的$\frac{1}{10}$ ~ $\frac{1}{15}$分级施加。每级加载后,第一个小时内按间隔 10 min、10 min、10 min、15 min、15 min,以后为每隔半小时测读一次沉降量。当在连续 2 h 内每小时沉降量小于 0.1 mm 时,则认为已趋稳定,可加下一级载荷。

(3)当出现下列情况之一时,即可终止加载:

①沉降量 S 急剧增大,载荷—沉降(P—S)曲线上有可判定极限承载力的陡降坡,且沉降量超过 0.04d(d 为承压板直径);

②在某一级载荷下,24 h 内沉降速率不能达到稳定;

③本级沉降量大于前一级沉降量的 5 倍;

④当持力层土层坚硬、沉降量很小时,最大加载量不小于设计要求的 2 倍。

(4)承载力基本容许值的确定应符合下列规定:

①当 P—S 曲线上有比例界限时,取该比例界限所对应的载荷值。

②当满足终止加载条件之一时,其对应的前一级载荷定为极限载荷;当该值小于对应

比例界限的载荷值的 2 倍时,取极限载荷值的一半。

③若不能按上述两条要求确定,当承压板面积为 0.25 ~ 0.5 m^2 时,可取 $\frac{S}{d}=0.01\sim0.015$ 所对应的载荷值,但其值不应大于最大加载量的一半。

同一土层参加统计的试验点不应少于 3 点。当试验实测值的极差不超过其平均值的 30% 时,取此平均值作为该土层的地基承载力的基本容许值。

(5)计算变形模量 E_0。深层平板载荷试验的变形模量 E_0 按下式计算:

$$E_0 = w\frac{Pd}{S} \tag{11-5}$$

式中　w——试验深度和土类有关的系数;

P——P—S 曲线上线性段的压力,kPa;

d——承压板的直径,m;

S——与 P 对应的沉降,mm。

三、平板载荷试验的局限性

(1)平板载荷试验受荷面积小,加荷影响深度不超过 2 倍的承压板边长或直径,且加荷时间较短,因此不能通过载荷板试验提供建筑物的长期沉降资料。

(2)在沿海软黏土部分地区,地表往往有层"硬壳层",当为小尺寸承压板时,其下软弱土层还未受影响,而实际建筑物基础大,下部软弱土层对建筑物沉降起主要影响。因此,载荷试验有一定的局限性。

(3)当地基压缩层范围内土层单一、均匀时,可直接在基础埋置高程处进行载荷试验。如地基压缩层范围内是成层变化的或不均匀,则要进行不同尺寸承压板或不同深度的载荷试验。此时,可以采用其他原位测试和室内土工试验来确定载荷板试验影响不到的土层的工程力学性质。

(4)如果地基土层起伏变化很大,还应在不同地点做载荷试验。

岩基载荷试验要点见《公路桥涵地基与基础设计规范》(JTG D63—2007)附录 F。

第三节　规范法确定地基承载力

用《公路桥涵地基与基础设计规范》(JTG D63—2007)确定地基承载力的步骤如下所述。

一、地基岩土分类

根据土的天然结构、天然含水率、颗粒级配及塑性指数,将公路桥涵地基的岩土分为以下几类。

(一)岩石

岩石为颗粒间连接牢固,成整体性或具有节理裂隙的地质体,岩石可按地质和工程分为两类。地质分类主要根据其地质成因、矿物成分、结构构造及风化程度表述,如强风化花岗岩、微风化砂岩等，这对工程的勘察设计是十分必要的；工程分类主要根据岩体的工程性状，在地质分类的基础上，概括其工程性质，便于进行工程评价。因此，当评价公路桥涵地基时，除应确定岩石的地质名称外，尚应按其坚硬程度、完整程度、节理发育程度、软化程度和特殊性岩石进行细分。

（1）岩石的坚硬程度应根据岩块的饱和单轴抗压强度标准值f_{rk}分为坚硬岩、较硬岩、较软岩、软岩、极软岩5个级别。岩石坚硬程度分级见表11-5。当缺乏有关试验数据或不能进行该项试验时，可按表11-6定性分级。

表11-5　岩石坚硬程度分级

坚硬程度类别	坚硬岩	较硬岩	较软岩	软岩	极软岩
饱和单轴抗压强度标准值f_{rk}（MPa）	$f_{rk}>60$	$60\geqslant f_{rk}>30$	$30\geqslant f_{rk}>15$	$15\geqslant f_{rk}>5$	$f_{rk}\leqslant 5$

表11-6　岩石坚硬程度的定性分级

<table>
<tr><th colspan="2">坚硬程度</th><th>定性鉴定</th><th>岩石</th></tr>
<tr><td rowspan="2">硬质岩</td><td>坚硬岩</td><td>锤击声清脆，有回弹，振手，难击碎，基本无吸水反应</td><td>未风化至微风化的花岗岩、闪长岩、辉绿岩、玄武岩、安山岩、片麻岩、石英岩、石英砂岩、硅质砾岩、硅质石灰岩等</td></tr>
<tr><td>较硬岩</td><td>锤击声较清脆，有轻微回弹，稍振手，较难击碎，有轻微吸水反应</td><td>微风化的坚硬岩；
未风化至微风化的大理岩、板岩、石灰岩、白云岩、钙质砂岩等</td></tr>
<tr><td rowspan="2">软质岩</td><td>较软岩</td><td>锤击声不清脆，无回弹，较易击碎，浸水后指甲可刻出印痕</td><td>中风化至强风化的坚硬岩或较硬岩；
未风化至微风化的凝灰岩、千枚岩、泥灰岩、砂质泥岩等</td></tr>
<tr><td>软岩</td><td>锤击声哑，无回弹，有凹痕，易击碎，浸水后手可掰开</td><td>强风化的坚硬岩或较硬岩；
中风化至强风化的较软岩；
未风化至微风化的页岩、泥岩、泥质砂岩等</td></tr>
<tr><td colspan="2">极软岩</td><td>锤击声哑，无回弹，有较深凹痕，手可捏碎，浸水后可捏成团</td><td>全风化的各种岩石；
各种半成岩</td></tr>
</table>

（2）岩体完整程度根据完整性指数，按表11-7分为完整、较完整、较破碎、破碎和极破碎5个等级。

（3）岩体节理发育程度根据节理间距，按表11-7分为节理很发育、节理发育、节理不发育3类。

表11-7　岩体节理发育程度的分类

程度	节理不发育	节理发育	节理很发育
节理间距（mm）	>400	200～400	20～200

此外,岩石尚可按软化系数、特殊成分、结构、性质等分为软化岩石、易溶性岩石、膨胀性岩石、崩解性岩石、盐渍化岩石等。

(二)碎石土

碎石土为粒径大于 2 mm 的、颗粒含量超过总质量的 50% 的土,按照颗粒形状和粒组含量分为漂石、块石、卵石、碎石、圆砾和角砾 6 类,见表 11-8。

表 11-8　碎石土的分类

土的名称	颗粒形状	粒组含量
漂石	圆形及亚圆形为主	粒径大于 200 mm 的颗粒含量超过总质量的 50%
块石	棱角形为主	
卵石	圆形及亚圆形为主	粒径大于 20 mm 的颗粒含量超过总质量的 50%
碎石	棱角形为主	
圆砾	圆形及亚圆形为主	粒径大于 2 mm 的颗粒含量超过总质量的 50%
角砾	棱角形为主	

注:碎石土分类时,应根据粒组含量从大到小,以最先符合者确定。

(三)砂土

砂土为粒径大于 2 mm 的、颗粒含量不超过总质量 50%、粒径大于 0.075 mm 的颗粒含量超过总质量 50% 的土。砂土按照粒组含量分为砾砂、粗砂、中砂、细砂和粉砂 5 类,见表 11-9。

表 11-9　砂土分类

土的名称	粒组含量
砾砂	粒径大于 2 mm 的颗粒含量占总质量的 25% ~50%
粗砂	粒径大于 0.5 mm 的颗粒含量超过总质量的 50%
中砂	粒径大于 0.25 mm 的颗粒含量超过总质量的 50%
细砂	粒径大于 0.075 mm 的颗粒含量超过总质量的 85%
粉砂	粒径大于 0.075 mm 的颗粒含量超过总质量的 50%

(四)粉土

粉土为塑性指数 $I_P \leqslant 10$ 且粒径大于 0.075 mm 的颗粒含量不超过总质量 50% 的土。

(五)黏性土

黏性土为塑性指数 $I_P > 10$ 且粒径大于 0.075 mm 的颗粒含量不超过总质量 50% 的土。其中,塑性指数 $I_P > 17$ 的为黏土,$10 < I_P \leqslant 17$ 的为粉质黏土。

黏性土根据沉积年代分为老黏性土、一般黏性土和新近沉积黏性土。

(六)特殊性岩土

特殊性岩土是具有一些特殊成分、结构和性质的区域性地基土,包括软土、膨胀土、湿陷性土、红黏土、冻土、盐渍土和填土等。

二、查表确定地基承载力基本容许值[f_{a0}]

地基土的承载力容许值用地基承载力基本容许值[f_{a0}]表示,可按土的类别和它的物理状态指标,从规范相应的表中查得。例如,对于一般的黏性土,主要指标是液性指数 I_L 和天然孔隙比 e;对于砂土,主要是密实度和水位情况;对于碎石,主要是按野外现场观察鉴定方法所确定的土的密实度;其他土所需要的指标,见相关规范。实测所需土样一定要在现场取天然状态的、有代表性的土样(一般每个基础的地基不少于 4 个土样)。细粒土的液限 W_L、液性指数 I_L、塑性指数 I_P 系指用 76 g 平衡锥测定的数值。

(一)岩石

一般岩石地基可根据坚硬程度、节理发育程度按表 11-10 确定承载力基本容许值[f_{a0}]。对于复杂的岩层(如溶洞、断层、软弱夹层、易溶岩石、软化岩石等),应按各项因素综合确定。

表 11-10　岩石地基承载力基本容许值[f_{a0}]　(单位:kPa)

坚硬程度	节理发育程度		
	节理不发育	节理发育	节理很发育
坚硬岩、较硬岩	>3 000	3 000 ~ 2 000	2 000 ~ 1 500
较软岩	3 000 ~ 1 500	1 500 ~ 1 000	1 000 ~ 800
软岩	1 200 ~ 1 000	1 000 ~ 800	800 ~ 500
极软岩	500 ~ 400	400 ~ 300	300 ~ 200

岩石地基的承载力不仅与坚硬程度有关,还与岩石的节理发育程度有关。因此,作为桥涵地基,必须确定其坚硬程度和节理发育程度。此外,还应确定其完整程度、软化程度和特殊性岩石。按照岩石的完整程度分为完整、较完整、较破碎、破碎和极破碎 5 个等级(见表 11-11);按软化系数分为软化岩石(软化系数小于或等于 0.75)和不软化岩石(软化系数大于 0.75);按风化程度分级见表 11-12。

岩石单轴抗压强度试验要点:

(1)试验可用钻孔的岩芯或坑、槽探坑中采取的岩块。岩样尺寸一般为 50 mm × 100 mm,数量不应少于 6 个。

(2)在压力机上以 500 ~ 800 kPa/s 的加载速度加载,直到试样破坏,记录下最大加载值,做好试验前后的试样描述。

计算试验值的平均值、标准差、变异系数,取岩石单轴抗压强度的标准值为试验值的平均值与统计修正系数 ψ 的乘积:

$$\psi = 1 - \left(\frac{1.704}{\sqrt{n}} + \frac{4.678}{n^2}\right)\delta \tag{11-6}$$

式中　ψ——统计修正系数;

n——试样个数;

δ——变异系数。

表 11-11　岩石完整程度定性分级

完整程度	结构面发育程度		主要结构面的结合程度	主要结构面的类型	相应结构类型
	结构面组数	平均间距(m)			
完整	1～2	>1.0	结合好或结合一般	裂隙、层面	整体状或巨厚层状结构
较完整	1～2	>1.0	结合好或结合一般	裂隙、层面	块状或厚层状结构
	2～3	1.0～0.4	结合差	—	块状结构
较破碎	2～3	1.0～0.4	结合差	裂隙、层面、小断层	裂隙块状或中厚层状结构
	≥3	0.4～0.2	结合好		镶嵌碎裂结构
			结合一般		中、薄层状结构
破碎	≥3	0.4～0.2	结合差	各种类型结构面	裂隙块状结构
		≤0.2	结合一般或结合差		碎裂状结构
极破碎	无序	—	结合很差	—	散体状结构

表 11-12　岩石风化程度分级

风化程度	野外特征	风化程度系数指标	
		波速比 k_v	风化系数 k_f
未风化	岩质新鲜,偶见风化痕迹	0.9～1.0	0.9～1.0
微风化	结构部分破坏,仅节理面有渲染或略有变色,有少量风化裂隙	0.8～0.9	0.8～0.9
中风化	结构部分破坏,沿节理面有次生矿物,风化裂隙发育,岩体被切割成岩块,用镐难挖,岩芯钻方可钻进	0.6～0.8	0.4～0.8
强风化	结构大部分损坏,矿物成分显著变化,风化裂痕很发育,岩体破碎,用镐可挖,干钻不易钻进	0.4～0.6	<0.4
全风化	结构基本破坏,但尚可辨认,有残余结构强度,可用镐挖,干钻可钻进	0.2～0.4	—
残积土	组织结构全部破坏,已风化成土状,锹镐易挖掘,干钻易钻进,具有可塑性	<0.2	—

注:①波速比 k_v:风化岩石与新鲜岩石压缩波速度之比。
②风化系数 k_f:风化岩石与新鲜岩石单轴抗压强度之比。
③岩石风化程度:除按表列野外特征和定量指标划分外,也可根据当地经验划分。
④花岗岩类岩石,可采用标准贯入试验划分为强风化、全风化、残积土。
⑤泥岩和半成岩,可不进行风化程度划分。

(二)碎石土

碎石土地基承载力基本容许值[f_{a0}]可按表 11-13 选用。碎石土的分类见表 11-13。

碎石土的密实度,可根据重型动力触探锤击数 $N_{63.5}$ 按表 11-14 分为松散、稍密、中密、密实4级。当缺乏有关试验数据时,碎石土平均粒径大于50 mm或最大粒径大于100 mm时,按表11-15鉴别其密实度。

表11-13　碎石土地基承载力基本容许值[f_{a0}]　（单位:kPa）

土名	密实度			
	密实	中密	稍密	松散
卵石	1 200~1 000	1 000~650	650~500	500~300
碎石	1 000~800	800~550	550~400	400~200
圆砾	800~600	600~400	400~300	300~200
角砾	700~500	500~400	400~300	300~200

注:①由硬质岩组成,填充砂土者取其高值;由软质岩组成,填充黏性土者取其低值。

②半胶结的碎石土,可按密实的、同类土的[f_{a0}]值提高10%~30%。

③松散的碎石土在天然河床中很少遇见,需要特别注意鉴定。

④漂石、块石的[f_{a0}]值,可参照卵石、碎石适当提高。

表11-14　碎石土的密实度

锤击数$N_{63.5}$	密实度	锤击数$N_{63.5}$	密实度
$N_{63.5} \leqslant 5$	松散	$10 < N_{63.5} \leqslant 20$	中密
$5 < N_{63.5} \leqslant 10$	稍密	$N_{63.5} > 20$	密实

表11-15　碎石土密实度野外鉴别

密实度	骨架颗粒含量和排列	可挖性	可钻性
松散	骨架颗粒质量小于总质量的60%,排列混乱,大部分不接触	锹可以挖掘,井壁易坍塌,从井壁取出大颗粒后,立即塌落	钻进较易,钻杆稍有跳动,孔壁易坍塌
中密	骨架颗粒质量等于总质量的60%~70%,呈交错排列,大部分接触	锹镐可挖掘,井壁有掉块现象,从井壁取出大颗粒处,能保持凹面形状	钻进较困难,钻杆、吊锤跳动不剧烈,孔壁有坍塌现象
密实	骨架颗粒质量大于总质量的70%,呈交错排列,连续接触	锹镐挖掘困难,用撬棍方能松动,井壁较稳定	钻进困难,钻杆、吊锤跳动剧烈,孔壁较稳定

当用重型圆锥动力触探、超重型圆锥动力触探试验确定碎石土的密实度时,锤击数应视杆长L按下列规定进行修正:

$$N_{63.5} = \alpha \cdot N_{s,63.5} \tag{11-7}$$

式中　$N_{63.5}$——修正后的重型圆锥动力触探锤击数;

α——修正系数,见表11-2;

$N_{s,63.5}$——实测重型圆锥动力触探锤击数。

当采用超重型圆锥动力触探确定碎石土密度或其他指标时,实测锤击数按下式修正:

$$N_{120} = \alpha \cdot N_{s,120} \tag{11-8}$$

式中　N_{120}——修正后的超重型圆锥动力触探锤击数；

α——修正系数，见表 11-2；

$N_{s,63.5}$——实测超重型圆锥动力触探锤击数。

（三）砂土

砂土地基承载力基本容许值[f_{a0}]可按表 11-16 选用。

砂土的密实度可根据标准贯入锤击数按表 11-17 分为松散、稍密、中密、密实 4 个等级。

表 11-16　砂土地基承载力基本容许值[f_{a0}]　（单位：kPa）

土名、水位情况		密实度			
		密实	中密	稍密	松散
砾砂、粗砂	与湿度无关	550	430	370	200
中砂	与湿度无关	450	370	330	150
细砂	水上	350	270	230	100
	水下	300	210	190	—
粉砂	水上	300	210	190	—
	水下	200	110	90	—

注：①砂土的密实度按标准贯入锤击数 N 确定。

②在地下水位以上的称为"水上"，在地下水位以下的称为"水下"。

表 11-17　砂土的密实度

标准贯入锤击数 N	密实度	标准贯入锤击数 N	密实度
$N \leqslant 10$	松散	$15 < N \leqslant 30$	中密
$10 < N \leqslant 15$	稍密	$N > 30$	密实

（四）粉土

粉土地基承载力基本容许值[f_{a0}]可根据土的天然孔隙比 e 和天然含水率 w(%)按表 11-18 选用。

表 11-18　粉土地基承载力基本容许值[f_{a0}]　（单位：kPa）

e	w(%)					
	10	15	20	25	30	35
0.5	400	380	355	—	—	—
0.6	300	290	280	270	—	—
0.7	250	235	225	215	205	—
0.8	200	190	180	170	165	—
0.9	160	150	145	140	130	125

(五)黏性土

(1)一般黏性土的地基承载力基本容许值[f_{a0}]按液性指数 I_L 和天然孔隙比 e 查表 11-19 得到。

表 11-19 一般黏性土的地基承载力基本容许值[f_{a0}] (单位:kPa)

e	I_L												
	0	0.1	0.2	0.3	0.4	0.5	0.6	0.7	0.8	0.9	1.0	1.1	1.2
0.5	450	440	430	420	400	380	350	310	270	240	220	—	—
0.6	420	410	400	380	360	340	310	280	250	220	200	180	—
0.7	400	370	350	330	310	290	270	240	220	190	170	160	150
0.8	380	330	300	280	260	240	230	210	180	160	150	140	130
0.9	320	280	260	240	220	210	190	180	160	140	130	120	100
1.0	250	230	220	210	190	170	160	150	140	120	110	—	—
1.1	—	—	160	150	140	130	120	110	100	90	—	—	—

注:①土中含有粒径大于 2 mm 的颗粒质量超过总质量 30% 以上者,[f_{a0}]可适当提高。

②当 $e<0.5$ 时,取 $e=0.5$;当 $I_L<0$ 时,取 $I_L=0$。此外,超过列表范围的一般黏性土,$[f_{a0}]=57.22E_s^{0.57}$,E_s 为压缩模量。

(2)新近沉积黏性土地基可根据液性指数 I_L 和天然孔隙比 e,确定地基承载力基本容许值[f_{a0}],见表 11-20。

表 11-20 新近沉积黏性土地基承载力基本容许值[f_{a0}] (单位:kPa)

e	I_L		
	≤0.25	0.75	1.25
≤0.8	140	120	100
0.9	130	110	90
1.0	120	100	80
1.1	110	90	—

(3)老黏性土地基可根据压缩模量 E_s,确定地基承载力基本容许值[f_{a0}],见表 11-21。

表 11-21 老黏性土地基承载力基本容许值[f_{a0}]

E_s(MPa)	10	15	20	25	30	35	40
[f_{a0}](kPa)	380	430	470	510	550	580	620

三、计算修正后的地基承载力容许值[f_a]

地基承载力容许值[f_a]不仅与地基土的性质和状态有关,而且与基础尺寸和埋置深度有关(有时还与地面水的深度有关)。因此,当基底宽度 $b>2$ m、埋置深度 $h>3$ m 且 $h/b\leqslant 4$时,地基的承载力容许值应进行修正,修正后的地基承载力容许值$[f_a]$可按式(11-9)计算;当基础位于水中不透水地层上时,$[f_a]$按平均常水位至一般冲刷线的水深每米再增大 10 kPa。

$$[f_a]=[f_{a0}]+k_1\gamma_1(b-2)+k_2\gamma_2(h-3) \tag{11-9}$$

式中　$[f_a]$——修正后的地基承载力容许值,kPa;

k_1、k_2——基础宽度、深度修正系数,根据基底持力层土的类别按表 11-22 确定;

γ_1——基底持力层土的天然重度,kN/m^3,持力层在水以下且为透水土层者,应取浮重度;

γ_2——基底以上土层的加权平均重度,kN/m^3,换算时若持力层在水面以下,且不透水,不论基底以上土的透水性质如何,一律取饱和重度;当透水时水中部分土层则应取浮重度;

b——基础底边的最小边宽,m,当 $b<2$ m 时,取 $b=2$ m,当 $b>10$ m 时,取 $b=10$ m;

h——基底埋置深度,m,自天然地面算起,有水流冲刷时,自一般冲刷线算起,当 $h<3$ m 时,取 $h=3$ m,当 $h/b>4$ 时,取 $h=4b$。

关于宽度和深度的修止问题,应该注意:从地基强度考虑,基础越宽,承载力越大;但从沉降方面考虑,在载荷强度相同的条件下,基础越宽,沉降越大,这在黏性土地基中尤其明显,故在表 11-22 中,它的 $k_1=0$,即不做宽度修正。对其他土的宽度修正,也做了一定的限制,如规定 $b>10$ m,按 $b=10$ m 计。对深度的修正,由于公式是按浅基础概念导出的,为了安全,相对埋深限制 $h/b\leqslant 4$。

表 11-22　地基土承载力宽度、深度修正系数 k_1、k_2 值

<table>
<tr><td rowspan="4">系数</td><td colspan="16">土类</td></tr>
<tr><td colspan="4">黏性土</td><td>粉土</td><td colspan="8">砂土</td><td colspan="4">碎石土</td></tr>
<tr><td rowspan="2">老黏性土</td><td colspan="2">一般黏性土</td><td rowspan="2">新近沉积黏性土</td><td>—</td><td colspan="2">粉砂</td><td colspan="2">细砂</td><td colspan="2">中砂</td><td colspan="2">砾砂、粗砂</td><td colspan="2">碎石、圆砾、角砾</td><td colspan="2">卵石</td></tr>
<tr><td>$I_L\geqslant 0.5$</td><td>$I_L<0.5$</td><td>—</td><td>中密</td><td>密实</td><td>中密</td><td>密实</td><td>中密</td><td>密实</td><td>中密</td><td>密实</td><td>中密</td><td>密实</td><td>中密</td><td>密实</td></tr>
<tr><td>k_1</td><td>0</td><td>0</td><td>0</td><td>0</td><td>0</td><td>1.0</td><td>1.2</td><td>1.5</td><td>2.0</td><td>2.0</td><td>3.0</td><td>3.0</td><td>4.0</td><td>3.0</td><td>4.0</td><td>3.0</td><td>4.0</td></tr>
<tr><td>k_2</td><td>2.5</td><td>1.5</td><td>2.5</td><td>1.0</td><td>1.5</td><td>2.0</td><td>2.5</td><td>3.0</td><td>4.0</td><td>4.0</td><td>5.5</td><td>5.0</td><td>6.0</td><td>5.0</td><td>6.0</td><td>6.0</td><td>10</td></tr>
</table>

注:①对于稍密和松散状态的砂、碎石土,k_1、k_2值可采用表列中密值的 50%。

②对于强风化和全风化的岩石,可参照所风化成的相应土类取值;其他状态下的岩石不修正。

四、软土地基承载力基本容许值$[f_{a0}]$的确定

若软土为滨湖、湖沼、谷地、河滩等处天然含水率高、天然孔隙比大、抗剪强度低的细粒土,其鉴别指标见表 11-23。

表 11-23 软土地基鉴别指标

指标名称	天然含水率 w(%)	天然孔隙比 e	直剪内摩擦角 φ(°)	十字板剪切强度 C_u(kPa)	压缩系数 α_{1-2} (MPa^{-1})
指标值	≥35 或液限	≥1.0	宜小于 5	<35	宜大于 0.5

软土地基承载力基本容许值$[f_{a0}]$应由载荷试验或其他原位测试取得。当载荷试验和原位测试确有困难时,对于中小桥、涵洞基底未经处理的软土地基,承载力基本容许值$[f_a]$可采用下列两种方法确定。

(1)根据原状土的天然含水率按表 11-24 确定软土地基承载力基本容许值$[f_{a0}]$,然后按式(11-10)计算修正后的地基承载力容许值$[f_a]$。

表 11-24 软土地基承载力基本容许值$[f_{a0}]$

天然含水率 w(%)	36	40	45	50	55	65	75
$[f_{a0}]$(kPa)	100	90	80	70	60	50	40

$$[f_a] = [f_{a0}] + \gamma_2 h \tag{11-10}$$

式中 符号意义同前。

(2)根据原状土强度指标确定软土地基承载力容许值$[f_a]$:

$$[f_a] = \frac{5.14}{m} k_p C_u + \gamma_2 h \tag{11-11}$$

$$k_p = \left(1 + 0.2\frac{b}{l}\right)\left(1 - \frac{0.4H}{blC_u}\right) \tag{11-12}$$

式中 m——抗力修正系数,可视软土灵敏度及基础长宽比等因素,选用 1.5~2.5;

C_u——地基土不排水抗剪强度标准值,kPa;

k_p——系数;

H——由作用(标准值)引起的水平力,kN;

b——基础宽度,m,有偏心作用时,取 $b-2e_b$,e_b 为偏心作用在宽度方向的偏心距,m;

l——垂直于 b 边的基础长度,m,有偏心作用时,取 $l-2e_l$,e_l 为偏心作用在长度方向的偏心距,m;

e_b、e_l——偏心作用在宽度和长度方向的偏心距,m;

其余符号意义同前。

经排水固结方法处理的软土地基,其承载力基本容许值应通过载荷试验或其他原位测试方法确定;经复合地基方法处理的软土地基,其承载力基本容许值应通过载荷试验确定,然后按式(11-10)计算修正后的软土地基承载力容许值$[f_a]$。

当软土或软弱地基按《公路桥涵地基与基础设计规范》(JTG D63—2007)规定铺筑了一定宽度与厚度的砂砾垫层后,各种垫层的承载力容许值$[f_{cu}]$宜通过现场确定,当无试验资料时,可参考表 11-25 数据。

表 11-25　各种垫层承载力容许值$[f_{cu}]$

施工方法	垫层材料	压实系数	承载力容许值(kPa)
碾压、振密或夯实	碎石、卵石	0.94～0.97	200～300
	砂夹石(其中碎石、卵石占总质量的30%～50%)		200～250
	土夹石(其中碎石、卵石占总质量的30%～50%)		150～200
	中砂、粗砂、砾砂		150～200

注:①压实系数为土的控制干密度与最大干密度的比值,土的最大干密度宜采用击实试验确定;碎石最大干密度可取2.0～2.2 t/m³。

②当采用轻型击实试验时,压实系数宜取高值;当采用重型击实试验时,压实系数可取低值。

五、地基承载力容许值的提高

地基承载力容许值$[f_a]$应根据地基受荷阶段及受荷情况,乘以下列规定的抗力系数γ_R。

(一)使用阶段

(1)当地基承受作用短期效应组合或作用效应偶然组合时,可取$\gamma_R=1.25$;但对承载力容许值$[f_a]<150$ kPa的地基,应取$\gamma_R=1.0$。

(2)当地基承受的作用短期效应组合仅包括结构自重、预加力、土重、土侧压力、汽车和人群效应时,应取$\gamma_R=1.0$。

(3)当基础建于经多年压实未遭破坏的旧桥基(岩石旧桥基除外)上时,不论地基承受的作用情况如何,抗力系数均可取$\gamma_R=1.5$;对于$[f_a]<150$ kPa的地基,可取$\gamma_R=1.25$。

(4)当基础建于岩石旧桥基上时,应取$\gamma_R=1.0$。

(二)施工阶段

(1)当地基在施工载荷作用下时,可取$\gamma_R=1.25$;

(2)当墩台施工期间承受单向推力时,可取$\gamma_R=1.5$。

【例11-1】　某桥墩基础为扩大基础,已知基础底面宽度$b=5$ m,长度$l=10$ m,埋置深度$h=4$ m,基坑即将开挖到设计高程后目测土质均匀,因此施工单位在基坑长度方向有代表性的部位预留了3块(平面尺寸0.5 m左右,预留高度为0.2 m)准备测试地基承载力的部位。要求试验人员到现场确定地基承载力。

解:因为条件所限,不能做载荷试验,试验人员按《公路桥涵地基与基础设计规范》(JTG D63—2007)确定地基承载力基本容许值。

(1)先确定土名。

目测土的颗粒比较细,不是碎石土,在预留测试承载力处取扰动土样后烘干做筛分试验,试验结果显示也不是砂土。取土样用76 g平衡锥测试塑性指数$I_P=8.6$,因此确定该地基土为粉土。

(2)确定地基承载力基本容许值。

确定粉土地基承载力基本容许值需要的物理指标有天然含水率 w、天然孔隙比 e。将其中一个测试承载力部位预留的土小心挖走，挖到设计高程。注意，不要扰动天然地基。取天然土样做土粒密度、密度与含水率试验，试验结果为土粒密度 $G=2.61\ \text{g/cm}^3$，含水率 $w=13.5\%$，密度 $\rho=1.98\ \text{g/cm}^3$。

按 $e=0.496$，含水率 $w=13.5\%$ 查表 11-18 并内插，得到承载力基本容许值为 386 kPa。

(3)确定地基承载力容许值。

《公路桥涵地基与基础设计规范》(JTG D63—2007)规定，地基容许承载力的验算应以修正后的地基承载力容许值 $[f_a]$ 控制。

地基土为粉土，因地下水较深，不受地下水的影响，由表 11-22 查得 $k_1=0$、$k_2=1.5$。根据地质图及基底以上土层与地基土相同，因此 $\gamma_2=19.8\ \text{kN/m}^3$，将以上数据代入式(11-9)得：

$$\begin{aligned}[f_a] &= [f_{a0}] + k_1\gamma_1(b-2) + k_2\gamma_2(h-3)\\ &= 386 + 0 + 1.5\times 19.8\times(4-3)\\ &= 386 + 29.7\\ &= 415.7(\text{kPa})\end{aligned}$$

另外 2 块部位的测试方法相同，此处不再赘述。

本章小结

本章主要学习了动力触探确定地基承载力、浅层与深层平板载荷试验确定地基容许承载力、用规范法(《公路桥涵地基与基础设计规范》(JTG D63—2007))进行地基土的分类，并确定地基承载力基本容许值。

复习思考题

1. 如何用动力触探法确定地基承载力？
2. 如何用浅层与深层平板载荷试验绘制的 P—S 关系曲线确定地基承载力容许值？
3. 请描述如何按岩石坚硬程度进行分级？
4. 请描述如何对岩石风化程度进行分级？

第十二章　混凝土灌注桩检测

【教学目标】

(1)学生通过学习视频、PPT、现场检测实践,能进行泥浆性能指标及成孔质量检测,能运用低应变法检测桩身完整性,并能对测试结果进行分析处理,正确率达90%以上。

(2)学生通过学习视频、PPT、现场观摩,能描述桩基承载力检测的方法、原理,并能对测试结果进行分析处理,正确率达80%以上。

人类利用桩基础来建造房屋可以追溯到新石器时代,但是开展对桩基工程的研究不过百年。随着科学技术的飞速发展,桩基础除了应用于一般工业和建筑,还广泛应用于港口、码头、桥梁等工程;桩基不但能承受竖向抗压荷载,还能用于抵抗波浪力、地震力、土压力等水平荷载及竖向抗拔荷载等。

灌注桩是建筑物常用的桩基形式之一,它能将上部结构的荷载传递到深层稳定的土层或者岩层上,减少结构物的不均匀沉降。灌注桩是指直接在设计的桩位上开孔,成孔后在孔内加放钢筋笼,灌注混凝土而成的。其由于具有施工时无振动、无挤土、噪声小,宜于在城市建筑物密集地区使用等优点,灌注桩在施工中得到较为广泛的应用。根据成孔工艺的不同,灌注桩可以分为干作业成孔灌注桩、泥浆护壁成孔灌注桩和人工挖孔灌注桩等。

灌注桩在施工过程中,从成孔、泥浆护壁、灌注桩浇筑到桩身完整性、桩基承载力以及桩的使用性检测和桩基础监测等方面,都需要进行严格把控,才能保证桩的正常使用。本章重点从灌注桩成孔、泥浆护壁、桩身完整性以及桩基承载力检测来概述混凝土灌注桩检测的相关知识。

第一节　泥浆性能指标及成孔质量检测

一、泥浆性能指标

泥浆在成孔过程中的作用是护壁、携渣、冷却和润滑,其中以护壁作用最为重要。泥浆具有一定的密度,如孔内泥浆液面高出地下水位一定高度(见图12-1),在孔内就会产生一定的静水压力,相当于一种液体支撑,可以稳固土壁、防止塌孔。此外,泥浆还能将钻孔内不同土层中的空隙渗填密实,形成一层致密的、透水性很低的泥皮,避免孔内壁漏水,并保持孔内有一定的水压,有助于维护孔壁的稳定。泥浆还具有较高的黏性,通过循环泥浆,可将切削破碎的土石渣屑悬浮起来,随同泥浆排出孔外,起到携渣、排土的作用。同时,由于泥浆循环作冲洗液,因而对钻头有冷却和润滑作用,可减轻钻头的磨损。

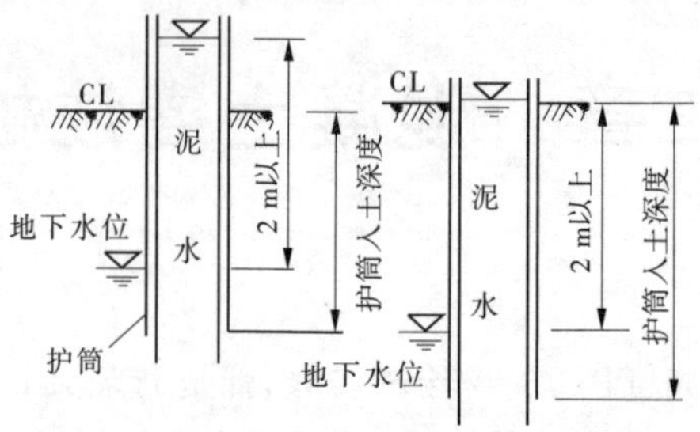

图 12-1 地下水位与孔内泥浆水位关系

(一)黏质土的性能要求

一般可选用塑性指数大于25、粒径小于0.075 mm的、黏粒含量大于50%的黏质土制浆。当缺少上述性能的黏质土时,可用性能略差的黏质土,并掺入30%的、塑性指数大于25的黏质土。

当采用性能较差的黏质土调制的泥浆性能指标不符合要求时,可在泥浆中掺入Na_2CO_3(俗称碱粉或纯碱)、氢氧化钠(NaOH)或膨润土粉末,以提高泥浆性能指标。掺入量与原泥浆性能有关,宜经过试验决定。一般碳酸钠的掺入量约为孔中泥浆土量的0.1%~0.4%。

(二)膨润土的性能和用量

膨润土泥浆具有相对密度低、黏度低、含砂量少、失水量少、泥皮薄、稳定性强、固壁能力强、钻具回转阻力小、钻进率高、造浆能力大等优点。一般用量为水的8%,即8 kg的膨润土,可掺100 L的水。对黏质土底层,用量可降低到3%~5%。较差的膨润土用量为水的12%左右。

(三)外加剂及其掺量

(1)羧甲基纤维素(CMC)可增加泥浆黏性,使土层表面形成薄膜而防护孔壁剥落,并有降低失水量的作用。其掺入量为膨润土的0.01%~0.05%。

(2)碳酸钠(Na_2CO_3)又称碱粉或纯碱。它的作用可使pH增大到10。泥浆中pH过小时,黏土颗粒难以分解,黏度降低,失水量增加,流动性降低;pH小于7时,还会使钻具受到腐蚀;若pH过大,则泥浆将渗透到孔壁的黏土中,使孔壁表面软化,黏土之间凝聚力减弱,造成裂解,而使孔壁坍塌。pH以8~10为宜,这时可增加水化膜厚度,提高泥浆的交替率和稳定性,降低失水量。其掺入量为膨润土的0.3%~0.5%。

(3)各种外加剂宜先制成小剂量溶剂,按循环周期均匀加入,及时测定泥浆性能指标,并防止掺入外加剂过量。每循环周期相对密度差不宜超过0.01。

二、泥浆各项指标的测定方法

(1)相对密度:可用泥浆相对密度计测定。将要量测的泥浆装满泥浆杯,加盖并洗净从小孔溢出的泥浆,然后置于支架上,移动游码,使杠杆呈水平状态(即气泡处于中央),读出游码左侧所示的刻度,即为泥浆的相对密度。

(2)黏度:工地用标准漏斗黏度计测定。用两端开口量杯分别量取200 mL和500 mL

泥浆,通过滤网滤去大砂粒后,将泥浆 700 mL 均注入漏斗,然后使泥浆从漏斗流出,流满 500 mL 量杯所需的时间(s),即为所测泥浆的黏度。

(3)含砂率(%):工地用含砂率计测定。把泥浆充至测管上标有泥浆字样的刻线处,加清水至标有水的刻线处,堵死管口并摇振。倾倒混合物于滤网中,丢弃通过滤网的液体,再加清水于测管中,摇振后再倒入测管中。反复操作,直至测管内清洁。将漏斗套进滤筒,翻转过来,将漏斗插入测管中,用清水把附在筛网上的砂子全部冲入管内。待砂子沉淀后,读出砂子的百分比含量。

清孔后的泥浆指标:相对密度 1.03 ~ 1.10;黏度 17 ~ 20 Pa · s;含砂率 <2%。

三、成孔质量检测

灌注桩的施工分为成孔和成桩两部分,其中成孔是灌注桩施工中的第一个环节。成孔作业由于是在地下或者水下完成的,质量控制难度大,复杂的地质条件、施工中的失误等,都有可能导致塌孔、缩径、桩孔偏斜、沉渣过厚等问题。成孔质量的好坏直接影响混凝土浇筑之后的成桩质量:如桩孔径偏小,则桩侧的摩阻力、桩端的阻力都会减小,桩的承载能力也会随之降低;桩孔扩径将导致成桩上部侧阻力增大,而下部侧阻力不能完全发挥,同时单桩的混凝土浇筑量增加,费用提高;桩孔倾斜在一定程度上改变了桩的竖向承载力特性,使得桩的承载力不能有效发挥,并且孔斜还易产生吊放钢筋笼困难、塌孔、钢筋保护层厚度不足等问题;桩底沉渣过厚使桩长减小,对于端承桩,则直接影响桩尖的承载能力。因此,在混凝土浇筑前进行成孔质量检测对于控制成桩质量、保证建筑物长期安全地运行显得尤为重要。

成孔质量检测主要包括以下几个方面。

(一)桩位偏差检查

桩位偏差即实际成桩位置偏离设计位置的差值。由于上部结构作用在基础上的载荷位置是不能变动的,桩偏位后,桩的受力状态发生了改变,即使采取补桩、加大基础底梁或承台等补救措施,也难以达到桩的设计要求。桩偏位后造成的后果是桩的可靠性降低、工程造价增加、工期延长等。

施工中由于各种因素的影响,如测量放线的误差、护筒埋设时的偏差、钻机对位不正、孔空段孔斜造成的偏差、钢筋笼下设时的偏差等,都会造成桩位偏离设计位置。因此,要保证桩位的正确性,在施工中就应将每一个环节的偏差控制在最小范围内。

桩位应在桩基施工前按设计桩位平面图落放桩的中心位置,施工后对全部桩位进行复测,检查桩中心位置,并在复测平面图上标明实际桩位坐标。复测桩位时,桩位测点选在新鲜桩头面的中心点(基坑开挖前测量护筒中心),然后测量该点偏移设计桩位的距离,并按坐标位置,分别标明在桩位复测平面图上。测量仪器应选用精密经纬仪或红外测距仪。

桩位中心位置的偏差要求,应满足桩的设计规定或相关的规范标准。

(二)桩孔径、垂直度检测

桩孔径、垂直度检测是成孔质量检测中的两项重要内容,目前用于孔径检测的仪器大多可同时测量桩的垂直度。桩孔径、垂直度检测的方法大致有简易法检测、伞形孔径仪检测、声波法检测。

(1)简易法检测:工程技术人员在多年的灌注桩施工、检测中,研究总结出了一些简易的孔径、垂直度的检测方法和手段,它们适合在没有专用孔径、垂直度仪条件下的成孔质量检测,检测设备为制作简单的器具,如钢筋笼式检孔器、圆球式检孔器、六边木条铰链式检孔器、卡尺式检孔器等类型的检孔器。其中,钢筋笼式检孔器是简易法检测中使用较广泛的一种检孔器具,其设备制作简单,检测方法方便、可行。

(2)伞形孔径仪检测:伞形孔径仪是由孔径仪、孔斜仪、沉渣厚度测定仪三部分组成的一个测试系统,由于系统中孔径仪的孔中探测头部分形似伞形,所以它也是系统中的主要部分,常俗称该系统为伞形孔径仪。伞形孔径仪中测量孔径、孔斜、沉渣的孔中仪器部分是独立的,地面仪器为共用。

第二节 桩身完整性检测

目前最常用的桩身完整性检测手段是低应变反射法,其基本原理是在桩顶竖向激振,使弹性波沿着桩身向下传播。当桩身存在明显波阻抗差异的界面(如桩底、断桩和严重离析等)或桩身截面发生变化(如缩径或扩径)时,将产生反射波,经接收、放大、滤波和数据处理,可识别来自不同部位的反射信息。通过对反射信息进行分析计算,判断桩身混凝土的完整性,判定桩身缺陷的程度及其位置。

一、测试理论基础

低应变法是桩基完整性检测中应用最广泛的技术,但其适用范围有一定的限制。

低应变法检测系统示意如图 12-2 所示。

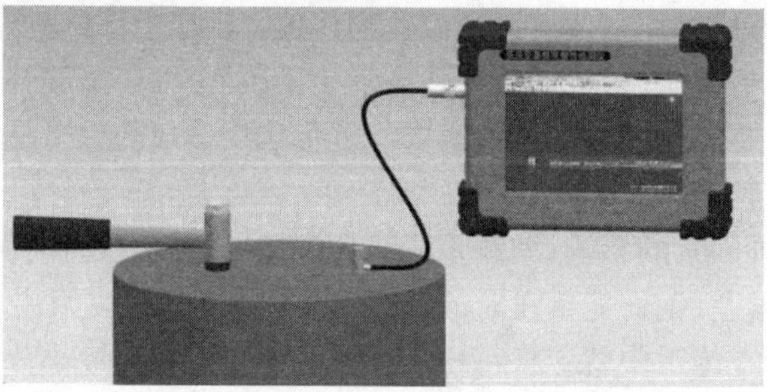

图 12-2 低应变法检测系统示意

低应变法测试基桩完整性采用的是波的反射特性和衰减特性,其理论基础请参考吴佳晔主编的《土木工程检测与测试》中“弹性波的基本理论”。

在基桩检测中,测试得到的反射波具有如下性质:

(1)在均质桩身中,若机械阻抗相同($z_1=z_2$),不产生反射。

(2)对于摩擦桩,桩底一般位于土质材料中。由于土体材料的阻抗较低,即当在机械阻抗减少($z_1>z_2$)时,反射信号的相位与入射信号相同。

(3)当有缩径或扩径时,机械阻抗分别减少或增加,产生同相或反相的反射波。

完整摩擦桩、变截面桩、缺陷桩反射示意分别如图 12-3 ~ 图 12-5 所示。

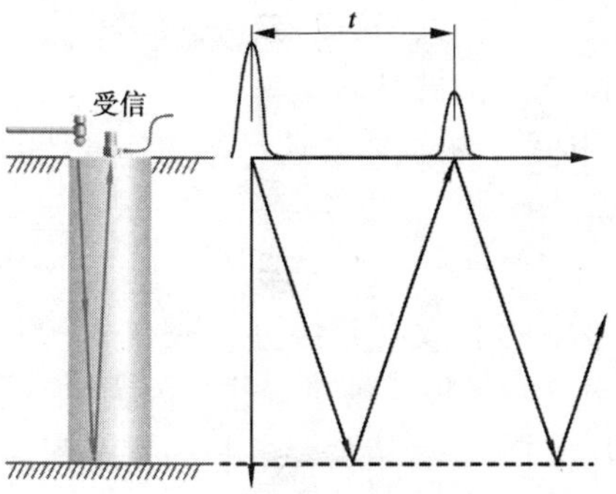

图 12-3　完整摩擦桩反射信号示意

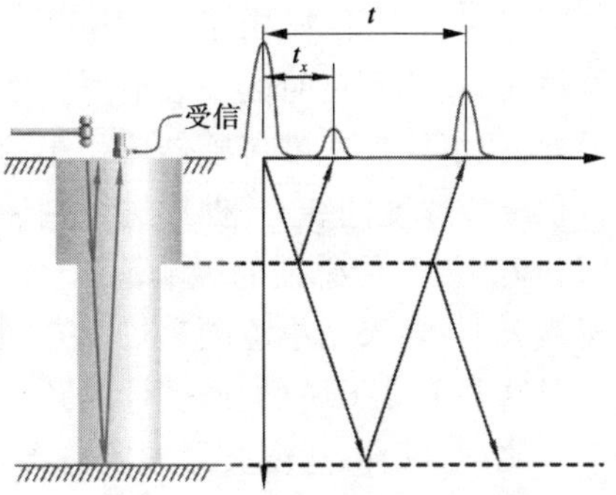

图 12-4　变截面桩反射示意

(4)当出现断桩、薄弱层等，一般均会造成机械阻抗减少，从而产生同相反射。

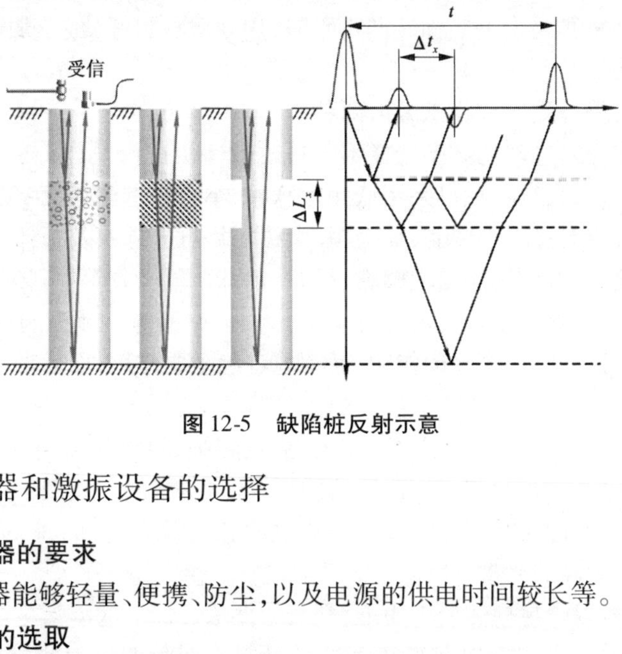

图 12-5　缺陷桩反射示意

二、测试仪器和激振设备的选择

(一)测试仪器的要求

一般要求仪器能够轻量、便携、防尘，以及电源的供电时间较长等。

(二)传感器的选取

在基桩低应变检测中，可采用加速度传感器（常用压电式）和速度传感器（常用磁电式）。如果振动产生的位移 $u(x,t)$ 用三角函数表示：

$$u(x,t) = A\sin(\omega t + \phi) \tag{12-1}$$

则速度 $\dot{u}(x,t)$ 和加速度 $\ddot{u}(x,t)$，则可由 $u(x,t)$ 对时间求导而得出：

$$\dot{u}(x,t) = A\omega\cos(\omega t + \phi) \tag{12-2}$$

$$\ddot{u}(x,t) = -A\omega^2\sin(\omega t + \phi) \tag{12-3}$$

由此可见，频率 ω 对加速度信号的影响比对速度信号的影响更加明显。换言之，加速度信号对高频成分更敏感，而速度信号则相反。

在实际的检测工作中，传感器的选取可遵循以下原则：

(1)一般可采用压电式加速度传感器。

由于磁电式速度传感器的稳态和冲击响应性能限制,高频窄脉冲冲击响应测量不宜使用速度传感器。此外,由于速度传感器的体积和质量均较大,其安装谐振频率受安装条件影响很大,安装不良时的安装谐振频率会大幅下降并产生自身振荡。

另外,压电式加速度传感器体积小,频率响应范围宽。根据需要还可将加速度计的实测信号积分成速度曲线,并据此进行判读。

(2)应当注意传感器的频响范围。

实践表明:除采用小锤硬碰硬敲击外,速度信号中的有效高频成分一般在 2 000 Hz 以内。但这并不等于说,加速度计的频响线性段达到 2 kHz 就足够了。这是因为,加速度原始信号比积分后的速度波形中要包含更多和更尖的毛刺,高频尖峰毛刺的宽窄和多寡决定了它们在频谱上占据的频带宽窄和能量大小。事实上,对加速度信号的积分相当于低通滤波,这种滤波作用对尖峰毛刺特别明显。当加速度计的频响线性段较窄时,就会造成信号失真。因此,在 ±10% 幅频误差内,加速度计幅频线性段的高限不宜小于 5 ~ 10 kHz,同时应避免在桩顶敲击处表面凹凸不平时,用硬质材料锤(或不加锤垫)直接敲击。

(三)激振设备

激振设备包括瞬态激振和稳态激振两种。

瞬态激振操作应通过现场试验选择不同材质的锤头或锤垫,以获得低频宽脉冲或高频窄脉冲。一般而言,大直径桩可采用低频宽脉冲,小直径桩则相反。

选择激振设备没有过多的限制,如力锤、力棒等均可。锤头及锤体质量选择并不需要拘泥于某一种固定形式,可选用工程塑料、尼龙、铝、铜、硬橡胶等材料制成的锤头,或用橡皮垫作为缓冲垫层,锤的质量也可由几百克至几十千克不等。锤头的软硬或锤垫厚薄和锤的质量都能起到控制脉冲宽窄的作用,通常前者起主要作用,而后者主要是控制力脉冲幅值。

关于激振力度,一般而言,激振力度越大,能量越强,检测深度越大。但同时,过大的激振力度会诱发桩头的振动,并影响传感器的耦合。根据经验,适度偏轻的激振力度往往能取得较好的效果,但此时需要系统较高的灵敏度和增益设置,同时,对硬件设备和对噪声的控制均提出了更高的要求。

总之,激振信号以满足检测要求为准,判断激振信号优劣的因素主要有两个:

(1)控制激励脉冲的宽窄以获得清晰的桩身阻抗变化的反射或桩底反射,同时不产生明显的波形失真或高频干扰;

(2)获得较大的信号动态范围而不超限。

稳态激振设备则可激发输出等幅值、频率可调的正弦激振力作用于桩顶,用于桩的共振法检测。由于该方法目前应用较少,本书予以省略。

三、现场检测工作

(一)桩头部位处理

对低应变动测而言,判断桩身阻抗相对变化的基准是桩头部位的阻抗。因此,要求受检桩桩顶的混凝土质量、截面尺寸应与桩身设计条件基本等同,具体要求为:

(1)灌注桩应凿去桩顶浮浆或松散、破损部分,并露出坚硬的混凝土表面。

(2)桩顶表面应平整干净且无积水。

(3)应将敲击点和响应测量传感器安装点部位磨平,多次锤击信号重复性较差时,多与敲击或安装部位不平整有关。

(4)妨碍正常测试的桩顶外露主筋应割掉。对于预应力管桩,当法兰盘与桩身混凝土之间结合紧密时,可不进行处理,否则,应采用电锯将桩头锯平。

当桩头与承台或垫层相连时,相当于桩头处存在很大的截面阻抗变化,对测试信号会产生影响。因此,测试时,桩头应与混凝土承台断开。当桩头侧面与垫层相连时,除非对测试信号没有影响,否则应断开。需要说明的是,对于在役基桩,绝大多数处于这类情况,断开的方式在实际操作中非常困难。因此,对于在役基桩的完整性检测技术成了当前非常迫切解决的课题。

(二)测试参数设定

测试参数的设定主要包括:

(1)采样时间间隔 Δt。

(2)采样数据点数 N。

当然,采样时间间隔越短,采样数据越多,理论上分析精度越高。但这样会增加分析时间和存储量,实际中并非时间间隔越短,采样数据越多越好。

一般来说,采样时间间隔可取 2 ~ 10 μs(对应传播的桩长为 0.004 ~ 0.02 m),长桩取大值。而采样数据点数 N 则应保障能够充分获取桩底的反射信号,可按下式估算:

$$N \geqslant \frac{2L}{C\Delta t} + T_0 + T_1 \tag{12-4}$$

式中 N——估计桩长;

C——波速;

T_0——触发用延时数据点数;

T_1——桩底信号采样时间,一般可取 5 ms。

此外,在数据分析时,常会用到 BPF(带宽滤波,Berkeley Packet Filter)等机能。考虑到数字处理的方便,N 值宜取 $2n$,如 1 024、2 048、4 096、8 192 等,亦即在式(12-4)的计算值的基础上,上调至最接近的 $2n$ 数据上。但若 N 超过了设备的最大采样点,则可增大采样时间间隔 Δt。

(三)传感器安装

应注意以下事项:

(1)当传感器用黏合剂黏结时,黏结层应尽可能薄,必要时可采用冲击钻打孔安装方式,但传感器底安装面应与桩顶面紧密接触。激振及传感器安装均应沿桩的轴线方向。

(2)激振点与传感器安装点应远离钢筋笼的主筋,其目的是减少外露主筋振动对测试产生干扰信号。若外露主筋过长而影响正常测试,应将其割短。

(3)测桩的目的是激励桩的纵向振动振型,但相对桩顶横截面尺寸而言,激振点处为集中力作用,在桩顶部位难免出现与桩的径向振型相对应的高频干扰。当锤击脉冲变窄或桩径增加时,三维尺寸效应引起的干扰便加剧。传感器安装点与激振点距离和位置不同,所受干扰的程度各异。当实心桩安装点在距桩中心约 2/3 半径时,所受干扰相对较小;当空心桩安装点与激振点平面夹角等于或略大于 90°时,也有类似效果,该处相当于径向耦合低阶振型的驻点。另外,应注意加大安装与激振两点间距离或平面夹角,将增大锤击点与安装点响应信号的时间差,造成波速或缺陷定位误差。传感器安装点、锤击点布置见图 12-6。

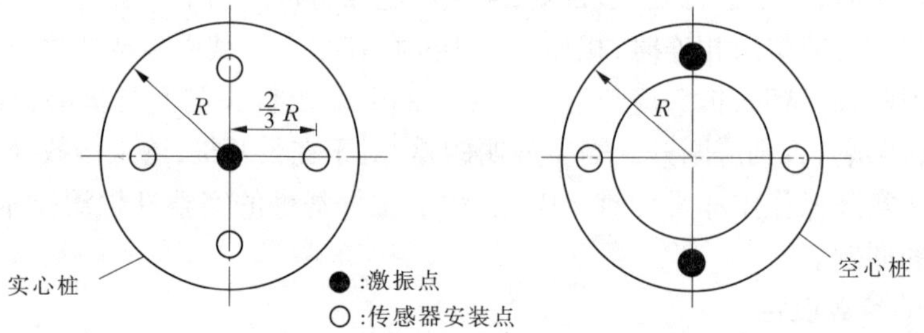

图 12-6　传感器安装点、锤击点布置示意

(4)当预制桩、预应力管桩等桩顶高出地面很多,或灌注桩桩顶部分桩身截面很不规则,或桩顶与承台等其他结构相连而不具备传感器安装条件时,可将 2 支测量响应传感器对称安装在桩顶以下的桩侧表面,且宜远离桩顶。

(5)在检测过程中,同一工程的同一批试桩的试验操作宜保持同条件,不仅要对激振操作、传感器和激振点布置等某一条件改变进行记录,也要记录桩头外观尺寸和混凝土质量的异常情况。

(6)当桩径增大时,桩截面各部位的运动不均匀性也会增加,桩浅部的阻抗变化往往表现出明显的方向性。故应增加检测点数量,通过各接收点的波形差异,大致判断浅部缺陷是否存在方向性。每个检测点有效信号数不宜少于 3 个,应具有良好的重复性,通过叠加平均提高信噪比。

四、检测数据分析与判定

(一)桩身波速平均值的确定

为分析不同时段或频段信号所反映的桩身阻抗信息、核验桩底信号并确定桩身缺陷位置,需要确定桩身波速及其平均值。

当桩长已知、桩底反射信号明确时,在地质条件、桩型及成桩工艺相同的基桩中,选取不少于 5 根Ⅰ类桩的桩身波速按下式计算其平均值 c_m:

$$c_m = \frac{1}{n}\sum_{n=1}^{n} c_i \tag{12-5}$$

式中　n——参加波速平均值计算的基桩数量,大于等于 5;

c_i——第 i 根受检桩的桩身波速值,km/s,可按时域法或频域法求得。

时域:
$$c_i = \frac{2L}{\Delta T} \tag{12-6}$$

频域:
$$c_i = 2L \cdot \Delta f \tag{12-7}$$

式中　L——桩长,m;

ΔT——时域信号第一峰与桩底反射波峰间的时间差,ms;

Δf——幅频曲线上桩底相邻谐振峰间的频率差,kHz。

此外,c_i 还应满足:$\frac{|c_i - c_m|}{c_m} \leqslant 5\%$。

(二)桩身缺陷位置

桩身缺陷位置计算,可采用以下两式之一:

时域:
$$x = \frac{1}{2} c_m \Delta t_x \tag{12-8}$$

频域:
$$x = \frac{c_m}{2\Delta f'} \tag{12-9}$$

式中 x——桩身缺陷距传感器安装点的距离,m;

Δt_x——时域信号第一峰与缺陷反射波峰间的时间差,ms;

$\Delta f'$——幅频曲线上缺陷相邻谐振峰间的频率差,kHz。

(三)桩身的完整性判定

桩身完整性应结合缺陷出现的深度、测试信号衰减特性以及设计桩型、成桩工艺、地质条件、施工情况、混凝土波速,依据测试时域特征、幅频特征进行综合分析判定,如表 12-1 所示。

表 12-1 桩身完整性判定

桩等级	时域信号特征	幅频信号特征
Ⅰ类桩	$2L/c_m$ 时刻前无缺陷反射波,有桩底反射波	桩底谐振峰排列基本等间距,其相邻频差 $\Delta f \approx c_m/2L$
Ⅱ类桩	$2L/c_m$ 时刻前出现轻微缺陷反射波,有桩底反射波	桩底谐振峰排列基本等间距,其相邻频差 $\Delta f \approx c_m/2L$。轻微缺陷产生的谐振峰与桩底谐振峰之间的频差 $\Delta f' > c_m/2L$
Ⅲ类桩	有明显缺陷反射波,其他特征介于Ⅱ类和Ⅳ类之间	
Ⅳ类桩	$2L/c_m$ 时刻前出现严重缺陷反射波或周期性反射波,无桩底反射波;或因桩身浅部严重缺陷使波形呈低频大振幅衰减振动,无桩底反射波;或按平均波速计算的桩长明显短于设计桩长	缺陷谐振峰排列基本等间距,其相邻频差 $\Delta f' > c_m/2L$ 无桩底谐振峰;或因桩身浅部严重缺陷只出现单一谐振峰,无桩底谐振峰

五、典型状况的时域、频域信号

(一)断桩的反射

若桩身较长、上部断裂、波阻抗界面明显、反射系数大,就会产生多次反射。如图 12-7 可见断桩部位的 1 次、2 次、3 次乃至 4 次反射。其规律是多次反射波的波幅按指数规律衰减;且反射的时间间隔基本相同。至于断桩多次反射的次数,与断裂部位的长度、断裂部位桩身的声波衰减系数的大小、断裂处的反射系数有关。

需要指出的是,断桩难以得到桩实际底部反射信号。

（二）扩径的多次反射

桩身扩径会产生反射，但其多次反射的规律较为特殊。如图 12-8 所示，激励的首波 D 会在扩径处产生多次反射，一次反射波 R_1 的相位与 D 相反，但扩径二次反射波 R_2 的相位则与 D 相同，扩径的三次反射波 R_3 又与 D 反向，如此循环。

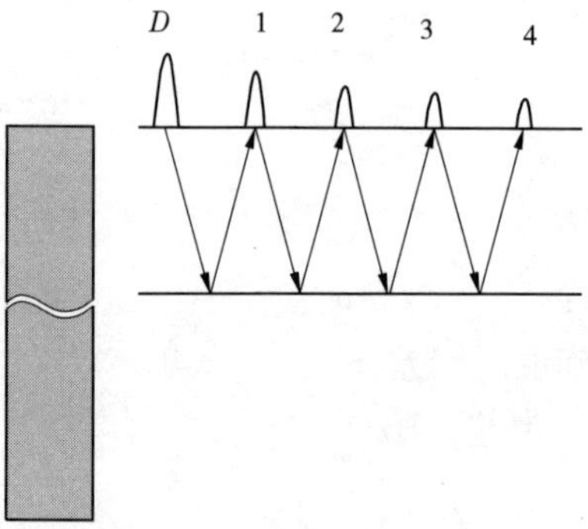

图 12-7　断桩反射特征

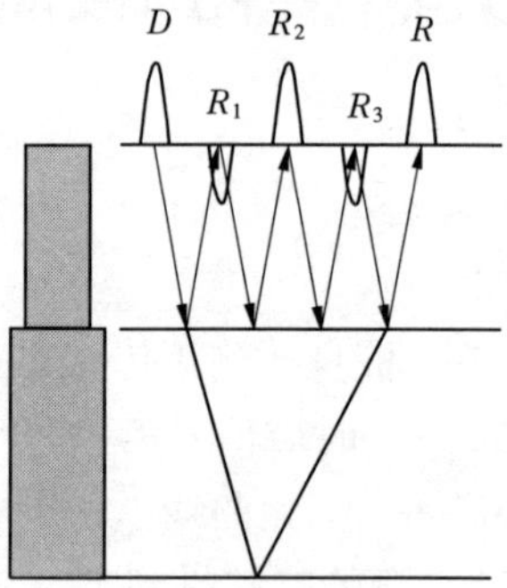

图 12-8　扩径桩反射特征

需要指出的是，扩径桩能得到桩实际底部反射信号，但比完整桩底部反射明显较弱。

（三）缩径的多次反射

与扩径对应的缩径的多次反射与断桩的反射特性类似。这种情况可以用振速反射系数直接判断缩径部位多次反射的相位。其规律是多次反射波 R_1、R_2、R_3 的波幅按指数规律递减；且反射的时间间隔基本相同。至于缩径的多次反射的次数，与缩径部位的长度、缩径部位桩身的波衰减、缩径处的反射系数的大小有关。

需要指出的是，缩径桩能得到桩实际底部反射信号，但比完整桩底部反射明显较弱。

（四）扩底桩的反射

扩底桩的桩底直径加大，在直径加大的部位，会产生与首波相位相反的反射波，于是在桩底反射之前，有一个反相位的扩底信号。

（五）嵌岩桩的桩底反射

当基岩埋深较浅，基岩成为持力层，桩底将设计在岩体的中风化层，并嵌入中风化层一倍半桩径的深度，这便是嵌岩桩。嵌岩桩的桩底反射可能有三种情况：

（1）桩底有沉渣，可见桩底反射，随沉渣厚度增加，桩底反射波更加明显；

（2）无沉渣，且岩体与桩身波阻抗相等，会无法观测到桩底反射；

（3）无沉渣，岩体波阻抗大于桩身波阻抗，可见桩底反射信号，且桩底反射波 R 与首波 D 相位相同。

（六）桩头附近缺陷的反射波

在近桩头混凝土严重离析的情况下，激励桩头时的波形是一个典型质弹体系在受到外力激励时的振荡波形。靠近桩头附近缺陷的反射波，因其到达桩顶的时间很短，很可能和首波 D 相干涉。当缺陷反射波的峰顶和首波的峰顶到达时间完全一致而叠加时，这时缺陷将无法识别，属于盲区。除此之外的其他情况，均可和首波叠加干涉做出反映。

六、典型低应变法检测图形分析

下面，我们对一根具有缺陷的桩的检测和分析过程进行讲解。

由图 12-9 可见，直接采用加速度进行缺陷判定也是可行的，但波形毛刺较多。积分处理后，波形变得平滑，但对小缺陷的识别会变得困难。

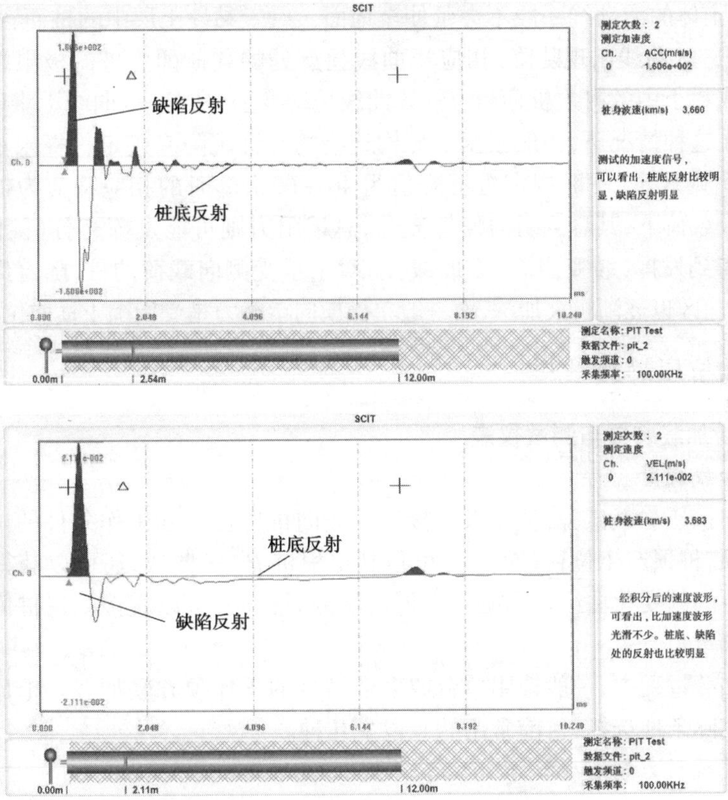

图 12-9　缺陷混凝土桩测试波形图及结果

第三节　基桩承载力检测

桩基是一种应用十分广泛的基础形式，如何正确地评价桩的承载能力，选择合理的设计参数是一个关系桩基是否安全与经济的重要问题。桩的静载试验是获得桩轴向抗压、抗拔以及横向承载力的最基本、最可靠的方法。

桩的破坏包括桩身的材料破坏和地基土强度破坏。

(1)桩身的材料破坏。

灌注桩在轴向抗压试验中，桩体的破坏包括因水泥用量不足、不密实、漏浆、离析等导致混凝土强度不足引起的破坏；因缩径、错位、断桩、夹泥等成桩畸形引起的破坏。预制桩则会出现地基浅部屈曲，桩头由于无网筋或箍筋间距过大，加载后桩头出现沿主筋方向的竖向裂缝。钢管桩则会出现压屈破坏。

在单桩横向静载荷试验中，当混凝土桩最大弯矩断面受拉区混凝土退出工作，钢筋发生屈服，或钢桩该断面最大应力达到屈服应力时，桩体材料强度达到极限状态而破坏。

(2)桩的地基土强度破坏。

桩顶端轴向受压周围地基土破坏时，在桩周围土体形成一个近似圆柱形的剪切破坏面，桩端下滑土体的滑动线一般不会延伸至地面。对于黏性土层中的桩而言，表示载荷 P 与沉降 S 的 P—S 曲线出现陡降，相应于曲线拐点处的载荷即为桩的极限载荷。对于持力层为砂土或粉土中的打入桩而言，P—S 曲线呈缓变型，从 P—S 曲线上难以确定单桩极限承载力。在这种情况下，一般根据上部构筑物的允许沉降来确定桩极限承载力。各行业规程都有明确规定，一般规定桩沉降值为 40 ~ 60 mm 时的相应载荷为桩的极限承载力。桩在极限载荷下，其总侧阻力发挥充分，总端阻力则可能发挥充分(陡降型 P—S 曲线)，或部分得到发挥(缓变型 P—S 曲线)。对于承受侧向载荷的桩，随着侧向载荷的增加，桩侧土塑性区也逐渐扩大加深，而一般单桩横向承载力是受周围土横向位移所制约的。

一、竖向抗压静载试验

(一)试验加载装置与测试仪表

1. 试验加载装置

单桩竖向抗压静载试验，就是采用接近于竖向抗压桩实际工作条件的试验方法。载荷作用于桩顶，桩顶产生位移(沉降)，可得到单根桩 P—S 曲线，还可以获得每级载荷下桩顶沉降随时间的变化曲线。当桩身中埋设量测元件时，可以直接测得桩侧各土层的极限摩阻力和端承力。

在试验加载过程中，一般选用单台或多台型号的千斤顶并联加载。千斤顶加载反力装置可根据实际条件选择，目前常用的有以下几种。

1)锚桩横梁反力装置

一般锚桩至少需要 4 根。当用灌注桩作锚桩时，其钢筋笼要通长配置。如用预制长桩，要加强接头连接。锚桩按抗拔的规定计算确定，并应对试验过程中锚桩上拔量进行监测。横梁的刚度、强度与锚桩拉筋断面在试验前要进行验算，试验布置如图 12-10 所示，在大承载力桩试验中，横梁自重很大，需要以其他工程桩作为支承点，且基准梁亦应放在其他工程桩上较为稳妥。该方案不足之处是在进行大吨位灌注桩试验时无法随机抽样。

2)压重平台反力装置

压载材料一般为铁锭、混凝土块或砂袋，压重力不得小于预估试验桩破坏载荷的 1.2 倍。压载最好在试验前一次加上，并均匀稳固地放置于平台上，如图 12-11 所示。在软土地基上大量压载将引起地面较大下沉，基准梁要支撑在其他工程桩上，并远离沉降影响范围。作为基准梁的工字钢应尽量长些，但其跨度比宜大于 1/40。压载的优点是可对试桩随机抽样，适合不配或者少配筋的桩。

3)锚桩压重联合反力装置

当试桩最大加载重力超过锚桩的抗拔能力时，在锚桩或横梁上配重，由锚桩与压载共同承受千斤顶反力。千斤顶应严格进行物理对中。当多台千斤顶并联加载时，其上、下部

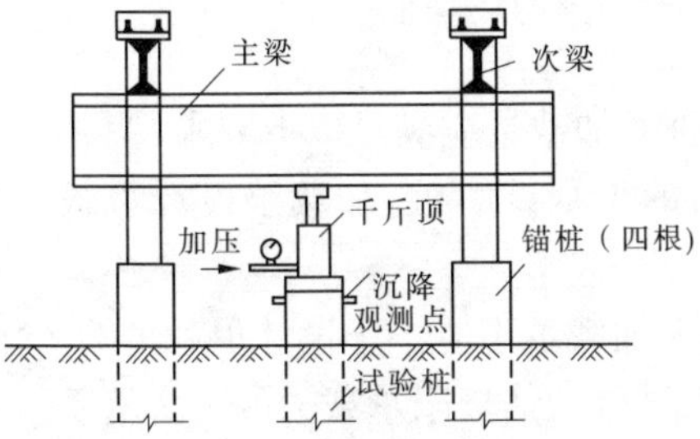

图 12-10　锚桩横梁反力装置示意

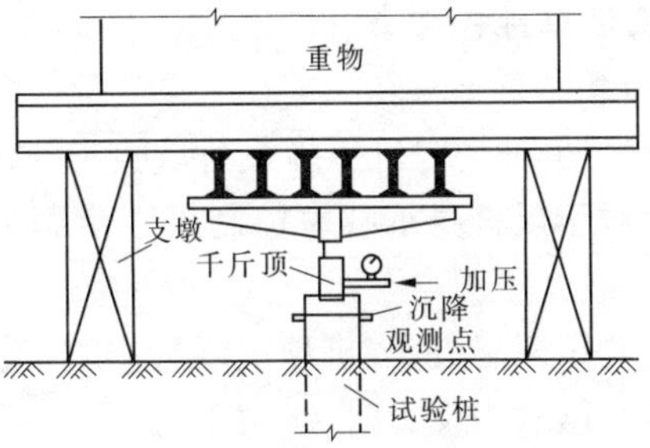

图 12-11　压重平台反力装置示意

应设置足够刚度的钢垫箱，并使千斤顶合力通过试桩中心。

2. 测试仪表

载荷可用并联于千斤顶的高精度压力表测定油压，压力表的精度等级一般为 0.4 MPa，并根据事先标定的千斤顶率定曲线换算载荷。重要的桩基试验还需要在千斤顶上放置应力环或压力传感器实行双控校正。

沉降测量一般采用百分表或电子位移计，设置在桩的 2 个正交直径方向，对称安装 4 个；小直径桩可安装 2 个或 3 个。沉降测定平面离开桩顶的距离不应小于 0.5 倍桩径。固定和支承百分表的夹具和横梁在构造上应确保不受气温、震动及其他外界因素的影响而发生竖向变位。为了防止压载引起的地面下沉影响测量精度，应用水准仪对基准梁系统进行监控。

（二）试验方法

1. 试桩要求

为了保证试验能真实地反映实际工作条件，试桩必须满足如下几点要求：

（1）试桩成桩工艺和质量控制标准应与工程桩一致。

（2）灌注桩试桩顶部应凿除浮浆，在顶部配置加密钢筋网 2 ~ 3 层，或以薄钢板护筒做成加强箍，与桩顶混凝土浇成整体，桩顶用高强度等级砂浆抹平。

（3）预制桩桩顶如出现破损，其顶部应外加封闭箍后浇捣高强细石混凝土予以加强。

（4）为安置沉降测点和仪表，试桩顶部露出试验坑地面高度不宜小于 60 cm。

（5）试桩间歇时间，从预制桩打入和灌注桩成桩到开始试验的时间间隔，在满足桩身强度达到设计要求的前提下：对于砂类土，不应少于 7 d；对于一般黏性土，不应少于 15 d。对于黏性与砂交互的土层，可取中间值；对于淤泥或淤泥质土，不应少于 25 d。

（6）试桩间歇期间，其周围 30 m 范围内不要产生如打桩一类造成地下孔隙水压力增高的干扰。

2. 加载方法

一般采用慢速维持载荷法，即逐级加载，每一级载荷达到相对稳定后，再加载下一级载荷，直至破坏，然后卸载至零。我国沿海软土地区也较多采用快速维持载荷法，即每隔 1 h 加一级载荷。快速法所得的极限载荷所对应的沉降值比慢速法偏小百分之十几。

另外，还有多循环加卸载法（每级载荷达到相对稳定后卸载）及等贯入速率法。此法的加荷速率常取 0.5 mm/min，加载至总贯入量为 50 ~ 70 mm，或载荷不再增大。

3. 慢速维持载荷法

1) 加载总量要求

当进行单桩竖向抗压静载荷试验时，试桩的加载量应满足以下要求：

(1) 对于以桩身承载力控制极限承载力的工程试验桩，加载至设计承载力的 1.5 ~ 2.0 倍；

(2) 对于嵌岩桩，当桩顶沉降量小时，最大加载量不应小于设计承载力的 2 倍；

(3) 当压载为反力时，压载重力不应小于试桩预估极限承载力的 1.2 倍。

2) 载荷分级

按试桩的预计最大试验加载力等分为 10 ~ 15 级，进行逐级等量加载。也可将沉降变化较小的第一、三级加载合并，预估的最后一级加载和在试验过程中提前出现临界破坏那一级载荷也可分为两次加载，这对判定极限承载力精度将有所帮助。

3) 测读桩沉降的时间间隔

(1) 下沉未达稳定不得进行下一级加载。

(2) 每级加载的观测时间规定为：每级加载完毕后，每隔 15 min 测一次；累计 1 h 后，每隔 30 min 观测一次。

4) 稳定标准

每级加载下沉量，在下列时间内如不大于 1 mm，即可认为稳定：

(1) 桩端下为巨粒土、砂类土、坚硬黏质土，最后 30 min；

(2) 桩端下为半坚硬的细粒土，最后 1 h。

5) 加载终止条件

(1) 当总位移量大于或等于 40 mm，本级载荷下沉量大于或等于前一级载荷下沉量的 5 倍时，加载即可终止，取终止时载荷小一级的载荷为极限载荷；

(2) 当总位移量大于或等于 40 mm，本级载荷加上后 24 h 未达稳定时，加载即可终止，取比终止时载荷小一级的载荷作为极限载荷；

(3) 巨粒土、密实砂类土以及坚硬的黏质土中，总下沉量小于 40 mm，但载荷已经大于或者等于设计载荷乘以设计规定的安全系数，加载即可终止，取此时的载荷作为极限载荷；

(4) 施工过程中的检验性试验，一般加载应继续到桩的 2 倍设计载荷量，如果桩的总沉降量不超过 40 mm，及最后一级加载引起的沉降量不超过前一级加载引起的沉降量的 5 倍，则该桩可予以检验。

6) 卸载规定

每级卸载值为加载增量的 2 倍。卸载后每隔 15 min 测读一次，读 2 次后，隔 0.5 h 再读一次，即可卸下一级载荷。全部卸载后，隔 3 ~ 4 h 再读一次。

二、单桩竖向抗拔静载荷试验

高耸建筑物往往承受较大的水平力，导致部分桩承受上拔力，多层地下室的底板也会承受较大的浮力，而抗拔桩是重要的措施。迄今为止，桩基础上抗拔承载力的计算还没有从理论上得以很好解决，现场原位试验就显得相当重要。

(一)试验加载装置与测试仪表

单桩竖向抗拔静载荷试验装置如图12-12所示,一般采用千斤顶加载,其反力装置一般采用两根锚桩和承载梁组成,试桩和承载梁用拉杆连接,将千斤顶置于两根试桩之上,顶推承载梁,引起试桩上拔。应尽量利用工程桩为反力锚桩,若灌注桩作为锚桩,宜沿桩身通长配筋,以免出现桩身的破损。

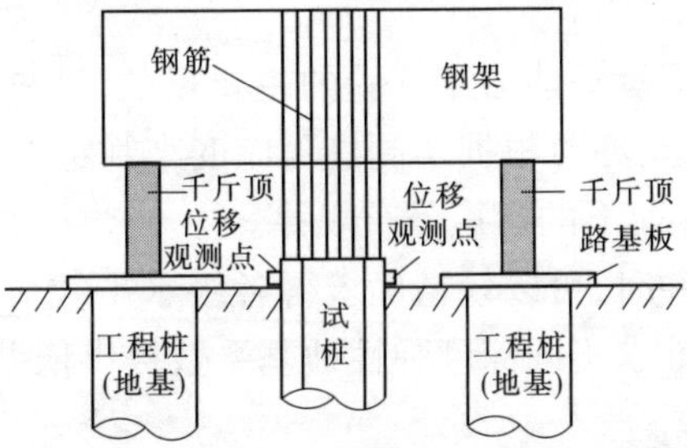

图12-12　单桩竖向抗拔静载荷试验装置

载荷可用并联于千斤顶上的高精度压力表测定油压,并根据率定曲线核算载荷,也可用放置在千斤顶上的应力环、压力传感器直接测定。上拔量一般采用百分表量测,其布置方法与单桩抗压试验相同。桩身量测元件与单桩抗压试验相同。

(二)试验方法

1. 试验要求

试桩应按最大加载力计算桩身钢筋,而且钢筋应沿桩身通长布置。从成桩到开始试验的间隔:在桩身强度达到设计要求的前提下,对于砂类土,不应少于10d;对于粉土和黏性土,不应少于15d;对于淤泥或淤泥质土,不应少于25d。

2. 加载和卸载方式

抗拔试验一般采用慢速维持载荷法。施加的静拔力必须作用于桩的中轴线。加载应均匀、无冲击。每级加载为预计最大载荷的1/10～1/15,达到相对稳定后,加下一级载荷,直到试桩破坏,然后逐渐卸载到零。可结合工程桩实际受荷情况采用多循环加载法,即使每级载荷上拔量达到相对稳定后卸载到零,然后加载下一级载荷。

3. 变形观测

当进行单独竖向抗拔静载试验时,除要对试桩的上拔量进行观测,尚应对桩周地面土的变形情况以及桩身外露部分裂缝开展情况进行观测记录。试桩的上拔量观测,应在每级加载后间隔5 min、10 min、15 min各测读一次,以后每隔15 min测读一次,累计1 h后,每隔30 min测读一次,每次测读值均记录在试验记录表中。

4. 上拔稳定标准

单桩竖向抗拔静载试验上拔量相对稳定标准应该以1 h内的变形量不超过0.1 mm,并连续出现2次为准。

5. 终止加载条件

试验过程中,当出现下列情况之一时,即可终止加载:

(1)桩顶载荷为桩受拉钢筋总极限承载力的0.9倍;

(2)某级载荷作用下,桩顶上拔位移量为前一级载荷作用下的5倍;

(3)建筑部门试桩累计上拔量超过 100 mm,桥桩则规定累计上拔量超过 25 mm。

三、单桩水平静载试验

单桩水平静载试验采用接近于水平载荷桩实际工作条件的试验方法,以达到下列目的。

(1)确定试桩承载能力。

检验和确定试桩的水平承载能力是试验的主要目的,试桩的水平承载力可直接由水平载荷和水平位移曲线判定,亦可根据实测桩身应变来判定。

(2)确定试桩在各级载荷下的弯矩分布规律。

当桩身埋设有量测元件时,可以较精确求得各级水平载荷作用下桩身弯矩的分布情况,从而为检验桩身强度、推求不同深度弹性地基系数提供依据。

(3)确定弹性地基系数。

当进行水平载荷作用下单桩分析时,弹性地基系数的选取至关重要。目前常用的 C 法、M 法、K 法各自假定了地基反力系数沿深度不同分布的模式,因此都有一定的适用范围。通过试验,可选择比较符合实际情况的计算图式和地基系数。

(4)推求实际地基反力系数。

弹性地基系数虽然使用比较方便,但误差较大。实际地基反力系数沿深度的分布图式是比较复杂的,且随侧向位移的变化是非线性的。因此,可通过试验直接获得不同深度处抗力和侧向位移之间的关系,用它分析工程桩的受力情况更符合实际要求。

(一)试验装置

单桩水平静载试验装置通常包括加载装置、反力装置、量测装置三部分,如图 12-13 所示。

1. 加载装置

试桩时一般采用卧式千斤顶加载,用测力环或测力传感器确定施加载荷值,对往复式循环试验,可采用双向往复式油压千斤顶。水平载荷试验,特别是悬臂较长的试桩,作用点位移较大,要求千斤顶施加作用力有较大行程。为保证千斤顶施加作用力水平通过试桩轴线,千斤顶与试桩接触面安置球形铰座。

在试桩时,为防止作用点处产生局部挤压破坏,须用钢垫板进行局部补强。

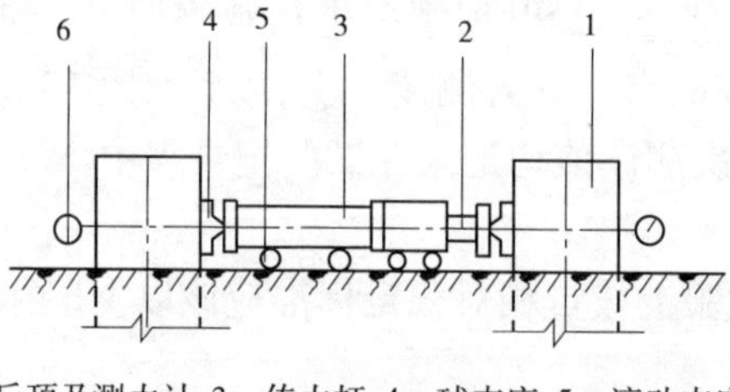

1—桩;2—千斤顶及测力计;3—传力杆;4—球支座;5—滚动支座;6—百分表

图 12-13　单桩水平静载试验装置

2. 反力装置

反力装置的选用应充分利用试桩周围的现有条件,必须满足其承载能力应大于最大预估载荷的 1.2 ~ 1.5 倍，其作用力方向上的刚度不应小于试桩本身的刚度。

最常用的方法是利用试桩周围的工程桩或垂直加载力试验用的锚桩作为反力墩。可根据需要把 2 根甚至 4 根桩连成一整体，作为反力座，有条件时，也可利用周围现有结构物作为反力座，必要时，可浇筑专门的支座来作反力架。

3. 量测装置

1) 桩顶水平位移量测

桩顶水平位移采用大量程百分表来量测。每一试桩应在载荷作用平面和该平面以上 50 cm 左右各安装一只或两只百分表，下表量测桩身在地面处的水平位移，上表量测桩顶水平位移，根据两表位移差与两表距离的比值求出地面以上桩身的转角。如果桩身露出地面较短，也可只在载荷作用水平面上安装百分表量测水平位移。

固定百分表的基准桩宜打(设)在试桩影响范围之外，这个距离一般不小于 $5d$。当基准梁设置在加荷轴线垂直方向上或试桩位移反方向时，间距可适当减小，但不应小于 2 m。在陆地上试桩时，可用入土 1.5 m 以上的钢钎或型钢作为基准点。当在港口码头设置基准点时，因为水深较大，可采用专门设置的桩位作基准点，同组试桩的基准点一般不少于两个。搁置在基准点上的基准梁要有一定的刚度，以减少晃动。整个基准装置系统应保持相对独立。为减少温度对量测的影响，基准梁应采取简支形式，顶上应有篷布遮阳。

2) 桩身弯矩量测

在水平载荷作用下，桩身的弯矩并不能直接量测得到，只能通过量测得到的桩身应变来推算。因此，当需要研究桩身弯矩的分布规律时，应在桩身粘贴应变量测元件。一般情况下，当量测预制桩和灌注桩桩身应变时，可采用在钢筋表面粘贴电阻应变片制成的应变计；对于钢桩，可直接把电阻应变片粘贴在桩表面。为防止打桩引起的应变片和导线的损坏，必须把它们设置在保护槽内。保护槽要尽量做到密封、不透水，应变片表面要采取严格的防潮措施；对于闭口钢管桩，也可把桩身剖开，把应变片粘贴在内壁，再焊接起来。

为量测桩身的弯矩和有关的弯曲应变，各测试断面测点应成对布置在远离中件轴的地方。在地面下(10 ~ 15) d 主要受力部分应加密测试断面，断面间距一般不超过(1 ~ 1.5) d。在此深度以下，间距可适当加大。

(二)试验方法

1. 试桩要求

(1) 试桩位置应根据场地地质、设计要求综合选择具有代表性的地点；

(2) 试桩周边 2 ~ 6 m 范围内布置钻孔，并取土样进行土工试验；

(3) 试桩数量一般不少于 2 根；

(4) 成桩到开始试验时间间隔，砂性土中打入桩不应少于 $3d$，黏性土中打入桩不应少于 $14d$；钻孔灌注桩成桩后一般不少于 $28d$。

2. 加载、卸载方式

在实际工程中，桩的受力情况十分复杂。为模拟实际载荷的形式，国内外出现了众多的加载方式。各部门采用的方法很不统一，一般可划分为单循环加载试验法和单向多循环加卸载试验法。

《公路桥涵施工技术规范》(JTG/T F50—2011)中单向多循环加卸载试验法,加载分级:可按预计最大试验载荷的1/10～1/15,一般可采用5～10 kN,过软的土可采用2 kN级差。

每级载荷实施后,恒载4 min后测读水平位移,然后卸载到零,停2 min后,测读残余水平位移,至此完成一个加、卸载循环,如此5次,便完成一级载荷的试验检测。为了保证试验结果的可靠性,加载时间尽量缩短,测量位移的时间间隔应准确,试验不得中途停歇。

3. 终止试验条件

当试验过程出现下列情况之一时,即可终止试验:

(1)桩顶水平位移超过20～40 mm(软土取40 mm);

(2)桩身已经断裂;

(3)桩侧地表出现明显裂纹或隆起;

(4)已达到试验要求的最大载荷或最大位移量。

本章小结

本章主要学习了泥浆性能指标及成孔质量检测、桩身完整性检测、基桩承载力检测。

复习思考题

1. 泥浆性能指标有哪些?
2. 桩基成孔质量检测的项目有哪些?
3. 低应变法检测桩身完整性的原理是什么?
4. 如何判别桩身完整性?

第十三章　结构混凝土强度检测

【教学目标】

（1）学生通过学习 PPT、教材、现场检测实践，能用回弹法检测混凝土强度，并对检测结果进行分析计算，正确率达 90%以上。

（2）学生通过学习视频、PPT、现场观摩，能描述超声回弹综合法检测混凝土强度的原理，检测结果的分析处理，能描述钻芯法检测混凝土强度的检测步骤及影响因素。正确率达 85%以上。

第一节　回弹法检测混凝土强度

现场混凝土检测强度（可简称测强）的方法很多，如钻芯法、拔出法、压痕法、射击法、回弹法、超声法、回弹超声综合法、超声衰减综合法、射线法、落球法等。回弹法、回弹超声综合法是应用最广泛的无损检测方法。这些方法的基本原理是混凝土试块的抗压强度与无损检测的参数（超声声速值、回弹值、拔出力等）之间建立起来的关系曲线，称为测强曲线，它是无损检测推定混凝土强度的基础。测强曲线根据材料来源，分为统一测强曲线、地区测强曲线和专用（率定）测强曲线三类。

一、检测原理及特点

利用回弹仪检测普通混凝土结构构件抗压强度的方法简称回弹法。回弹仪是一种直射锤击式仪器。

（一）原理

回弹法的原理是由于混凝土的抗压强度与其表面硬度之间存在某种相关关系，而回弹仪的弹击锤被一定的弹力打击在混凝土表面上，其回弹高度（通过回弹仪读得回弹值）与混凝土表面硬度呈一定的比例关系。因此，以回弹值反映混凝土表面硬度，根据表面硬度则可推求混凝土的抗压强度。

（二）特点

用回弹法检测混凝土抗压强度虽然检测精度不高，但是设备简单、操作方便、测试迅速，以及检测费用低廉，不破坏混凝土的正常使用，在现场直接测定中使用较多。

该方法影响因素较多，如操作方法、仪器性能、气候条件等都会影响测定结果，产生较大误差，必须掌握正确的操作方法，注意回弹仪的保养和校正，这样可以减小测量误差。

回弹法不适用于表层及内部质量有明显差异或内部存在缺陷的混凝土构件和特种成型工艺制作的混凝土检测。这大大限制了回弹法的检测范围，例如，不适用于既有建筑中混凝土龄期超过 3 年，以及遭受火灾、冻灾、化学腐蚀等混凝土的强度检测。解决这些问题的方法主要是采用钻芯法和回弹法相结合，对这两种方法的检测数据进行适当处理，基本可以满足上述混凝土强度检测，但不适用于内部存在缺陷的混凝土强度检测。

另外，由于高强度混凝土强度基数较大，即使只有15%的相对误差，其绝对误差也会很大，而使检测结果失去意义。

二、仪器

量测回弹值使用的仪器为回弹仪。回弹仪的质量及其稳定性是保证回弹法检测精度的技术关键。

（一）类型

国内回弹仪的构造及零部件和装配质量必须符合《回弹仪》（GB/T 9138—2015）的要求。回弹仪按回弹冲击能量大小分为重型、中型和轻型。当普通混凝土强度等级≤C50时，通常采用中型回弹仪；当混凝土强度等级≥C60时，宜采用重型回弹仪。

传统的回弹仪检测是通过直接读取回弹仪指针所在位置读数——直读式。目前已有的新产品有自记式、带微型工控机的自动记录及处理数据等功能的回弹仪。

（二）检测性能影响因素

影响回弹仪检测性能的主要因素有：①回弹仪机芯主要零件的装配尺寸，包括弹击拉簧的工作长度、弹击锤的冲击长度以及弹击锤的起跳位置等；②主要零件的质量，包括拉簧刚度、弹击杆前端的球面半径、指针长度和摩擦力、影响弹击锤起跳的有关零件；③机芯装配质量，如调零螺钉、固定弹击拉簧和机芯同轴度等。

所采用的回弹仪除应符合《回弹仪》（GB/T 9138—2015）的规定外，还应符合下列标准状态的要求：①水平弹击时，在弹击锤脱钩的瞬间，回弹仪弹击锤的冲击能量应为2.207J；②弹击锤与弹击杆碰撞的瞬间，弹击拉簧应处于自由状态，检定器上指针滑块刻线应置于“0”处；③回弹仪使用时，环境温度应为－4～40 ℃。另外，对于数字式回弹仪，应带有指针直读示值系统，且数字显示的回弹值与指针直读示值相差不超过1。

（三）钢砧率定作用

我国规定，在洛氏硬度HRC为60±2的钢砧上，回弹仪的率定值应为80±2。如率定试验不在80±2的范围内，应对仪器进行保养后再率定，如仍不合格，应送检定单位检定。率定试验不在80±2范围内的仪器，不得用于测试。

回弹仪率定在室温(5～35) ℃下进行。在符合标准的钢砧上，分四个方向进行，每个方向弹击前，弹击杆旋转90°。每个方向的平均值为80＋2。

由上所述影响回弹仪检测性能的主要因素可知，仅以钢砧率定方法作为检验合格与否往往是欠妥的。只有在仪器三个装配尺寸和零件质量合格的前提下，钢砧率定值才能够作为检验合格与否的一项标准。

当回弹仪弹击次数超过2 000次或在钢砧上的率定值不合格或对检测值有怀疑等情况之一时，应进行保养。

三、检测强度值的影响因素

回弹法是表面硬度法的一种，其基本原理是根据混凝土表面约6 mm厚度范围内的弹塑性性能，间接推定混凝土的表面强度，并认为在一般情况下，构件竖向侧面的混凝土表面强度与内部一致。因此，混凝土构件的表面状态直接影响推定值的准确性和合理性。

（一）原材料

1. 水泥

水泥品种对回弹法测强的影响，还存在争议。一种观点认为，只要考虑了碳化深度的影响，可以不考虑水泥品种的影响。

2. 集料

已有的研究表明，普通混凝土用细集料的品种和粒径，只要符合《普通混凝土用砂、石质量及检验方法标准》（JGJ 52—2006）的规定，对回弹法测强的影响不显著。粗集料品种的影响，目前还没有一致的认识。一般在制定地方测强曲线时，结合具体情况予以考虑。

（二）外加剂

在普通混凝土中，外加剂对回弹法测强的影响不显著。掺有外掺剂的混凝土测强曲线比不掺的强度偏高 1.5 ~ 5 MPa，这对采用统一测强曲线进行的回弹法检测所得的混凝土强度的安全性是可以接受的。

（三）成型方法

总体上，不同强度等级、不同用途的混凝土混合物，应有各自相应的最佳成型工艺。只要混凝土密实，其影响一般较小。但是，喷射混凝土和表面通过特殊物理、化学方法成型的混凝土，统一测强曲线的应用要慎重。

（四）养护方法和湿度

当混凝土在潮湿的环境或水中养护时，由于水化作用较好，早期和后期强度均比在干燥环境条件下养护得高，表面硬度由于被水软化而降低。不同的养护方法产生不同的湿度，对混凝土强度及回弹值都有很大的影响。

标准养护与自然养护的混凝土含水率不同，强度发展不同，表面强度也不同，在早期，这种差异更明显。湿度对混凝土强度影响较大，随着强度的增加，湿度的影响逐渐减小。

（五）碳化及龄期

水泥一经水化游离出大约35%的氢氧化钙，它对混凝土的硬化起了重要的作用。已经硬化的混凝土表面受到二氧化碳作用，使氢氧化钙逐渐变化，生成硬度较高的碳酸钙，即发生混凝土的碳化现象，它对回弹法测强有显著影响。

碳化使混凝土表面硬度增加，回弹值 R 增大，但对混凝土强度 f_{cu} 影响不大，从而影响“f_{cu}—R”的相关关系。不同的碳化深度对其影响不一样，对不同强度等级的混凝土，同一碳化深度的影响也有差异。

消除碳化影响有不同的方法。国外的做法是磨去混凝土碳化层或不允许对龄期较长的混凝土进行测试。我国的研究表明，可用碳化深度作为一个测强参数来反映碳化的影响。

虽然回弹值随着碳化深度的增加而增大，但碳化深度达到 6 mm，这种影响基本不再增长。

（六）泵送混凝土

检测泵送混凝土强度时，测区应选在混凝土浇筑侧面。

(七)混凝土表面缺陷

根据检测经验,构件混凝土局部表面偶尔出现异常状态,强度异常低,在分析排除施工或材料异常的情况下,应考虑存在混凝土表面与内部强度差异较大的可能。造成表面强度局部异常的常见原因有施工振捣过甚、表面离析、砂浆层太厚、局部混凝土表面潮湿软化、构件表面粗糙、检测前未按要求认真打磨等操作失误或测区划分错误。混凝土表层强度几乎不影响构件的承载力和刚度,因此若仍按规程以测区强度最小值来推定,必然过于保守,可能导致错误决策,故有必要先进行异常值的判断,当判定属于数据异常时,有条件的可采取钻芯法进一步检测。

(八)混凝土结构中表层钢筋对回弹值的影响

采用回弹法所测得的回弹值只代表混凝土表面 2 ~ 3 cm 厚的质量。因此,在实际工作中,钢筋对回弹值的影响要视钢筋混凝土保护层厚度、钢筋直径及疏密程度而定。如果在工程施工中,按相关规定,混凝土中钢筋保护层厚度普遍大于 20 mm,用回弹仪进行对比回弹,混凝土回弹值波动幅度不大,可视没有影响,通常情况下,混凝土保护层厚度基本大于规范规定值,在回弹检测混凝土强度过程中,对钢筋的影响可忽略不计。

四、检测方法

(一)数据采集

1. 工程资料

用回弹法检测前,应全面、正确地了解被测结构的情况。如混凝土设计参数、混凝土实际所用混合物材料、结构名称、结构形式。

2. 抽检

混凝土强度检测可按单个构件或批量进行。其中,单个构件检测应符合以下规定:

(1)一般构件检测区数不少于 10 个,当受检构件数量大于 30 个,且不需要提供单个构件推定强度或受检构件某一方向尺寸不大于 4.5 m,且另一方向尺寸不大于 0.3 m 时,每个构件的测区数量可以适当减少,但不应少于 5 个。

(2)测区宜布置在构件的两个对称的侧面上,测区面积不宜大于 0.04 m^2,相邻两测区的间距不应大于 2 m。

(3)测区距构件端部或施工缝的距离不宜大于 0.5 m,且不宜小于 0.2 m。

(4)测区表面应为混凝土原浆面,应清洁、平整。

对于同强度、配合比、生产工艺和养护条件的一批同类型混凝土构件,应按批量检测,随机抽取构件。抽取构件的数量不宜少于同批构件总数的 30%,且不宜少于 10 件。当检验批构件数量大于 30 件时,在满足相关规定的前提下,可以适当减少。

3. 测区回弹值

(1)回弹仪的操作:将弹击杆顶住混凝土的表面,轻压仪器,松开按钮,弹击杆徐徐伸出。使仪器对混凝土表面缓慢均匀施压,待弹击锤脱钩冲击弹击杆后立即回弹,带动指针向后移动并停留在某一位置上,即为回弹值。继续顶住混凝土表面并在读取和记录回弹值后,逐渐对仪器减压,使弹击杆自仪器内伸出,改变测点,重复进行上述操作,即可测得被测构件或结构的若干回弹值。操作中注意仪器的轴线应始终垂直于混凝土构件的检测面,缓慢施压,准确读数,快速复位。

(2)测区的选定采用抽检的办法,所选测区相对平整和清洁,不存在蜂窝和麻面,也没有任何破损,如裂缝和裂纹、剥落和层裂现象等。在不超过0.2 m×0.2 m 的范围内,测点均匀分布,相邻两测点净距不宜小于20 mm,测点距外露钢筋、预埋件的距离不宜小于30 mm。测点不应在气孔或外露石子上。根据《回弹法检测混凝土抗压强度技术规程》(JGJ/T 23—2011)的规定,在每一个检测区测取16个回弹值。每一个读数都精确到1。在检测时,回弹仪的轴线始终垂直于被检测区的测点所在面,同一测点只应弹击一次,不得重复测读。当检测泵送混凝土强度时,测区应选在混凝土浇筑侧面,离构件边缘不小于30 mm。

4. 碳化深度

回弹值测量完毕后,应在有代表性的测区进行碳化深度测定。测点数不少于构件测区数的30%,并取其平均值作为该构件每测区的碳化深度值。当碳化深度极差值大于2.0 mm时,应在每个测区进行碳化深度测定。

碳化深度值测量方法:采用适当的工具在测区表面形成直径约15 mm的孔洞,其深度应大于混凝土的预估碳化深度。孔洞中的粉末和碎屑应除净,并不得用水擦洗。同时,采用浓度为1%~2%的酚酞酒精溶液滴在孔洞内壁的边缘处,当已碳化与未碳化界限清楚时,用深度测量工具测量已碳化与未碳化混凝土交界面到混凝土表面的垂直距离,测量3次,读数应精确至0.25 mm,取其平均值作为检测结果,精确至0.5 mm。

(二)强度计算

1. 回弹值计算

从每一个测区所得的16个回弹值中,剔除3个最大值和3个最小值后,将余下的10个回弹值按下列公式计算平均值:

$$R_m = \frac{\sum_{i=1}^{10} R_i}{10} \tag{13-1}$$

式中 R_m——测区平均回弹值,精确至0.1;

R_i——第 i 个测点的回弹值。

2. 回弹值修正

(1)对于回弹仪非水平方向检测混凝土浇筑侧面时,回弹值按下式进行修正:

$$R_m = R_{m\partial} + R_{a\partial} \tag{13-2}$$

式中 $R_{m\partial}$——非水平方向检测时测区的平均回弹值,精确至0.1;

$R_{a\partial}$——非水平方向检测时测区平均回弹值的修正值,按表13-1取值。

(2)将回弹仪水平方向检测混凝土浇筑顶面时得到的回弹值,按式(13-3)进行修正,水平方向检测混凝土浇筑底面时的回弹值,按式(13-4)进行修正:

$$R_m = R_m^t + R_\partial^t \tag{13-3}$$

$$R_m = R_m^b + R_\partial^b \tag{13-4}$$

式中 R_m^t、R_m^b——水平方向(或相当于水平方向)检测混凝土浇筑顶面、底面时,测区的平均回弹值,精确至0.1;

R_{∂}^{t}、R_{∂}^{b}——混凝土浇筑顶面、底面时,测区回弹值的修正值,按表13-2取值。

表13-1 回弹仪非水平方向检测修正值

$R_{a\partial}$	检测角度							
	向上				向下			
	90°	60°	45°	30°	-30°	-45°	-60°	-90°
20	-6.0	-5.0	-4.0	-3.0	+2.5	+3.0	+3.5	+4.0
30	-5.0	-4.0	-3.5	-2.5	+2.0	+2.5	+3.0	+3.5
40	-4.0	-3.5	-3.0	-2.0	+1.5	+2.0	+2.5	+3.0
50	-3.5	-3.0	-2.5	-1.5	+1.0	+1.5	+2.0	+2.5

注:1. 当 $R_{m\partial}$ 小于20或大于50时,均分别按20或50查表;

2. 表中未列入的相应于 $R_{m\partial}$ 的修正值 $R_{a\partial}$,可用内插法求得,精确至0.1。

表13-2 回弹仪非水平方向检测修正值

R_{m}^{t} 或 R_{m}^{b}	顶面	底面	R_{m}^{t} 或 R_{m}^{b}	顶面	底面
20	+2.5	-3.0	36	+0.9	-1.4
21	+2.4	-2.9	37	+0.8	-1.3
22	+2.3	-2.8	38	+0.7	-1.2
23	+2.2	-2.7	39	+0.6	-1.1
24	+2.1	-2.6	40	+0.5	-1.0
25	+2.0	-2.5	41	+0.4	-0.9
26	+1.9	-2.4	42	+0.3	-0.8
27	+1.8	-2.3	43	+0.2	-0.7
28	+1.7	-2.2	44	+0.1	-0.6
29	+1.6	-2.1	45	0	-0.5
30	+1.5	-2.0	46	0	-0.4
31	+1.4	-1.9	47	0	-0.3
32	+1.3	-1.8	48	0	-0.2
33	+1.2	-1.7	49	0	-0.1
34	+1.1	-1.6	50	0	0
35	+1.0	-1.5			

注:①R_{m}^{t} 或 R_{m}^{b} 小于20或大于50时,均分别按20或50查表。

②表中有关混凝土浇筑顶面的修正系数,是指一般原浆抹面的修正值。

③表中有关混凝土浇筑底面的修正系数,是指构件底面与侧面采用同一类模板在正常浇筑情况下的修正值。

④表中未列入的相应于 R_{m}^{t} 或 R_{m}^{b} 的修正值 R_{∂}^{t} 或 R_{∂}^{b},可用内插法求得,精确至0.1。

当检测时回弹仪为非水平方向且测试面为非混凝土的浇筑侧面时,应先对回弹值进行角度修正,再对修正后的值进行浇筑面修正。

3. 碳化深度计算

每一测区的平均碳化深度值,按下式计算:

$$\bar{L} = \frac{\sum_{i=1}^{n} L_i}{n} \tag{13-5}$$

式中　$\bar{L}$——测区的平均碳化深度值,计算至 0.5 mm;

L_i——第 i 次测量的碳化深度值,mm;

n——测区的碳化深度值测点数。

如平均碳化深度值小于或等于 0.4 mm,按无碳化深度处理(即平均碳化深度为 0);如平均碳化深度值大于或等于 6 mm,取 6 mm;对于龄期不超过 3 个月的新浇混凝土,可视为无碳化。

4. 测强曲线应用

对于没有可以利用的地区和专用混凝土回弹测强曲线,测区混凝土强度的求取,可以按《回弹法检测混凝土抗压强度技术规程》(JGJ/T 23—2011)附录中所提供的"测区混凝土强度换算表"换算。

各测区的混凝土强度换算值按下列公式计算得出混凝土的强度平均值和标准差:

$$\bar{R}_{\mathrm{m}} = \frac{1}{n}\sum_{i=1}^{n} R_{\mathrm{m}i} \tag{13-6}$$

$$S = \sqrt{\frac{1}{n-1}\left[\sum_{i=1}^{n} R_{\mathrm{m}i}^2 - n\left(\bar{R}_{\mathrm{m}}\right)^2\right]} \tag{13-7}$$

式中　$R_{\mathrm{m}i}$——构件测区强度换算值,MPa,精确至 0.1 MPa;

$\bar{R}_{\mathrm{m}}$——混凝土强度换算值的平均值,MPa,精确至 0.1 MPa;

n——被抽取构件测区之和;

S——构件混凝土强度换算值的标准差,MPa,精确至 0.01 MPa。

(三)异常数据分析

混凝土强度不是定值,它服从正态分布。混凝土强度无损检测属于多次测量的试验,可能会遇到个别误差不合理的可疑数据,应予剔除。根据统计理论,绝对值越大的误差,出现的概率越小,当划定了超越概率或保证率时,其数据合理范围也相应确定。因此,可以选择一个"判定值"与测量数据比较,超出判定值者则认为包含过失误差而应剔除。

(四)强度推定

(1)按批量检测时,其混凝土强度推定值(单位为 MPa,精确至 0.1 MPa)按下式计算:

$$R_{\mathrm{m}} = \bar{R}_{\mathrm{m}} - 1.645S \tag{13-8}$$

对于按批量检测的构件,当该批构件混凝土强度标准差出现下列情况之一时,则该批构件应全部按单个构件检测:

①该批构件混凝土强度平均值小于 25 MPa,$S > 4.5$ MPa 时;

②该批构件混凝土强度平均值不小于 25 MPa 且不大于 60 MPa,$S > 4.5$ MPa 时。

(2)构件的混凝土强度推定值按以下规定执行:

①当构件数量少于10个时,$R_m = R_{m,min}$,$R_{m,min}$为构件中最小的测区混凝土强度换算值。

②当构件的测区强度值中出现小于10.0 MPa的值时,则推定构件强度值小于10.0 MPa。

③当构件测区数不少于10个时,混凝土强度推定值按式(13-8)计算。

第二节　超声回弹综合法检测混凝土强度

一、概述

所谓综合法,就是采用两种或两种以上的测试方法同混凝土强度建立关系。超声回弹综合法是其中的一种,是应用回弹法和超声法综合检测混凝土抗压强度的方法,由罗马尼亚建筑及建筑经济科学院于1966年首先提出。我国于1988年实施《超声回弹综合法检测混凝土强度技术规程》(CECS 02:88)。目前,采用《超声回弹综合法检测混凝土强度技术规程》(CECS 02:2005)。

超声法和前述的回弹法,是根据混凝土的两个不同性质来检测混凝土强度的,前者是依据混凝土的密度,后者是依据混凝土的表面硬度。回弹值只反映混凝土表层的情况,而超声测强也有一定的局限性,其声速只反映材料的弹性性质,不能全面反映混凝土强度牵涉的多种材料的指标。有资料表明,若以95%可信度水平来衡量现场混凝土强度预测的最大精度,超声法误差为±20%,而回弹法为±25%。

超声回弹综合法建立在回弹值和超声波传播速度与混凝土的抗压强度之间相互联系的基础之上,即用回弹值和声波的传播速度综合反映混凝土的抗压强度。综合法可以减弱或消除单一方法使用时的某些因素。例如,混凝土的龄期和混凝土的湿度对于回弹法来说,随混凝土龄期的增长,其表面会硬化,加上混凝土表面碳化结硬,使回弹值偏高;对于湿混凝土,则表面硬度降低,回弹值偏低。而对于超声法来讲,情况则相反,随着龄期的增长,混凝土内部趋于干燥,传播速度偏低;对于湿混凝土,声波的传播速度要比在干燥混凝土中快得多。采用综合法后,混凝土龄期和湿度的影响可以减弱,因此对于已失去混凝土组成原始资料的长龄期混凝土构件,采用综合法评定其混凝土抗压强度有较好效果。但是对于因冻害、化学侵蚀、火灾、高温等造成表面疏松、剥落的混凝土,该方法不适用,只能做定性评价。

二、超声波法检测混凝土强度原理及特点

超声波法就是利用超声波的传播特性来评定混凝土的抗压强度的。

(一)原理

超声波法检测原理:在混凝土中传播的超声波,其速度和频率反映了混凝土材料的性能、内部结构和组成情况,混凝土弹性模量和密实度与波速和频率密切相关,即强度越高,其超声波的速度和频率也越高。因此,通过测定混凝土声速来确定其强度。

混凝土是由固相、液相和气相随机地交织在一起的非均匀的各向异性材料。通过大量的研究表明，当超声波在混凝土中传播时，其纵波速度的平方与混凝土的弹性模量成正比，与混凝土的密度成反比，而混凝土强度等级又与其密度相关。因此，根据超声波传播速度推定混凝土的强度。一般来说，混凝土声速越大，其强度越高。

（二）特点

超声波法检测可以利用单一声速参数推定混凝土的强度，具有重复性好的特点。在混凝土中，水泥石的强度及其与集料的黏结能力对混凝土强度起决定作用。但是水泥石所占比例不占绝对优势，导致原材料及配合比不同时，声速与强度关系发生明显变化，制约其普遍应用。

（三）混凝土超声波检测仪器

目前，应用于混凝土的超声波检测仪有模拟式和数字式两类。前者接收信号为连续模拟量，可由时域波形信号测读声时参数；数字式接收信号转化为离散数字量，具有采集、存储数字信号，测读声学参数和对数字信号处理的智能化功能。

1. 技术要求

超声波检测仪技术要求如下：

（1）超声波检测仪应通过技术鉴定，并必须符合产品合格证。

（2）仪器的声时最小分度值为 0.1 μs，具有最小分度值为 1 dB 的信号幅度调整系统。

（3）仪器应具有良好的稳定性，声时显示，调节在 20～30 μs 内，2 h 内声时显示的漂移不得大于 ±0.2 μs；当采用自动测读时，在同一测试条件下，在 1 h 内每 5 min 测读一次声时的差异不超过 ±0.1 μs。

（4）接收放大器频响范围 10～500 kHz，总增益不小于 80 dB，接收灵敏度（信噪比为 3:1时）不大于 50 μV。

（5）具有手动游标和自动整形两种声时测读功能。显示应清晰稳定，数字显示稳定，声时调节在 20～30 μs，连续静置 1 h，数字变化不超过 ±0.2 μs。若采用整形自动测读，混凝土超声测距不超过 1 m，在同一测试条件下，在 1 h 内每 5 min 测读一次声时值的差异不超过 ±0.2 μs。

（6）仪器应能在温度为 0～40 ℃、相对湿度不大于 80%、电源电压波动范围在标称值 ±10% 情况下正常工作。

超声波检测仪的校准按声时计量检测，应按《超声回弹综合法检测混凝土强度技术规程》（CECS 02:2005）附录 E 的"时—距"法进行，且应定期保养。

2. 影响因素

超声波检测混凝土的强度主要是通过测量在一定测距内超声波传播的平均声速来推定的。影响声速的因素主要有以下 7 个方面。

1）横向尺寸效应

通常，纵波速度是在无限大介质中测得的，随试件横向尺寸减小，纵波速度可能向杆、板的声速或表面波速转变，即声速比无限大介质中纵波速度小。

当横向尺寸 $d \geq 2\lambda$（λ 为波长）时，传播速度与大块体中纵波速度相当；当 $\lambda < d < 2\lambda$

时，可能使传播速度降低 2.5% ~3.0%；当 $0.2\lambda < d < \lambda$ 时，传播速度变化较大，降低 6% ~7%，此时估计强度的误差可能达到 30% ~40%。

2）温度和湿度

（1）温度。当混凝土环境温度处于 5 ~30 ℃时，温度影响不明显；当环境温度处于 40 ~60 ℃时，声速值约降低5%；当温度为0 ℃以下时，由于冰的声速为3.5 km/s，大于自由水的声速 1.45 km/s，使脉冲波速增加。当温度为 -4 ~60 ℃时，温度影响可以用有关数据修正。

（2）湿度。由于超声波在水中的传播速度为 1.45 km/s，在空气中仅为 0.34 km/s，因此水中养护的混凝土比空气中养护的混凝土强度高。饱水混凝土含水率比一般混凝土增高约 4%，波速增高约 6%。

3）混凝土结构中钢筋对超声法测强的影响

钢筋中超声传播速度 v_s 约为普通混凝土中超声传播 v_c 的 1.2 ~1.9 倍，在检测钢筋混凝土结构时，会考虑钢筋对声速的影响，从而影响了所测混凝土结构的强度。

（1）钢筋垂直于声脉冲传播方向。

钢筋垂直于声脉冲传播方向，在一般配筋情况下，当混凝土体积较大时，这种影响很小，且往往被测量误差掩盖，可以忽略。

（2）钢筋平行于声脉冲传播方向。

钢筋平行于声脉冲传播方向，如果能使探头与钢筋的距离增大，则钢筋对混凝土声速的影响逐渐减小。当探头离开钢筋的距离大于探头间距离 1/8 ~1/6 时，就足以避免钢筋的影响。

4）粗集料品种、粒径和含量

每立方米混凝土中集料用量的变化、颗粒组成的改变对混凝土强度的影响要比水灰比、水泥用量及水泥强度等级的影响小得多，但是粗集料的数量、品种及颗粒组成，对超声波传播速度的影响却十分显著。

比较水泥石、砂浆和混凝土三种试体的超声波波速，在强度相同的条件下，混凝土声速最高，砂浆次之，水泥石最低。这是因为声波在粗集料中的传播速度较混凝土高。

5）水灰比和水泥用量

随着混凝土水灰比降低，混凝土强度、密实度及弹性提高，超声脉冲在混凝土中的传播速度也相应增大；反之，超声脉冲速度随水灰比增大而降低。

水泥用量的变化实际上改变了混凝土的水灰比。在相同混凝土强度的情况下，当粗集料用量不变时，水泥用量越低，超声声速越高。

6）混凝土龄期

不同龄期混凝土的 f_{cu}—v 关系曲线是不同的，当声速相同时，长龄期混凝土的强度较高。

7）混凝土缺陷及损伤

当采用超声检测和推定混凝土的强度时，只有在混凝土强度波动符合正态分布的条件下，才能进行混凝土强度推定。

三、影响因素分析

回弹超声综合法的影响因素比声速或回弹单一参数法要少。各因素的影响如表 13-3 所示。

表 13-3　回弹超声综合法的影响因素

因素	试验验证范围	影响程度	修正方法
水泥品种及用量	普通水泥、矿渣水泥、粉煤灰水泥，$200\sim450\ kg/m^3$	不显著	不修正
细集料(砂子)品种及用量	山砂、特细砂、中砂 28% ~40%	不显著	不修正
粗集料(石子)品种及用量	卵石、碎石、集灰比，1∶4.5 ~1∶5.5	显著	必须修正或指定不同的测强曲线
粗集料粒径	0.5 ~2 cm、0.5 ~4 cm、0.5 ~3.2 cm	不显著	>4 cm 应修正
外加剂	木钙减水剂、硫酸钠、三乙醇胺	不显著	不修正
碳化深度	—	不显著	不修正
含水率	—	有影响	尽可能在干燥状态
测试面	浇筑侧面与浇筑上表面及底面比较	有影响	对声速值和回弹值分别进行修正

四、检测方法

回弹法检测的检测数量与测区选择同前述“回弹法检测混凝土强度”，以下介绍超声波法检测。

(一)选择合适的换能器布置方式

(1)对测法：最敏感，换能器直接在 2 个平行的测试面上相对布置。

(2)斜测法：2 个换能器布置在相互垂直的测试面上。用直角三角形斜边为测距，需要通过变化测距获取稳定的声速。

(3)平布式(平测法)：最不敏感，2 个换能器布置在同一测试面上。一般采用变动测距求出基本稳定的声速。

应尽可能将换能器布置在脱模混凝土表面，并采用对称布置方式。

(二)检测数量与测区

(1)如果把混凝土构件作为一个检测总体，要求在构件上均匀布置测区，划出不少于 10 个 200 mm×200 mm 的方网格，将每个网格视为一个测区。对同批构件抽检 30%，且不少于 10 件构件，每个构件测区不少于 10 个。采用平测时，测区面积宜为 400 mm×400 mm。

(2)对于某一方向尺寸不大于 4.5 m 且另一方向尺寸不大于 0.3 m 的构件，其测区数量可适当减少，但不应少于 5 个。

(3)测区应布置在构件混凝土浇筑方向的侧面,测面应清洁平整。

(三)超声测试及声速值计算

超声测点布置应在回弹测试的同一测区内,每个测区布置 3 个测点。测试时,换能器辐射面应通过耦合剂与混凝土测试面良好耦合。

量测每对测点之间的直线距离,即声程,采集记录对应声时。目前,仪器一般可以自动计算砂浆换算声速v_m。声时测量应精确到 0.1 μs;超声测距测量应精确到 0.1 mm,且测量误差不应超过 ±1%。

应用 RS－UT01C 声波检测仪进行强度检测可达到较高的精度,误差一般在 1～2 个强度等级之内。

测区声速由下式计算:

$$v = \frac{l}{t_m} \tag{13-9}$$

式中 v——测区声速,精确至 0.01 km/s;

l——测距,mm;

t_1、t_2、t_3——同一测区不同测点声时,μs;

t_m——平均声时,μs,$t_m = \frac{(t_1 + t_2 + t_3)}{3}$。

1. 对测修正

当在顶面和底面测试时,声速按 $v_a = \beta v$,一般地,β 取 1.034。

2. 平测修正

一般平测声速比对测小,如表面光洁、平整、未受损伤,取 1.00～1.03;如表面粗糙、疏松,取 1.04～1.10。

3. 斜测修正

没有统一的修正系数,一般通过现场测试得出对测与斜测的校正系数。

(四)混凝土强度推定

《超声回弹综合法检测混凝土强度技术规程》(CECS 02:2005)给出的混凝土强度推定方法,适用于龄期 7～2 000 d、自然养护、抗压强度 10～70 MPa 的普通混凝土。

1)测区强度计算

(1)测强曲线。

优先采用专用或地区测强曲线推定。当无该类测强曲线时,经验证后也可按《超声回弹综合法检测混凝土强度技术规程》(CECS 02:2005)附录 C 的规定确定,或按下列公式计算:

①粗集料为卵石时:

$$f_{cu,i}^{c} = 0.005\,6\, v_{ai}^{\ 1.439} R_{ai}^{\ 1.769} \tag{13-10}$$

②粗集料为碎石时:

$$f_{cu,i}^{c} = 0.016\,2\, v_{ai}^{\ 1.656} R_{ai}^{\ 1.410} \tag{13-11}$$

式中 $f_{cu,i}^{c}$——第 i 个测区混凝土强度换算值,MPa,精确至 0.1 MPa;

v_{ai}——第 i 个测区修正后的超声声速值,km/s,精确至 0.01 km/s;

R_{ai}——第 i 个测区修正后的回弹值,精确至0.1。

(2)当结构所用材料与制定的测强曲线所用材料有较大差异时,须用同条件试块或从结构构件测区钻取的混凝土芯样进行修正,直径100 mm的试件数量应不少于4个。此时,得到的测区混凝土强度换算值应乘以修正系数。

①有同条件立方体试块时:

$$\eta = \frac{1}{n}\sum_{i=1}^{n}\frac{f_{cu,i}^{0}}{f_{cu,i}^{c}} \tag{13-12}$$

②有混凝土芯样试件时:

$$\eta = \frac{1}{n}\sum_{i=1}^{n}\frac{f_{cor,i}^{0}}{f_{cu,i}^{c}} \tag{13-13}$$

式中　η——修正系数,精确至小数点后两位;

$f_{cu,i}^{0}$——第 i 个混凝土立方体试块抗压强度值,以边长为150 mm计,MPa,精确至0.1 MPa;

$f_{cu,i}^{c}$——对应于第 i 个立方体试块或芯样试件的混凝土强度换算值,MPa,精确至0.1 MPa;

$f_{cor,i}^{0}$——第 i 个混凝土芯样试件抗压强度值,以 ϕ100 mm×100 mm计,MPa,精确至0.1 MPa;

n——试件数。

2)混凝土强度推定

结构或构件混凝土抗压强度推定值 $f_{cu,e}$,应按下列规定确定;

(1)当结构或构件的测区抗压强度换算值中出现小于10.0 MPa的值时,该构件的混凝土抗压强度推定值 $f_{cu,e}$ 取小于10 MPa。

(2)当结构或构件中测区数少于10个时,$f_{cu,e}=f_{cu,min}^{c}$,其中,$f_{cu,min}^{c}$ 为结构或构件最小的测区混凝土抗压强度换算值,MPa,精确至0.1 MPa。

(3)当结构或构件中测区数不少于10个或按批量检测时,分别按下式计算:

$$f_{cu,e} = m_{f_{cu,min}^{c}} - 1.645\,S_{f_{cu}^{c}} \tag{13-14}$$

$$mf_{cu}^{c} = \frac{1}{n}\sum_{i=1}^{n}f_{cu,i}^{c} \tag{13-15}$$

$$S_{f_{cu}^{c}} = \sqrt{\frac{1}{n-1}\left[\sum_{i=1}^{n}(f_{cu,i}^{c})^2 - n(mf_{cu}^{c})^2\right]} \tag{13-16}$$

式中　$f_{cu,i}^{c}$——第 i 个测区混凝土强度换算值,MPa,精确至0.1 MPa;

n——测区数,对于单个检测的构件,取一个构件的测区数,对于批量检测的构件,取被抽检构件测区数的总和。

但是,当采用《超声回弹综合法检测混凝土强度技术规程》(CECS 02:2005)测强时,按批抽样检测推定强度,标准差已接近4.50 MPa(或5.50 MPa、6.50 MPa),如果乘以大于1.0的修正系数后,就超过规定的限值,该批混凝土构件不能按批推定混凝土强度,应按单个构件检测推定强度。对按批量检测的构件,当一批构件的测区混凝土抗压强度标准差出现下列情况之一时,该批构件应全部重新按单个构件进行检测。

(1)一批构件的混凝土抗压强度平均值 $m_{f_{cu}^{c}}<25.0$ MPa,标准差$S_{f_{cu}^{c}}>4.50$ MPa。

(2)一批构件的混凝土抗压强度平均值 $m_{f_{cu}^{c}}$ 为 25.0 ~50.0 MPa,标准差$S_{f_{cu}^{c}}>5.50$ MPa。

(3)一批构件的混凝土抗压强度平均值 $m_{f_{cu}^{c}}>50.0$ MPa,标准差$S_{f_{cu}^{c}}>6.50$ MPa。

第三节　钻芯法检测混凝土强度

钻芯法是利用钻机和人造金刚石空心薄壁钻头,从结构混凝土中钻取芯样以检测混凝土强度和检测混凝土内部缺陷的方法,是一种直观、可靠和准确的方法,但对结构会造成一定的损伤。

一、钻芯机

(一)类型

混凝土钻芯机分轻便型、轻型、重型和超重型四类,主要技术参数如表 13-4 所示。

表 13-4　不同类型混凝土钻芯机主要技术参数

钻芯机类型	钻孔直径(mm)	转速(r/min)	功率(kW)	机重(kg)	钻芯机高度(mm)
轻便型	12 ~ 75	600 ~ 2 000	1.1	25	1 040
轻型	25 ~ 200	300 ~ 900	2.2	89	1 190
重型	200 ~ 450	250 ~ 500	4.0	120	1 800
超重型	330 ~ 700	200	7.5	300	2 400

(二)钻芯机组成

混凝土钻孔取芯机械应满足相关规定。钻机主要由底座、立柱、减速箱、输出油、进给箱、进给手柄、电动机(汽油机)和冷却系统等组成(见图 13-1)。

工作时将人造金刚石空心薄壁钻头安装在钻机输出轴上。

配套设备一般有:冲击钻、钢筋定位仪和芯样端部处理设备等。用于探测钢筋位置的定位仪最大探测深度不小于 60 mm,探测位置偏差不大于 ±5 mm。

(三)钻芯机的固定方式

钻芯取样时固定钻芯机的方法有配重法、真空吸附法、顶杆支撑法和膨胀锚栓法。但是从经济适用的角度看,隧道混凝土取芯一般采用膨胀锚栓法。

当所有准备工作就绪后,在正式试验之前,要对所有仪器、仪表进行一次观测演习,以便熟悉试验程序、仪器和仪表的测读,记录方法等。

在试验前及测试过程中观测并记录气温情况。

二、检测

检测按《钻芯法检测混凝土强度技术规程》(CECS 03:2007)执行。

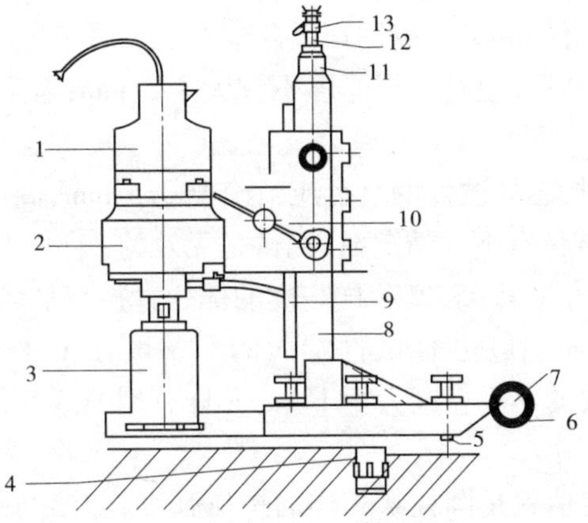

1—电动机;2—变速箱;3—钻头;4—膨胀螺栓;5—支撑螺钉;6—底座;7—行走轮;
8—立柱;9—升降齿条;10—进给手柄;11—堵盖;12—支撑杆;13—紧固螺钉

图 13-1　混凝土钻芯机构造示意

(一)钻机选取

钻芯法检测混凝土强度以其直观准确而成为其他检测方法的检验依据。但钻芯法对构件的损伤较大,检测成本高,难以大量使用。为了克服这些缺点,采用小直径芯样进行检测成为发展方向。目前最小的芯样直径可以达到 25 mm,但小直径芯样的强度试验数据离散较大,需要通过增加检测数量才能达到标准芯样的检验效果。要求芯样公称直径不小于粗集料直径的 3 倍。对于小直径芯样,芯样公称直径不小于 70 mm,且不得小于最大集料直径的 2 倍。

(二)钻芯数量

取芯属半破损检测法,对结构的完整性有一定的影响,尤其对已经有一定破损的在役结构来说,取芯数量更应加以控制。《钻芯法检测混凝土强度技术规程》(CECS 03:2007)中规定,取芯数量应根据同一批构件的容量确定。

在确定检测批的混凝土强度推定值时,标准芯样试件的最小样本量不宜少于 15 个,小直径芯样的最小样本量应适当增加。

对于确定单个构件混凝土的强度,芯样试件的数量以≥3 个为宜,取芯位置应在整个结构上均匀布置。对于较小构件,芯样试件的数量可以为 2 个。

(三)芯样加工及测量

从钻孔中取出的芯样试件尺寸一般不满足尺寸要求,必须进行切割加工和端面修补后,才能进行抗压强度试验。抗压芯样试件的高度(H)与直径(d)比值应为 1.00,以直径和高度均为 100 mm 的圆柱体为标准试件。

芯样内不宜含有钢筋,当不能满足此项要求时,抗压试件应符合以下要求:

(1)标准芯样试件,每个试件内最多允许有 2 根直径小于 10 mm 的钢筋;

(2)公称直径小于 100 mm 的芯样试件,每个试件内最多允许有 1 根直径小于 10 mm 的钢筋;

(3)芯样内的钢筋应与试件的轴线基本垂直,并离开端面 10 mm 以上。

芯样的其他控制指标有端面平整度、垂直度、直径偏差等。芯样端面应做磨平处理，承受轴向压力的芯样试件端面，可以用环氧砂浆补平。对于抗压强度小于40 MPa的芯样试件，可以用水泥砂浆补平，但补平层厚度不宜大于5 mm；若采用硫黄胶泥补平，补平层厚度不宜大于1.5 mm。

当测量芯样试件时，芯样试件的直径应精确至0.5 mm，高度应精确至1 mm，垂直度应精确至0.1°。芯样试件有下列情况时，测试是无效的：①试件的实际高径比（H/d）小于要求高径比的0.95或大于1.05；②芯样高度的任一直径与平均直径（两相互垂直方向测值平均值）相差大于2 mm；③芯样试件端面的平整度在100 mm长度内大于0.1 mm；④芯样试件端面与轴线的不垂直度大于1°；⑤芯样有裂缝或其他较大缺陷。

（四）影响因素

由于钻芯法的测定值就是圆柱状芯样的抗压强度，即参与强度或现场强度。钻芯法的关键问题是如何用适当的机具钻取合格的芯样。

混凝土芯样的抗压强度除了受到钻机、锯切机等设备的质量和操作工艺的影响，还受芯样本身各种条件影响，如芯样直径的大小、高径比、端面平整度、端面与轴线间的垂直度、芯样的湿度等。

另外，还有一个不可忽略的因素，即芯样中钢筋对抗压强度的影响。

芯样在进行抗压试验时，其轴线方向承受压力，因此不允许存在与轴线相互平行的钢筋，这一点在《钻芯法检测混凝土强度技术规程》（CECS 03:2007）中非常明确。但对于与轴线垂直的钢筋，各国有各自的标准规定。有关试验表明，当难以避开钢筋时，芯样最多只允许有2根直径小于10 mm的钢筋存在，否则，会影响抗压强度。

由于钢筋直径小且数量少，影响程度被强度本身的变异性所掩盖。含有钢筋的芯样强度比不含钢筋的芯样强度稍高一点，影响并不显著。但当芯样中部存在钢筋时，影响就会大些。

本章小结

本章主要学习了用回弹法检测混凝土强度，并对检测结果进行分析计算；以及用超声回弹综合法检测混凝土强度的步骤、检测结果整理；用钻芯法检测混凝土强度的检测步骤及影响因素等。

复习思考题

1. 回弹法检测混凝土强度的适用条件。
2. 超声回弹法的原理是什么？
3. 钻芯法检测混凝土强度的影响因素有哪些？
4. 回弹法和钻芯法检测混凝土强度有何异同点？

第十四章　桥梁工程制品试验检测

【教学目标】

(1)学生通过学习视频、PPT、现场检测实践,能进行预应力钢绞线、波纹管及锚具的检测,并能用于工程实践。

(2)学生通过学习视频、PPT、现场观摩,能描述桥梁支座和伸缩缝的检测原理,并能开展相关的性能检测,以及对测试结果进行分析处理,正确率达80%以上。

【引例导入】

鱼洞长江大桥是重庆主城区内长江上的一座公路轨道两用桥梁,南连巴南区鱼洞经济开发区,北接大渡口建胜镇,是一座预应力混凝土连续刚构桥。全桥长约1 541.6 m,主桥长860 m,为四跨145.32 m+2×260 m+145.32 m。大桥实际为两座并立且结构参数一致的桥梁,建设过程采用分阶段施工和通车。大桥共8车道,其中2条为重庆轨道交通2号线的轨道,其余为双向6个汽车道。大桥分二期建设,上游半幅于2008年12月26日建成通车,下游半幅于2011年8月13日建成通车,现场预应力施工如图14-1所示。

图14-1　重庆鱼洞长江大桥现场预应力施工

第一节 预应力筋用锚具、夹具、连接器试验检测

一、产品分类

锚具、夹具、连接器按其结构形式分为张拉端锚具(又分为群锚和扁锚两种)、固定端锚具[又分为扎花(H型)锚具和挤压(P型)锚具两种]。各类锚具、夹具和连接器按适用的钢绞线规格可分为YM12和YM15两个系列。YM12系列锚具、连接器适用于锚固、连接12.0~12.9 mm钢绞线;YM15系列锚具、连接器适用于锚固、连接15.0~15.7 mm钢绞线。

二、检测项目与技术要求

锚具、夹具和连接器应具有可靠的锚固性能和足够的承载能力,以保证充分发挥预应力筋的强度。

检验分为出厂检验、型式检验和使用单位检验。出厂检验为生产厂家在每批产品交货前必须进行的检测,由生产厂家的质量检验部门进行,并做出检验记录。型式检验应由国家指定的检测机构进行。

出厂检验应包括下列项目:表面质量、粗糙度、几何尺寸、硬度与静载试验。

型式检验应包括下列项目:表面质量、粗糙度、几何尺寸、硬度、静载试验、疲劳试验、周期荷载试验、辅助性试验。

桥梁施工中检验包括:外观与尺寸检查、硬度检查,大桥有时须进行静载试验。

锚具静载锚固由预应力锚具组装件的静载试验测定的锚具效率系数和达到实测极限拉力时的总应变来确定。《公路桥梁预应力钢绞线用锚具、夹具和连接器》(JT/T 329—2010)规定锚具的静载锚固性能应符合下列要求。

钢绞线锚具组装件达到实测极限拉力时,全部零件均不应出现肉眼可见的裂缝或破坏。锚具的静载锚固性能应满足下列要求:

(1)锚具效率系数 $\eta_a \geq 0.95$;

(2)达到实测极限拉力时的总应变 $\varepsilon_{apu} \geq 2\%$;

(3)锚具宜满足分级张拉、补张拉以及放松钢绞线的要求,锚具及其附件上应设置灌浆孔,灌浆孔应具有保证浆液畅通的截面面积;

(4)循环荷载作用下疲劳性能试验,试件经受200万次循环荷载后,钢绞线因锚具影响发生疲劳破坏的面积不应大于试件总截面面积的5%;

(5)用于抗震结构中的锚具,还应进行周期荷载试验,试件经50次周期荷载作用后,钢绞线不应发生破断、滑移和夹片松脱现象;

(6)锚具内缩量应不大于6 mm;

(7)锚口摩阻损失不大于2.5%;

(8)夹具和连接器应具有与锚具相同的性能要求。

三、试验方法

（一）一般规定

试验用的钢绞线锚具组装件应由全部零件和钢绞线组装组成，组装时不得在锚固零件上添加锚固性能的物质，如金刚砂、石墨等（设计规定的除外）。束中各根钢绞线应等长平行，生产场的型式检验和新产品试验所用的试件，应选用同一品种、同一规格中最高强度级别的钢绞线。不同系列的锚具应各选取两种代表性尺寸的样品型式试验。

试验用的测力系统，其不确定度不得大于2%；测量总应变用的量具，其标距的不确定度不得大于标距的0.2%；指示应变的仪器的不确定度不得大于标距的0.1%。试验台座承载力应大于组装件中各预应力筋计算极限拉力之和的1.5倍，千斤顶额定张拉力和测力传感器额定压力应大于组装件中各预应力筋极限拉力之和。试验设备及仪器每年至少标定一次。

锚具组装件试验之前，必须对单根钢绞线进行力学性能试验，其试件应同组装件试验从同一盘钢丝或钢绞线中抽取。每次随机抽取6个试件。

（二）静载试验

将锚具、钢绞线、传感器、千斤顶安装于试验机或试验台座上，使各钢绞线均匀受力，紧固锚具螺钉或敲紧夹片。图14-2给出了钢绞线锚具组装件静载试验组装图。

当用张拉设备拉至钢绞线抗拉强度标准值的10%时，测量图14-2所示L_0及千斤顶的活塞初始行程并做记录；测量图14-3中a、b尺寸并记录。

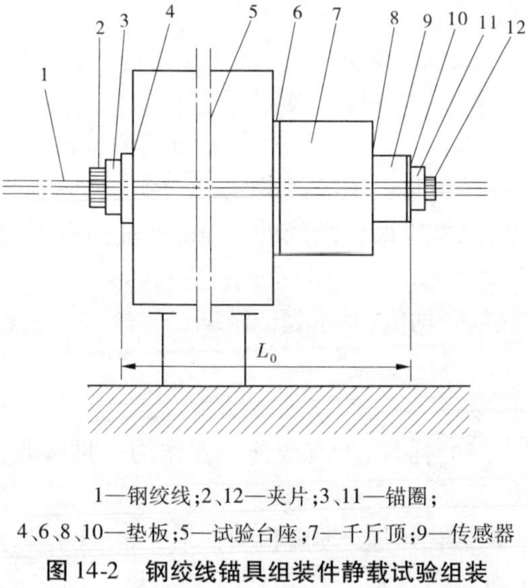

1—钢绞线；2、12—夹片；3、11—锚圈；
4、6、8、10—垫板；5—试验台座；7—千斤顶；9—传感器

图14-2　钢绞线锚具组装件静载试验组装

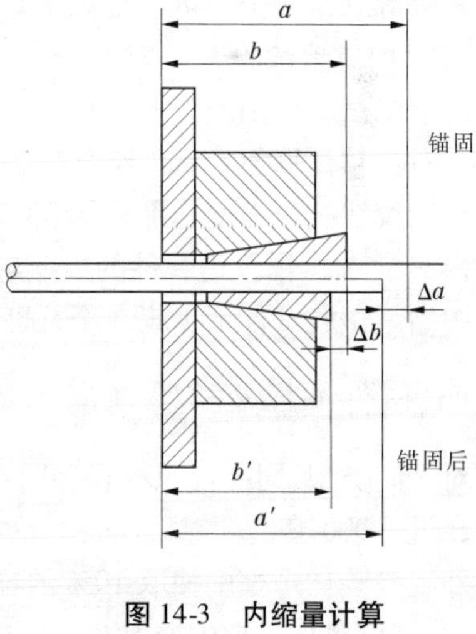

图14-3　内缩量计算

用试验设备按钢绞线抗拉强度标准值的20%、40%、60%、80%分4级等速加载，加载速度每分钟宜为100 MPa，达到80%后持荷1 h，随后逐步加载至破坏。

试验过程中观察和测量项目应包括：

（1）钢绞线锚具或连接器组装件的内缩量。

（2）锚具或连接器各零件之间的相对位移。

(3)在达到钢绞线抗拉强度标准值的80%后，在持荷1 h时间内，锚具或连接器的变形。

(4)试件的实测极限应力 F_{apu}。

(5)达到实测极限应力时的总应变 ε_{apu}。

根据试验结果记录计算锚具和连接器的锚固效率系数 η_a，编写试验报告。

总应变按下式计算：

$$\eta_a = \frac{F_{apu}}{F_{apu}^c} \tag{14-1}$$

$$F_{apu}^c = nf_{ptm}A_p \tag{14-2}$$

$$\varepsilon_{apu} = \frac{L_2 - L_1 - \Delta a}{L_0} \times 100\% \tag{14-3}$$

式中 F_{apu}——钢绞线锚具组装件的实测极限拉力，kN；

F_{apu}^c——钢绞线锚具组装件中各根钢绞线计算极限拉力之和，kN，$F_{apu}^c = nf_{ptm}A_p$；

f_{ptm}——钢绞线中抽取的试件极限抗拉强度的平均值，MPa；

A_p——钢绞线锚具组装件中钢绞线截面面积之和，mm^2；

L_1——千斤顶活塞初始行程读数；

L_2——试件破坏时，活塞终了行程读数；

Δa——内缩量，见图14-3，mm；

n——钢绞线锚具组装件中钢绞线根数。

根据静载试验记录可以计算锚具效率系数和总应变。

(三)内缩量试验

内缩量试验使用的设备、仪器及试件安装与静载试验相同，内缩量可用测量锚固处钢绞线相对位移计算出。试件组装后，测量图14-3中每根钢绞线的 a_i 值，用试验设备张拉试件至钢绞线抗拉强度标准值的80%后锚固，测量每根钢绞线的 a_i 值，计算出每根钢绞线的内缩量 Δa_i、锚具组装件的内缩量 Δa。

内缩量试验试件不少于3个，试验结果取其平均值，并用表记录。

四、试件抽样及检验判定

对于同类型、同一批原材料和同一工艺生产的锚具、夹具或连接器作为一批验收，每批不超过1 000套。

外观检验从每批中抽取10%的锚具，且不少于10套；硬度检验抽取5%，且不少于5套；静载试验应从每批中抽取6套，组成3个组装件。

外观检验如表面无裂缝，尺寸符合设计要求，则判定为合格；如有一套表面有裂缝或尺寸超过设计图纸规定的允许偏差，应另取双倍数量的试件重做检验，如仍有一套试件不符合要求，则应逐个检验，合格者方可使用。

硬度检验每个零件测试3点，当硬度值符合设计要求的范围，应判为合格。如有1个零件不合格，则应另取双倍数量的零件重做试验；如仍有1个试件不合格，则应逐个检验，合格者方可使用。

静载锚固能力检验、疲劳荷载试验及周期荷载检验符合技术要求的规定，判为合格。如有1个试件不合格，则应另取双倍数量的锚具或连接器重做试验；如仍有1个试件不符合要求，则该批为不合格品。

【例14-1】　某特大连续梁桥，所采用的工作锚板(规格型号:15－8)、工作夹片(规格型号:15－J)均为某预应力工艺设备厂提供的，现通过静载试验检测它们是否符合相关要求，并检测其金属硬度。

解:(1)检测依据:《预应力筋用锚具、夹具和连接器》(GB/T 14370—2015)、《金属材料 洛氏硬度试验 第1部分:试验方法(A、B、C、D、E、F、G、H、K、N、T标尺)》(GB/T 230.1—2009)。

(2)主要检测设备:静载锚固效率系数试验仪(编号:51004)。

(3)从一批原件中抽出6套组成3个组装件进行静载试验，预应力筋实测极限拉力、钢绞线根数、钢绞线筋平均长度、组装件实测极限拉力、预应力筋总伸长量的试验检测数值及相关试验结果如表14-1所示。

表14-1　检测结果

试验项目	技术要求	检测值		
组装件编号	—	1#－1	1#－2	1#－3
预应力筋实测极限拉力(kN)	—	279	279	280
钢绞线根数(根)	—	8	8	8
钢绞线筋平均长度(mm)	—	3 335	3 335	3 335
预应力筋计算极限拉力(kN)	—	2 232	2 232	2 240
组装件实测极限拉力(kN)	—	2 140	2 144	2 146
静载锚固效率系数 η_a	≥0.95	0.96	0.96	0.96
预应力筋总伸长量(mm)	—	115	118	119
组装件总应变(%)	≥2.0	3.4	3.5	3.6
结论	该样品静载锚固效率系数、组装件总应变应符合《预应力筋用锚具、夹具和连接器》(GB/T 14370—2015)中锚具相应技术指标要求			

(4)预应力筋计算极限拉力(以1#－1组装件为例):

预应力筋计算极限拉力＝预应力筋实测极限拉力×钢绞线根数＝279×8＝2 232(kN)

(5)静载锚固效率系数(以1#－1组装件为例):

静载锚固效率系数＝组装件实测极限拉力÷预应力筋计算极限拉力＝2 140÷2 232＝0.96

(6)组装件总应变(以1#－1组装件为例):

$$组装件总应变=\frac{预应力筋伸长量}{钢绞线筋平均长度}=\frac{115}{3\ 335}\times 100\%=3.4\%$$

(7)试验结果表明，该样品静载锚固效率系数、组装件总应变符合《预应力筋用锚具、夹具和连接器》(GB/T 14370—2015)中锚具相应技术指标要求。

(8)从一批原件中抽取6套进行硬度试验,试验结果如表14-2所示。

表14-2　检测结果

压头		120金刚石
总试验力(N)		1 471
标注硬度的符号		HRC
质量保证书要求值(HRC)		2 632
洛氏硬度	样品编号	检测值(HRC)
	$5^{\#}-1$	31.5
	$5^{\#}-2$	29.0
	$5^{\#}-3$	30.0
	$5^{\#}-4$	28.5
	$5^{\#}-5$	31.0
	$5^{\#}-6$	30.0
结论	该样品硬度符合产品质量保证书要求值	

第二节　桥梁支座试验检测

桥梁工程常用的支座有以下几种:

(1)油毛毡或平板支座(石棉板或铅板支座):一般用于低等级公路中标准跨径10 m以内的简支梁(板)桥。

(2)板式橡胶支座:一般用于中小跨径($L<40$ m)梁(板)桥。

(3)盆式橡胶支座:常用于大跨径、大吨位的箱梁桥和悬索桥。

(4)球形支座:常用于大跨径、大吨位的箱梁桥,特别适用于曲线桥、宽桥和坡道上的斜桥。

(5)钢支座:适用于标准跨径等于或大于25 m的梁桥。现已基本被板式橡胶支座取代,目前多用于钢结构桥梁上。

此外,还有钢筋混凝土摆式支座等。

橡胶支座结构简单,成本低,目前已实现了产品的标准化、系列化。本节主要介绍板式橡胶支座的检验方法。

桥梁支座设置在梁板式体系中主梁与墩台之间,其主要功能是将上部结构的各种荷载传递给墩台,并能适应上部结构的荷载、温度变化、混凝土收缩等各种因素所产生的变形(水平位移及转角),使上部结构的实际受力情况符合设计计算图式。

桥梁支座按其材料可划分为小桥涵上使用的简易垫层支座、大中桥上使用的钢板支座、钢筋混凝土支座以及目前使用极为广泛的橡胶支座等。

一、板式橡胶支座构造特性

板式橡胶支座(见图14-4)通常由若干层橡胶片与薄钢筋板为刚性的加劲组合而成，各层橡胶与上下钢板经加压硫化牢固地黏结成为一体。支座在竖向荷载作用下，具有足够的刚度，主要是由嵌入橡胶片之间的钢板限制橡胶的侧向膨胀。在水平力作用下，支座的水平位移量取决于橡胶片的净厚度。在运营期间，为防止嵌入钢板的腐蚀，支座的上下面及四边都有橡胶保护层。

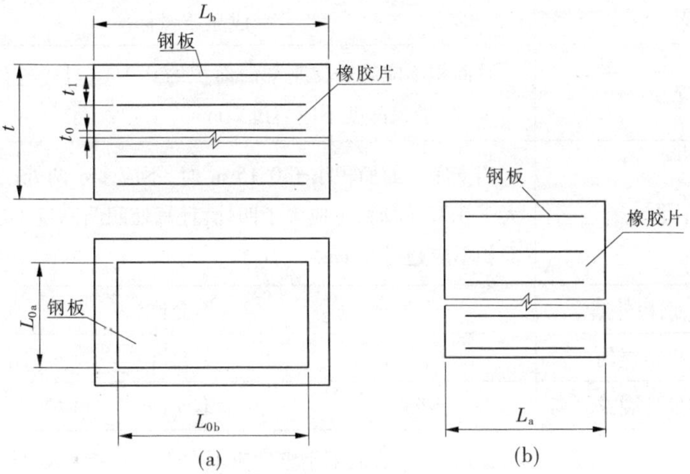

图14-4　矩形普通板式橡胶支座

二、板式橡胶支座的技术要求

《公路桥梁板式橡胶支座》(JT/T 4—2019)规定了桥梁板式橡胶支座标准系列规格。支座的力学性能指标见表14-3。其他质量要求应符合表14-4～表14-7的规定。

表14-3　支座的力学性能指标

项目	指标	
极限抗压强度 R_u(MPa)	≥70	
实测抗压弹性模量 E_1(MPa)	$E \pm E \times 20\%$	
实测抗剪弹性模量 G_1(MPa)	$G \pm G \times 15\%$	
实测老化后抗剪弹性模量 G_2(MPa)	$G + G \times 15\%$	
抗剪黏结性能	无橡胶开裂和脱胶现象	
实测转角剪切值	混凝土桥	≥1/300
	钢桥	≥1/500
实测滑板与不锈钢板表面摩擦系数(加硅脂时)	≤0.03	

表 14-4　支座内部质量要求

名称	允许偏差
锯开后胶层厚度	胶层厚度应均匀，t_1为 5 mm 或 8 mm 时，其允许偏差为 ±0.4 mm；t_1为 11 mm 时，其允许偏差为 ±0.7 mm；t_1为 15 mm 时，其允许偏差为 ±1.0 mm；上、下保护层厚度允许偏差为（+0.5 mm，0 mm）
钢板与橡胶黏结	钢板与橡胶黏结应牢固，且无离层现象，其平面尺寸允许偏差为 ±1 mm

表 14-5　外观要求

名称	成品质量标准
气泡、杂质	总面积不应超过支座平面面积的 0.1%，且每一处面积不应大于 50 mm^2，最大深度不应超过 2 mm
凹凸不平	当支座平面面积小于 0.15 m^2时，不应多于两处；当支座平面面积大于 0.15 m^2时，不应多于四处，且每处凹凸高度不应超过 0.5 mm，面积不应超过 6 mm^2
四侧面裂纹、钢板外露	不允许
掉块、崩裂、机械损伤	不允许
钢板与橡胶黏结处开裂或剥离	不允许
支座表面平整度	普通支座：表面不平整度应不大于平面最大长度的 0.4%； 滑板支座：表面不平整度应不大于滑板平面最大长度的 0.2%
滑板与支座黏贴错位	不应超过橡胶支座短边或直径的 0.5%

表 14-6　支座平面尺寸允许偏差

矩形支座		圆形支座	
长边 l_b（mm）	允许偏差（mm）	直径 d（mm）	允许偏差（mm）
$l_b \leqslant 300$	+2，0	$d \leqslant 300$	+2，0
$300 < l_b \leqslant 500$	+4，0	$300 < d \leqslant 500$	+4，0
$l_b > 500$	+5，0	$d > 500$	+5，0

表 14-7　支座厚度尺寸允许偏差

矩形支座		圆形支座	
厚度 t（mm）	允许偏差（mm）	厚度 t（mm）	允许偏差（mm）
$t \leqslant 49$	+1，0	$t \leqslant 49$	+1，0
$49 < t \leqslant 100$	+2，0	$49 < t \leqslant 100$	+2，0
$100 < t \leqslant 150$	+3，0	$100 < t \leqslant 150$	+3，0
$t > 150$	+4，0	$t > 150$	+4，0

支座抗压弹性模量 E 和支座形状系数 S 应按下列公式计算：

$$E = 5.4G \cdot S^2 \tag{14-4}$$

形状系数是支座受压面积与自由膨胀侧面积之比值。橡胶支座在一定的压力作用下，形状系数影响其竖向变形。在同一批支座中，个别支座受压后变形量与同类支座相比差异较大，说明在支座加工时，橡胶片与钢板的黏结处存在缺陷。

对矩形支座

$$S = \frac{l_{oa} \times l_{ob}}{2(l_{oa} + l_{ob})t_1} \tag{14-5}$$

对圆形支座

$$S = \frac{d_0}{4t_1} \tag{14-6}$$

式中　E——支座抗压弹性模量，MPa；

G——支座抗剪弹性模量，一般取值为 1.0，MPa；

S——支座形状系数，应为 5 ~ 12；

l_{oa}——矩形支座加劲钢板短边尺寸，mm；

l_{ob}——矩形支座加劲钢板长边尺寸，mm；

d_0——圆形支座加劲钢板直径，mm；

t_1——支座中间单层橡胶片厚度，mm。

三、板式橡胶支座检验方法

板式橡胶支座检验分为进厂原材料检验、出厂检验和型式检验。

进厂原材料检验是指板式橡胶支座加工用原材料及外加工件进厂时，应进行的验收检验。进厂原材料检验项目为橡胶、滑板。

支座出厂检验为每批产品交货前应进行的检验，出厂检验应由工厂质检部门进行，确认合格后方可出厂，出厂时应附有产品质量合格证明文件，并附有支座的规格、胶种、单层橡胶和钢板厚度、钢板层数、橡胶总厚度，以便使用单位验收和抽检。每项检验都应符合规定的要求。

有下列情况之一时，应进行型式检验：

(1)新产品或老产品转厂生产的试制定型鉴定。

(2)正常生产后，胶料配方、工艺、材料有较大改变，可能影响产品性能时。

(3)产品停产一年以上，恢复生产时。

(4)重要桥梁工程或用量较大的桥梁工程用户提出要求时。

(5)国家质量监督机构提出进行型式检验要求时。

支座型式检验和出厂检验项目应符合表 14-8 的要求。

(一)抗压弹性模量检验

试验方法为通过中心受压试验得出橡胶支座的应力—应变曲线，并据此求出支座的抗压弹性模量，实测出使用应力下支座的最大压缩量，并观察支座在受压情况下的工作状况。

表 14-8　型式检验和出厂检验项目

序号	检验项目	型式检验	出厂检验
1	外观	+	+
2	支座抗压弹性模量	+	+
3	支座抗剪弹性模量	+	+
4	支座抗剪黏结性	+	+
5	支座抗剪老化	+	+
6	滑板与不锈钢板摩擦系数	+	-
7	容许转角	+	-
8	支座极限抗压强度	+	+
9	支座平面尺寸、厚度	+	+
10	支座内部质量	+	+

注：滑板橡胶支座不进行抗剪弹性模量检验；
"+"为检验项目，"-"为非检验项目。

(1)将试样置于试验机的承载板上，上下承载板与支座接触面不得有油渍；对准中心，精度应小于1%的试件短边尺寸或直径。缓缓加载至压应力为1.0 MPa且稳压后，核对承载板四角对称安置的四只位移传感器，确认无误后，开始预压，如图14-5所示。

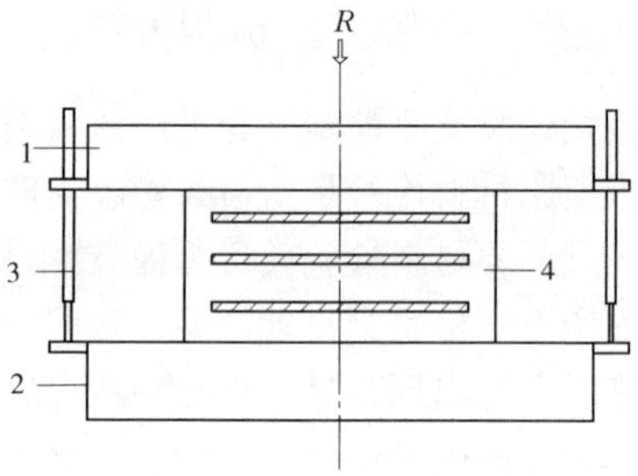

1—上承载板；2—下承载板；
3—位移传感器；4—支座试样
图 14-5　压缩试验设备

(2)预压。将压应力以0.03～0.04 MPa/s的速率连续地增至平均压应力为10 MPa，持荷2 min，然后以连续均匀的速度将压应力卸至1.0 MPa，持荷5 min，记录初始值，绘制应力—应变图，预压3次。

(3)正式加载。每一加载环自1.0 MPa开始，将压应力以0.03～0.04 MPa/s的速率均匀加载至4 MPa，持荷2 min后，采集支座变形值，然后以同样的速率每2 MPa为一级加载，每级持荷2 min后采集支座变形数据，直至平均压应力，绘制的应力—应变图成线性关系，然后以连续均匀的速度卸载至压应力为1.0 MPa。10 min后进行下一加载循环。加载过程应连续进行3次。

(4)以承载板四角所测得的变化值的平均值，作为各级荷载下试样的累计竖向压缩变形Δ_e，按试样橡胶层的总厚度t_e求出在各级试验荷载作用下，试样的累计压缩应变$\varepsilon_i = \dfrac{\Delta_{ei}}{t_e}$。

试样实测抗压弹性模量应按下列公式计算：

$$E_1 = \frac{\sigma_{10} - \sigma_4}{\varepsilon_{10} - \varepsilon_4} \tag{14-7}$$

式中　E_1——试样实测的抗压弹性模量计算值，精确至 1 MPa；

σ_4、ε_4——第 4 MPa 级试验荷载下的压应力和累计压缩应变值；

σ_{10}、ε_{10}——第 10 MPa 级试验荷载下的压应力和累计压缩应变值。

单项结果和算术平均值之间的偏差不应大于算术平均值的 3%，否则应对该试样重新复核试验 1 次，如果超过 3%，应由试验机生产厂专业人员对试验机进行检修和检定，合格后重新进行试验。

（二）抗剪弹性模量检验

由于梁体徐变以及车辆制动力等环境条件的影响产生的水平位移将使支座产生剪切变形，而橡胶支座的水平位移量主要取决于橡胶片的净厚度，也就是说，支座的剪切位移是靠胶层的变形产生的。我国原交通部行业标准规定了橡胶支座的剪切模量检验方法，如图 14-6 所示。

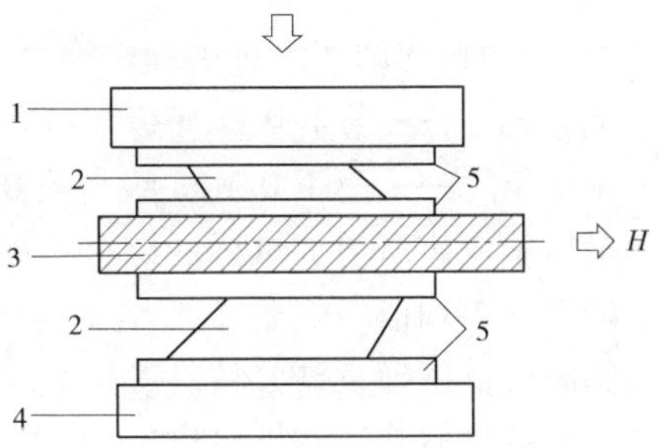

1—上承力板；2—支座；3—上下两块支座中间钢拉板；4—下承力板；5—防滑摩擦板

图 14-6　橡胶支座剪切试验示意

橡胶支座抗剪弹性模量试验是以正压力为容许压应力，在抗剪过程中保持不变的情况下，采用 2 块支座用中间钢拉板推或拉组成双剪装置，橡胶支座的顶面或底面必须与实桥设计（钢筋混凝土梁、钢梁）图纸一致，而且中间钢拉板的对称轴应和加压设备中轴处在同一垂直面上。剪切变形量一般采用两个大标距的位移传感器或百分表量测，正压力和剪切力一般采用力传感器进行量测控制。正式试验前应进行预载，以控制偏差和消除初应力。正式加载时，施加水平力至剪应力为 1.0 MPa 后持荷 5 min，然后卸载至剪应力 τ 为 0.1 MPa 后记录位移计初始值。

试验程序如下：

（1）在试验机的荷载板上，应使支座顺其短边方向受剪，将试样及中间钢拉板按双剪组合配置，使试样和中间钢拉板的对称轴和试验机承载板中心轴处在同一垂直面上，精度应小于 1% 的试件短边尺寸。为防止出现打滑现象，应在上下承载板和中间钢拉板上粘贴高摩擦板，以确保试验的精确性。

（2）将压应力以 0.03 ~ 0.04 MPa/s 的速率连续地增至平均压应力 σ，绘制应力—时间图，并在整个抗剪试验过程中保持不变。

（3）调整试验机的剪切试验机构，使水平油缸、负荷传感器的轴线和中间钢拉板的对称轴重合。

（4）预加水平力。以 0.002 ~ 0.003 MPa/s 的速率连续施加水平剪应力至剪应力 τ = 1.0 MPa，持荷 5 min，然后以连续均匀的速度卸载至剪应力为 0.1 MPa，持荷 5 min，记录初始值，绘制应力—应变图，预载 3 次。

(5)正式加载。每一加载循环自 $\tau = 0.1$ MPa 开始,每级剪应力增加 0.1 MPa,持荷 1 min,采集支座变形数据,至 $\tau = 1.0$ MPa,绘制的应力—应变图应成线性关系。然后以连续均匀的速度卸载至剪应力为 0.1 MPa。10 min 后进行下一循环试验。加载过程应连续进行 3 次。

(6)将各级水平荷载下位移传感器所测得的试样累计水平剪切变形 Δ_s,按试样橡胶层的总厚度 t_e,求出在各级试验荷载作用下,试样的累积剪切应变 $\gamma = \frac{\Delta_s}{t_e}$。

试样的实测抗剪弹性模量应按下列公式计算:

$$G_1 = \frac{\tau_{1.0} - \tau_{0.3}}{\gamma_{1.0} - \gamma_{0.3}} \tag{14-8}$$

式中　G_1 ——试样的实测抗剪弹性模量计算值,MPa,精确到 0.01 MPa;

$\tau_{1.0}$、$\tau_{0.3}$ ——第 1.0 MPa 级与第 0.3 MPa 级试验荷载下的剪应力,MPa;

$\gamma_{1.0}$、$\gamma_{0.3}$ ——第 1.0 MPa 级与第 0.3 MPa 级试验荷载下的累计剪切应变值。

每对检验支座所组成试样的综合抗剪弹性模量 G_1,为该对试件三次加载所得到的三个结果的算术平均值。但各单项结果与算术平均值之间的偏差应不大于算术平均值的 3%,否则应对该试样重新复核试验一次。如果仍超过 3%,应请试验机生产厂专业人员对试验机进行检修和检定,合格后重新进行试验。

(三)抗剪黏结性能试验

整体支座抗剪黏结性能试验方法与抗剪弹性模量试验方法相同。将压力以 0.03 ~ 0.04 MPa/s 速率连续地增至平均压应力,绘制应力—时间图,并在整个试验过程中保持不变。然后以 0.002 ~ 0.003 MPa/s 的速率连续施压水平力,当剪应力 2 MPa 持荷 5 min 后,水平力以连续均匀的速度连续卸载,在加卸载过程中绘制应力—应变图。试验中应随时观察试件受力状态及变化情况,水平力卸载后看试样是否完好无损。

(四)抗剪老化试验

将试样置于老化箱内,在(70 ± 2) ℃温度下经过 72 h 后取出,将试样在标准温度(23 ± 5) ℃下停放 48 h,再在标准试验室温度下进行剪切试验,试验与标准抗剪弹性模量试验方法步骤相同。老化后抗剪弹性模量 G_2 的计算方法与标准抗剪弹性模量计算方法相同。

(五)摩擦系数试验

摩擦系数应按下列步骤进行试验:

(1)将四氟滑板支座与不锈钢板试样按规定摆放,对准试验机承载中心位置,精度应小于 1% 的试件短边尺寸。试验时,应将四氟滑板试样的储油槽内注满 5201 - 2 硅脂油,如图 14-7 所示。

(2)将压应力以 0.03 ~ 0.04 MPa/s 的速率连续地增至平均压应力,绘制应力—时间图,并在整个摩擦系数试验过程中保持不变。其预压时间为 1 h。

(3)以 0.002 ~ 0.003 MPa/s 的速率连续地施加水平力,直至使不锈钢与四氟滑板试样接触面间发生滑动,记录此时的水平剪应力作为初始值。试验过程应连续进行三次。

摩擦系数应按下列公式计算:

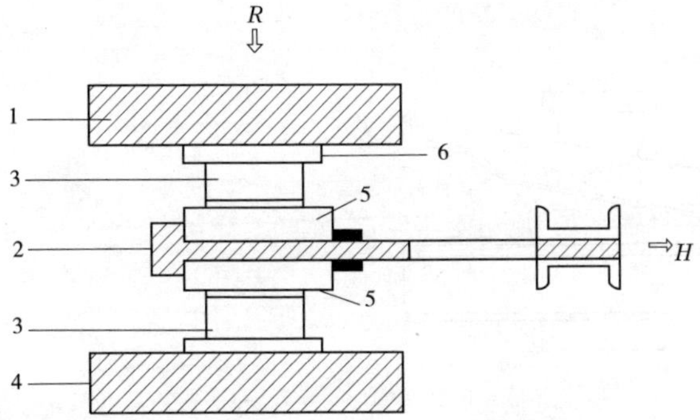

1—试验机上承载板;2—四氟滑板支座试样;3—中间钢拉板;
4—试验机下承载板;5—不锈钢板试样;6—防摩擦板

图 14-7　摩擦系数试验设备

$$\mu_r = \frac{\tau}{\sigma} = \frac{H}{2R} \tag{14-9}$$

$$\tau = \frac{H}{2A_0} \tag{14-10}$$

$$\sigma = \frac{R}{A_0} \tag{14-11}$$

式中　μ_r——四氟滑板与不锈钢板表面的摩擦系数,精确至0.01;

τ——接触面发生滑动时的平均剪应力,MPa;

σ——支座的平均压应力,MPa;

H——支座承受的最大水平力,kN;

R——支座的最大承压力,kN;

A_0——支座有效承压面积,mm^2。

每对试样的摩擦系数为三次试验结果的算术平均值。

(六)转角试验

当对试样施加压应力至平均力 σ,则试样产生垂直压缩变形;用千斤顶对中间工字梁施加一个向上的力 P,工字梁产生转动,上下试样边缘产生压缩及回弹两个相反变形。由转动产生的支座边缘的变形必须小于由垂直荷载和强制转动共同影响下产生的压缩变形(见图 14-8 和图 14-9)。

转角试验应按下列步骤进行:

(1)将试样按图 14-7 规定摆放,对准中心位置,精度应小于1%的试件短边尺寸。在距试样中心 L 处,安装使梁产生转动用的千斤顶和测力计,并在承载梁(或板)四角对称安置四只高精度位移传感器(精度 0.001 mm)。

(2)预压。将压应力以 0.03~0.04 MPa/s 的速率连续地增至平均压应力 σ,绘制应力—时间图,维持 5 min,然后以连续均匀的速度卸载至压应力为 1.0 MPa,如此反复三遍。检查传感器是否灵敏准确。

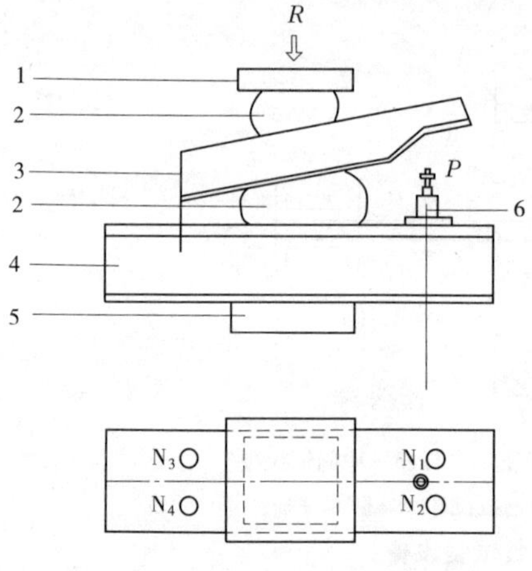

1—试验机上承载板;2—试样;3—中间工字梁;
4—承载梁(板);5—试验机下承载板;6—千斤顶

图 14-8　转角试验设备

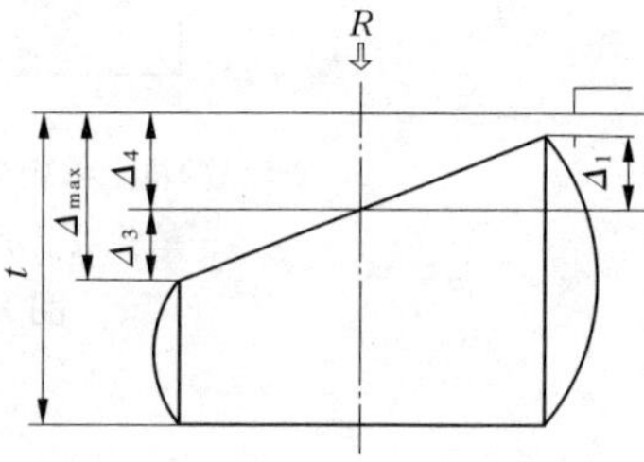

图 14-9　转角计算

(3)加载。将压应力按照抗压弹性模量试验要求增至 σ,采集支座变形数据,绘制应力—应变图,并在整个试验过程中维持 σ 不变。用千斤顶对中间工字梁施加一个向上的力 P,使其达到预期转角的正切值(偏差不大于5%),停5 min后,记录千斤顶力 P 及传感器的数值。

实测转角的正切值应按下列公式计算:

$$\tan\theta = \frac{\Delta_1^2 + \Delta_3^4}{2L} \tag{14-12}$$

式中　$\tan\theta$——试样实测转角的正切值;

Δ_1^2——传感器 N_1、N_2 处的变形平均值,mm;

Δ_3^4——传感器 N_3、N_4 处的变形平均值,mm;

L——转动力臂。

各种转角下,由于垂直承压力和转动共同影响产生的压缩变形值应按下式计算:

$$\Delta_2 = \Delta_c - \Delta_1 \tag{14-13}$$

$$\Delta_1 = (\Delta_1^2 - \Delta_3^4)/2 \tag{14-14}$$

式中　Δ_2——垂直承压力和转动共同影响下,试样中心处产生的压缩变形值,mm;

Δ_c——支座最大承压力 R 时,试样累计压缩变形值,mm;

Δ_1——转动试验时,试样中心平均回弹变形值,mm。

各种转角下,试样边缘换算变形值应按下式计算:

$$\Delta_\theta = \tan\theta \cdot \frac{l_a}{2} \tag{14-15}$$

式中　Δ_θ——实测转角产生的变形值,mm;

l_a——矩形支座的短边尺寸,mm,圆形支座采用直径 d,mm。

各种转角下,支座边缘最大、最小变形值应按下列公式计算:

$$\Delta_{max} = \Delta_2 + \Delta_\theta \tag{14-16}$$

$$\Delta_{min} = \Delta_2 - \Delta_\theta \tag{14-17}$$

(七)极限抗压强度试验

极限抗压强度试验应按下列步骤进行：

(1)将试样放置在试验机的承载板上，上下承载板与支座接触面不得有油污，对准中心位置，精度应小于1%的试件短边尺寸。

(2)以0.1 MPa/s的速率连续加载至试样极限抗压强度 R_u 不小于70 MPa位置，绘制应力—时间图，并随时观察试样受力状态及变化情况，观察试样是否完好无损。

(八)判定规则

(1)进厂原料检验应全部项目合格后方可使用，不合格材料不允许用于支座生产。

(2)支座出厂检验，若有一项不合格，则应从该批产品中随机再取双倍支座，对不合格项目进行复检；若仍有一项不合格，则判定该批产品不合格。

(3)支座力学性能试验时，随机抽取三块(或三对)支座，若有两块(或两对)不能满足要求，则认为该批产品不合格。若有一块(或一对)支座不能满足要求，则应从该批产品中随机再抽取双倍支座对不合格项目进行复检；若仍有一项不合格，则判定该批产品不合格。

(4)型式检验时，应全部项目满足要求为合格。若使用单位抽检支座成品力学性能有两项各有一块(或一对)支座不合格；颁发产品许可证时，抽检支座有三项各有一块(或一对)制作不合格，则可按照规定进行复检；若仍有一项不合格，则判定该批产品不合格。

第三节　桥梁橡胶伸缩装置试验检测

一、桥梁橡胶伸缩装置的作用及分类

桥梁橡胶伸缩装置的主要作用是满足桥梁上部结构变形的需要，并保证车辆通过桥面时平稳。桥梁橡胶伸缩装置按照伸缩体结构不同可划分为四类。

(一)纯橡胶式伸缩装置

伸缩体完全由橡胶组成(包括异型钢梁高度不大于50 mm与密封橡胶带组成)的称为纯橡胶式伸缩装置。它适用于伸缩量不大于60 mm的公路桥梁工程。

(二)板式伸缩装置

伸缩体由橡胶、钢板和角钢硫化为一体的称为板式伸缩装置。它适用于伸缩量小于60 mm的公路桥梁工程，不适用于高速公路桥梁工程。

(三)组合式伸缩装置

伸缩体由橡胶板和钢托板组合而成的，称为组合式伸缩装置。它适用于伸缩量不大于120 mm的公路桥梁工程，不适用于高速公路桥梁工程。

(四)模数式伸缩装置

伸缩体由异型钢梁与单元橡胶密封带组合而成的称为模数式伸缩装置。它适用于伸缩量为80～1 200 mm的公路桥梁工程。

二、桥梁橡胶伸缩装置技术要求

（一）性能要求

桥梁橡胶伸缩装置的变形性能应符合表 14-9 的要求，当桥梁变形使伸缩装置产生显著的横向错位或竖向错位时，宜通过专题研究确定伸缩装置的平面转角和竖向转角要求并进行变形性能测量。

表 14-9　伸缩装置变形性能要求

装置类型	项目			要求
MB	拉伸、压缩时最大水平摩阻力(kN/m)			$\leqslant 4\times n$
	拉伸、压缩时变形均匀性	每单元最大偏差值(mm)		−2 ~ 2
		总变形最大值(mm)	$80\leqslant e\leqslant 400$	−5 ~ 5
			$400<e<800$	−10 ~ 10
			$e>800$	−15 ~ 15
	拉伸、压缩时每单元最大竖向变形偏差(mm)			≤2
	符合水平摩阻力和变形均匀性条件下的错位性能	纵向错位(°)		伸缩装置的扇形变位角度≥2.5
		横向错位(mm)		伸缩装置两端偏差值 $\geqslant 20\times n$
		竖向错位(%)		顺桥向坡度≥5
sc	拉伸、压缩时最大竖向变形偏差(mm)			≤1.0
SSA SSB	拉伸、压缩时最大水平摩阻力(kN/m)			≤5.0
	拉伸、压缩时最大竖向变形偏差(mm)	$80\leqslant e\leqslant 720$		≤5.0
		$720<e\leqslant 1\,440$		≤1.5
		$e>1\,440$		≤2.0
W	拉伸、压缩时最大竖向变形(mm)			≤6.0

注：①n 为多缝模数式伸缩装置中橡胶密封带的个数。

②防水性能应符合注满水 24 h 无渗漏。

（二）使用要求

在车辆轮载作用下，伸缩装置各部件及连接应安全可靠。在正常设计、生产、安装、营运养护条件下，伸缩装置设计使用年限不应低于 15 年。

三、桥梁橡胶伸缩装置检验原则

（1）桥梁橡胶伸缩装置的检验，除投产鉴定、质量监督机构定期检测和出厂检验外，高等级公路桥梁大修或大中桥往往在施工阶段仍需逐个检查外观及几何尺寸，必要时还应进行成品力学性能检验。

（2）成品力学性能检验，原则上要求试验设备能对整体组装后的伸缩装置成品进行力学性能试验，如实验设备所限，可对纯橡胶式、板式和组合式伸缩装置截取 1 m 试样进行力学性能试验。

（3）成品力学性能试验应在专用的实验平台上完成，两边先用定位螺栓或其他的有效方法将伸缩装置试样与锚固板联结，然后使试验装置模拟拉伸、压缩与纵向、竖向、横向错位，实测拉、压过程中水平摩阻力、变位均匀性。

（4）对模数式伸缩装置试样按实际荷载测定中梁、横梁及其他重要构件应力、应变值，有条件时，应对试样进行震动冲击试验。

（5）对单组、多组模数式伸缩装置橡胶密封带，应进行防水试验。

（6）所有形式伸缩装置应做零部件安装、更换方便性试验。

（7）伸缩装置的平面、厚度等外形尺寸，应用标定的钢尺、游标卡尺、平整度仪、水准仪测量，每延米纯橡胶式、板式、组合式伸缩装置试样平面尺寸除测量四边长度外，还应测量对角线尺寸，测量厚度时应在四边测量 8 点，取其平均值，其偏差应满足相应的标准规定。模数式伸缩装置偏差除应满足相应的标准规定外，还应每 2 m 长度内取一点，并取其各点的平均值。

四、判定规则

（1）成品力学性能试验应满足表 14-9 的规定。

（2）几何尺寸及外观应满足表 14-10 ~ 表 14-12 的规定。

（3）解剖检验应满足表 14-13 的规定。

（4）黏结剂、聚四氟乙烯、硅脂应满足《公路桥梁板式橡胶支座》（JT/T 4—2004）的有关规定。

（5）使用钢板、型钢、异型钢材、螺栓等和不锈钢应满足有关材料的技术要求。

（6）检验不合格时，应再取双倍试验对不合格项目进行复试；复试后仍有项目不合格，则该批产品为不合格，不合格产品不得使用。

本章小结

本章主要学习了预应力筋用锚具、夹具、连接器试验检测，桥梁支座试验检测，桥梁橡胶伸缩装置试验检测方法及结果判定。

复习思考题

1. 锚具与连接器的检验项目和技术要求有哪些？
2. 板式橡胶支座的检验项目有哪些？
3. 支座成品外观检验项目有哪些？如何检测？
4. 叙述支座形状系数的概念，如何确定形状系数？
5. 叙述桥梁橡胶伸缩缝装置外观检验项目与方法。
6. 叙述橡胶伸缩装置的检验原则及判定规则。

第十五章 桥梁荷载试验与承载力评定

【教学目标】

(1)学生能描述静态和动态荷载试验的基本原理,能参与桥梁荷载试验。

(2)学生能进行结构现状调查,并能从事粘贴应变片、观测位移、倾角、裂缝等工作。

桥梁荷载试验分静载试验和动载试验,进行桥梁荷载试验的目的是检验桥梁整体受力性能和承载力是否符合设计要求;对于新桥型及桥梁中运用新材料、新工艺的,应验证计算图式。为完善结构分析理论积累资料,对于旧桥,通过荷载试验可以评定其运营荷载等级。

桥梁结构在荷载作用下所产生的变形可以分为两大类:一类变形能反映结构的整体工作状态,如梁的挠度、转角、支座位移等,称为整体变形;另一类变形能反映结构的局部工作状态, 如纤维变形、裂缝、钢筋的滑动等,称为局部变形。

测定挠度,可以了解结构的刚度并分析结构的弹性和非弹性性质。挠度的不正常发展能说明结构中的局部现象,测定转角可以用来分析超静定结构,控制断面的最大应变和应变沿断面的分布规律是我们推断结构极限强度的重要指标。

桥梁结构动载试验的基本任务是测定动荷载的动力特性,即引起结构产生振动的作用力的数值、方向、频率和作用规律;测定结构的动力特性,即结构或构件的自振频率、阻尼特性及固有振型;测定结构在动荷载作用下的强迫振动响应,如振幅、动应力、冲击系数及疲劳性能等。

桥梁荷载试验可大致分为三个阶段:桥梁结构的考察、试验方案设计及试验准备阶段,加载试验与观测阶段,试验结果的分析与评定阶段。

第一节 桥梁结构的考察、试验方案设计与准备

一、荷载试验的准备工作

荷载试验正式进行之前应做好以下准备工作。

(一)试验孔(或墩)的选择

对多孔桥梁中跨径相同的桥孔(或墩),可选 1 ~ 3 孔具有代表性的桥孔(或墩)进行加载试验。选择时应综合考虑以下因素:

(1)该孔(或墩)计算受力最不利。

(2)该孔(或墩)施工质量较差,缺陷较多或病害较严重。

(3)该孔(或墩)便于搭设脚手架,便于实测。

（二）搭设脚手架和测试支架

脚手架和测试支架应分开搭设，互不影响，并应具有足够的强度、刚度和稳定性。

（三）静载试验加载位置的取样和卸载位置的安排

静载试验前应在桥面上对力加载位置进行放样，并预先安排卸载的安放位置，以便于加载试验的顺利进行。

（四）试验人员组织及分工

桥梁的荷载试验是一项技术性较强的工作，最好组织专门的桥梁试验队伍来承担。试验人员应能熟练掌握所分管的仪器设备，读数快速而精确。试验队伍应设总指挥 1 人，其他人员的配备视具体情况而定。

（五）其他准备工作

加载试验的安全设施、供电照明设施、通信联络设施及桥面交通管制等工作应根据荷载试验的需要进行准备。

二、试验对象的考察

在确定试验方案之前，必须对试验结构进行实地考察和了解，做到情况清楚、心中有数。

（一）技术文件和资料的收集

收集桥梁结构的设计资料，如设计标准、设计主要荷载类型、结构特点、计算书及设计原始资料；收集施工资料，如材料性能试验报告、隐蔽工程验收资料、施工观测记录、阶段施工质量检查验收记录、事故记录及竣工图纸等；收集桥梁结构的使用资料，如养护情况，运营情况及结构损伤与破损阶段报告。

（二）桥梁结构现状调查

用直观或量测的方法确定结构各部分的几何形状及相互位置偏差，确定墩台的空间位置和距离，记录有无沉降、隆起、倾斜和转动等；观察圬工体的外表质量；考察现有的损伤、裂缝、蜂窝、麻面、钢筋裂缝外露、混凝土保护层厚度不够的地方、漏水的地方等；用非破损检验的方法确定结构或构件混凝土实际强度是否与设计文件相符。

以上工作中，应重点考察混凝土的强度、墩台和上部结构的裂缝；混凝土保护层厚度不够的地方，钢筋外露和锈蚀的区段，易发生应力集中的部位，圬工桥梁注意测量拱圈尺寸、拱轴线位置以及拱圈上有无横向裂缝。

考察支座的位置、尺寸、有无损伤，活动支座是否灵活，排水是否符合要求，伸缩缝工作情况是否良好。

实测结构材料的实际强度及弹性模量等重要的物理力学性能指标，可以通过原配合比制备试件实测，或从结构非重要部位挖取试件实测，还可以用非破损法实测。

三、加载方案设计

（一）确定试验荷载

为保证荷载试验的效果，必须首先确定试验荷载。试验荷载可以取控制荷载。依据汽车和人群（标准设计荷载）、挂车或履带车（标准设计荷载）及需通行的特殊重型车辆分别取结构截面产生的内力(或变形)的最不利值对应的荷载作为控制荷载。而动载试验以汽车荷载作为控制荷载。当客观条件所限,采用的试验荷载与控制荷载有差别时,为保证试验效果,当选择试验荷载的大小和加载的位置时,应采用静载试验效率 η_q 和动载试验效率 η_d 进行控制。

静载试验效率为:

$$\eta_q = \frac{S_s}{S(1+\mu)} \tag{15-1}$$

式中 S_s——静载试验荷载作用下控制截面内力计算值;

S——控制荷载作用下控制截面最不利内力计算值;

μ——按规范采用的冲击系数,平板挂车、履带车、重型车辆 $\mu=0$。

η_q 值可采用0.80～1.05。当桥梁的调查、检算工作比较完善而又受加载设备能力所限,η_q 值可采用低限,反之取高限;一般情况下,η_q 值不宜小于0.95。

荷载试验宜选择温度稳定的季节和天气进行。当温度变化对桥梁结构内力影响较大时,应选择温度内力较不利的季节进行荷载试验,否则,适当增大 η 值来弥补温度影响对结构控制截面产生的不利内力。

当控制荷载为挂车或履带车而采用汽车荷载加荷时,考虑到汽车荷载的横向应力增大系数较小,为了使截面的最大应力与控制荷载作用下截面最大应力相等,可适当增大静载试验效率 η_q。

动载试验效率 η_d 为:

$$\eta_d = \frac{S_d}{S} \tag{15-2}$$

式中 S_d——动载试验荷载作用下控制截面最大计算内力值;

S——标准汽车荷载作用下控制截面最大计算内力值(不计入汽车荷载冲击数)。

η_d 一般采用1。动载试验的效率不仅取决于试验车型及车重,而且取决于实际跑车时的车间距。因此,应采用实际测定跑车时的车间距作为修正动载试验效率 η_q 的计算依据。

(二)加载形式与控制

试验荷载载位有两种形式:一种是沿桥轴方向加载,一种是垂直于桥轴方向加载。设计加载时除注意试验荷载纵向加载位置外,还要注意荷载横向加载图式。横向加载图式有对称加载和偏心加载两种方式。

为了加载安全和了解结构应变与变位随荷载增加的变化关系,桥梁静荷载试验的各荷载工况的加载应分级进行,分级控制的原则如下:

(1)当加载分级较为方便时,可按最大控制截面内力荷载工况均分为4～5级;

(2)当使用载重车加载,车辆称重有困难时,也可分成3级加载;

(3)如果桥梁的调查和验算工作不充分或桥况较差,应尽量增多加载分级,使车辆荷载逐辆缓缓驶入预定加载位置,以确保试验安全;

(4)当安排加载分级时,应注意加载过程中其他截面内力亦应逐渐增加,且最大内力不应超过控制荷载作用下的最不利内力。

最好每级加载后卸载，也可逐级加载，达到最大荷载后逐级卸载。车辆荷载加载分级的方法可采用先上轻车后上重车，逐渐增加加载车数量；加载车分次装载重物；加载车位于内力影响线的不同部位。

加载试验时间以 22:00 至次日 6:00 为宜，如可采用车辆等加卸载迅速的试验方法，也可安排在白天试验，但进行加载试验时，每一加卸载周期所花费的时间不宜超过 20 min。

加载设备可选用可行式车辆及重物直接加载。

动载试验一般安排标准汽车车列。对小跨径桥也可用单车在不同车速时的跑车试验，跑车时速一般定为 5 km/s、10 km/s、20 km/s、30 km/s、40 km/s、50 km/s。此外，如需测定桥梁承受活载水平力性能，要做车辆制动试验，为测定桥梁自振频率，要做跳车后的余振观测，并在无荷载时进行脉动观测。

四、测点设置

主要测点的布设应能控制结构的最大应力(应变)和最大挠度(位移)，测点的布设不宜过多，但要保证观测质量，几种常用桥梁体系的主要测点布设如下：

(1)简支梁桥——跨中挠度、支点沉降、跨中截面应变；

(2)连续梁桥——跨中挠度、支点沉降、跨中和支点截面应变；

(3)悬臂梁桥——悬臂端部挠度、锚固跨跨中与悬臂支点截面应变及挠度、支点截面应变；

(4)拱桥——跨中与 $L/4$ 处挠度、拱顶 $L/4$ 和拱脚截面应变。

挠度观测测点一般布置在桥中轴线位置。截面抗弯应变测点应设置在截面横桥间应力可能分布较大的部位，沿截面上下缘布设，横桥向测点设置一般不少于 3 处，以控制最大应力的分布。

根据桥梁调查和检查工作的深度，综合考虑结构特点和桥梁状况等可按需要加设测点。在与大多数测点较接近的部位设置 1 ~ 2 处气温观测点，此外，可根据需要在桥梁主要测点部位设置一些构件表面温度观测点。

第二节　桥梁静载试验仪器设备

桥梁静载试验需测结构的反力、应变、位移、倾角、裂缝等物理量。常用的仪器有百分表、千分表、位移计、应变仪、应变计(应变片)、精密水准仪、倾角仪、刻度放大镜等。这些测试仪器按其工作原理可分为机械测试仪器、电测仪器与光测仪器等。机械测试仪器具有安装与使用方便迅速、读数可靠的优点，但需要搭设观测脚手架，而且所需试验人员多，观测读数费时，不便于自动记录；电测仪器安装测试比较麻烦，影响测试精度的因素也较多，但测试较方便，便于数据自动采集记录，操作安全。荷载试验应根据测试内容和量测值的大小选择仪器，试验前应对测试值进行理论分析估计，选择仪器的精度和量测范围，同时满足有关规程对仪器精度和量测范围的要求，本节介绍几种常用的仪器设备。

一、机械式位移计

机械式位移计包括百分表、千分表及张线式位移计和挠度计等。其构造和工作原理基本相同，主要区别在于精度和量程不同。

百分表和千分表是一种多功能仪表，与其他附属装置配套后可用于量测位移、应变、力、倾角等。

百分表的工作原理就是利用齿轮转动机构所检测位置的位移值放大，并将检测的直线往复运动转换成指针的回旋转动，以指示其位移数值。百分表的分辨度为 0.01 mm，通常量程为 5 mm 或 10 mm。百分表构造如图 15-1 所示。

千分表是一种测微位移计，其结构和百分表基本相同，只是多了一对齿轮，使灵敏度提高了 10 倍，其分辨度为 0.001 mm，量程为 1 mm 或 3 mm。

（一）张线式位移量测系统

张线式位移量测系统是由百分表、挠度计与张线钢丝等组成的量测系统，如图 15-2 所示。张线钢丝直径为 0.3 ~ 0.5 mm，一端接在桥梁结构的测点上，另一端悬吊重物，位移计（百分表）通过夹具和钢丝相连。结构受载产生位移引起钢丝移动，钢丝可带动位移计移动，随指针转动，位移计可测出位移变化量。

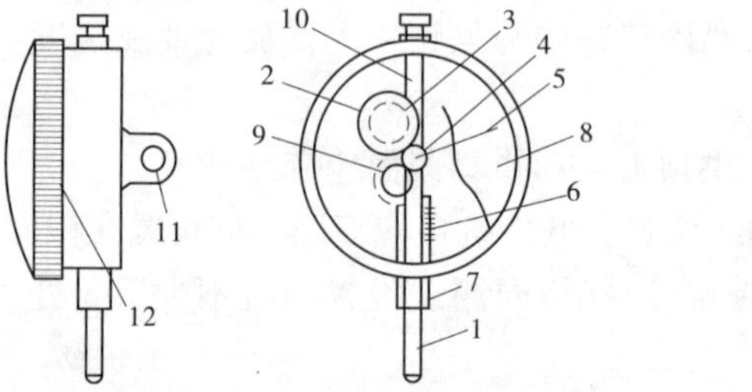

1—测杆；2—小齿轮；3—扇形齿轮；4—中央齿轮；5—长针；6—弹簧；7—轴颈；8—躯体；9—扇形齿轮；10—平齿；11—孔环；12—表盘

图 15-1　百分表构造

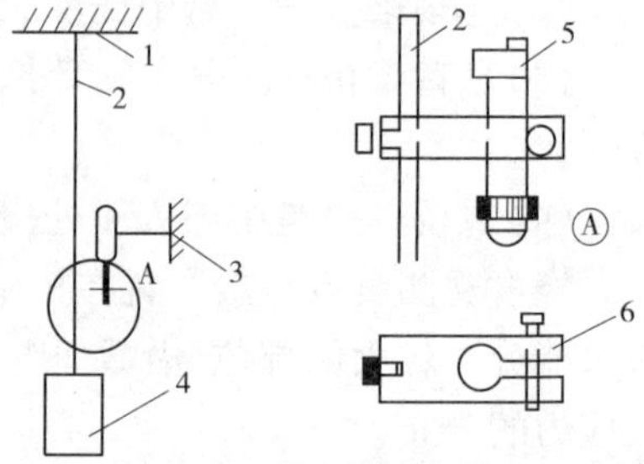

1—结构上测点；2—细钢丝；3—不动点；4—重物；5—位移计测杆；6—夹具

图 15-2　张线式位移量测系统

（二）用位移计测应变

应变就是结构上某区段纤维长度的相对变化（$\varepsilon = \Delta L/L$）。应变仪就是用来测定这个长度变化的仪器。

采用特制的夹具将位移计安装在结构表面测定应变，具有精度高、量程大的特点。当应变值变化范围很大或需用大标距测定应变时，采用这种装置是非常合适的。

如图 15-3 所示为位移计应变量测装置。固定位移计和顶杆的夹具，可用钢、铜或铝合金等制成。按照选定的标距以粘或预埋的方式，固定在结构需量测应变的部位上。

粘贴是最常用的固定方式。当在混凝土结构上贴夹具时，应先将混凝土表面用砂轮打磨，除去泥灰，再用细砂布磨光。用丙酮等擦净，随后用胶粘剂将夹具按选定的标距粘上，待胶黏剂固化后，即可安装位移计量测。

位移计应变量测装置主要用于量测结构构件的轴向应变。常用的量测标距对混凝土

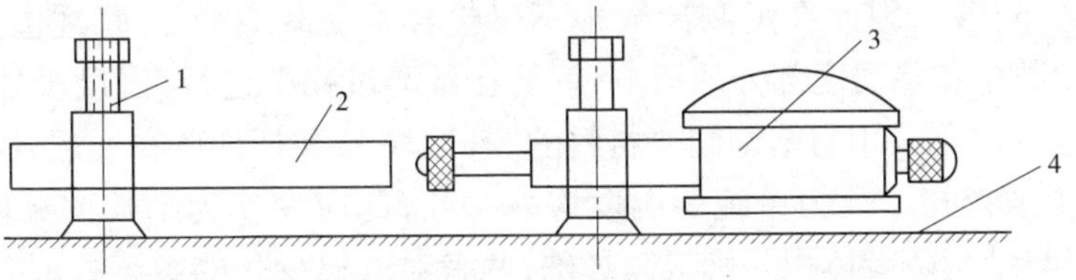

1—金属夹头;2—顶杆;3—位移计;4—试件

图 15-3　位移计应变量测装置

为 10～20 cm,对砖石砌体则更大。

对受荷载后会发生曲率变化的构件,不宜用位移计应变量测装置来测定其表面的应变。因为位移计测杆与构件表面之间有一段距离,当构件发生曲率变化时,所测得的应变有时是虚应变(又称视应变),同时顶杆与位移计测杆接触点发生移动会影响量测。因此,仅当构件截面变形满足平截面假定,且曲率变化很小时,才能从所测得的虚应变中推算出实际应变。

二、手持式应变仪

当需要在现场较长期连续地观测结构的应变时,一般的应变仪不适用,手持应变仪则比较适用。此种仪器的外形见图 15-4,构造原理见图 15-5。

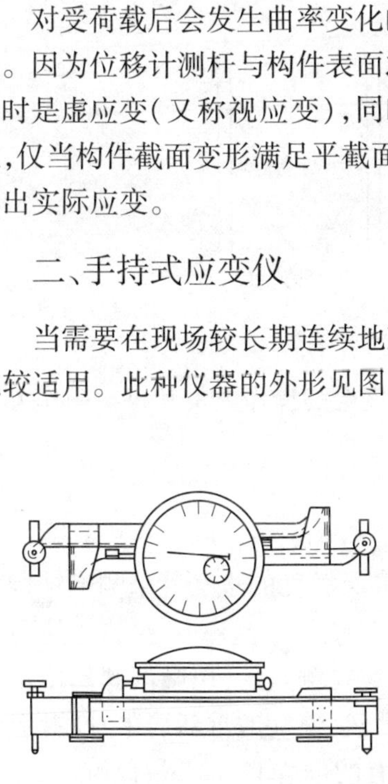

图 15-4　手持式应变仪外形

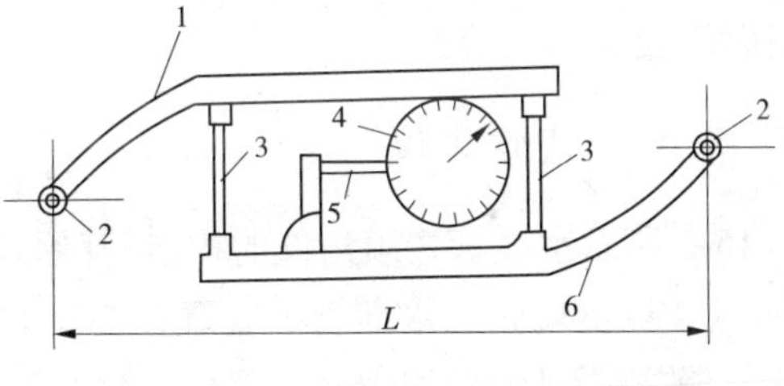

1—刚性的金属杆;2—插轴(实形);3—薄钢片;
4—千分表;5—千分表的测杆;6—刚性的金属杆

图 15-5　手持式应变仪构造原理

此仪器的主要部分是千分表 4,它固定在一根刚性的金属杆 1 上,其测杆则自由地顶在另一刚性的金属杆 6 的突出部分上,两金属杆之间用两片富有弹性的薄钢片 3 相连,因而能平行地相对移动,每根金属杆的一端带有一个尖形插轴 2,两插轴间的距离 L 即仪器的标距。两次读数差即为结构在区段 L 内的变形 ΔL,ΔL 除以标距 L 即得杆件的应变。

仪器的各部分合理地选用不同膨胀系数的金属制造,因而使仪器读数受仪器本身的温度影响得到最大限度的消除。

仪器不是固定在测点上,而是读数时才安上去的。因此,为了保证仪器工作稳定可靠,标距两端的小孔必须钻得和仪器的插轴钢尖相吻合。因测量时仪器钢尖和测孔间的接触稳定与否,直接影响量测的准确性,如果测孔打得不标准,将使钢尖和测孔的接触不稳定,增大读数误差,甚至无法读取稳定的读数。

使用此种仪器,尚有温度影响问题,即在长期量测过程中,初读数和加载量不可能在同一温度条件下读取,因此在量测读数中不仅包含了受载应变 ε,而且包含了温度应变 ε_1。为了从读数中扣除温度部分的影响,就要在量测过程中进行“温度补偿”。一般较常用的温度补偿办法是采用与结构同一材料的“补偿块”,和杆件放在一起,同时取得读数,从“补偿块”上取得的读数为单纯的温度应变,并将此应变作为结构的温度应变 ε_0。但是,“补偿块”与结构两者体积差别极为悬殊,两者对气温变化的敏感程度差别很大,由于“补偿块”体积小,能在短时间内跟上气温的变化,而结构则表现为极大的“滞后”。因此,在气温变化较大时(如白天日照情况下),实际上无法起到补偿作用。

为了达到补偿目的,根据量测的实践,建议采取“横向温度补偿法”。在布置测点的同时,在垂直方向布置测点,如图 15-6 所示。

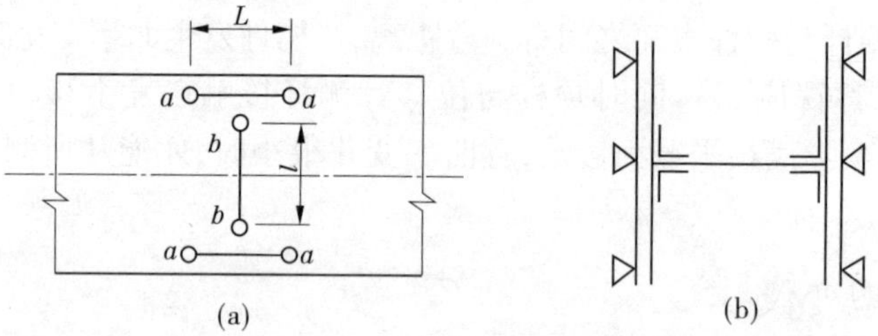

图 15-6　测点布置

量测时应注意:手持式应变仪操作简单,但量测的精度会随操作人员和每次操作方式的改变而改变。

三、水准管式倾角仪

图 15-7 所示水准管式倾角仪的构造,其原理是利用高灵敏度的水准管来测定结构节点、截面或支座处转角。水准管 1 安置在弹簧片 4 上,一端铰接于基座 6,弹簧片使另一端上升,但被测微计的微调螺丝 3 顶住,将仪器用夹具 5 装在测点后,用微调螺丝使水准管的气泡调平居中,结构变形后气泡漂移。再转动微调螺丝,使气泡重新居中,度盘上前后两次读数差即代表该测点的转角。这种仪器最小读数有的可达 1″~2″,量程为 3°。

这种仪器的优点为尺寸小、精度高,使用简便。缺点是受外界温度影响很大,且不宜被阳光暴晒,以免水准管爆裂。

四、电阻式应变仪

用电阻式应变仪测试桥梁结构应变时,需将电阻应变片(应变计)和电阻应变仪配合使用。

(一)电阻应变片

电阻应变片又称电阻应变计,简称应变片或电阻片,它是非电量电测中最重要的变换器。大量的试验表明,电阻丝电阻值的增量与其长度的增量之间存在正比例的关系,即:

$$\frac{\Delta R}{R}=\frac{K\Delta L}{L}=K\cdot\varepsilon \tag{15-3}$$

式中　R——电阻丝的初始电阻值,Ω;

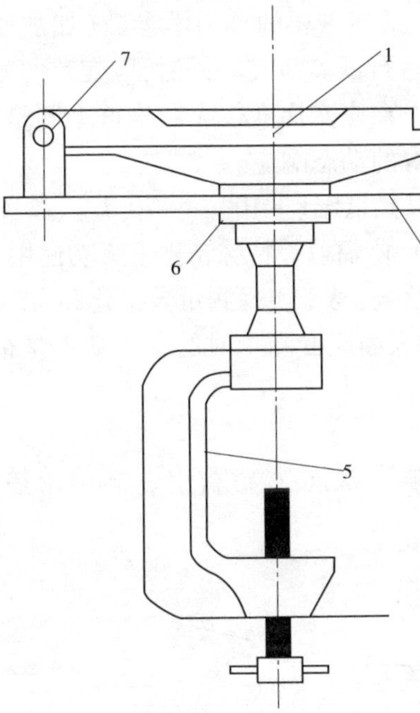

1—水准管；2—刻度盘；3　微调螺丝；4—弹簧片；5—夹具；6—基座；7—活动铰

图 15-7　水准管式倾角仪的构造

ΔR——电阻丝的电阻增量，Ω；

L——电阻丝的初始长度，mm；

ΔL——电阻丝长度的增量，mm；

K——比例系数，又称为电阻丝的灵敏系数；

ε——应变值。

电阻丝的灵敏系数 K 对大多数电阻丝而言是个常数，也就是说，式(15-3)所表达的电阻丝电阻变化率与应变变化率成线性关系，这便是通过电阻应变片将非电量转换成电量的埋论基础。当电阻应变片用胶黏剂黏贴在构件上时，应变片与构件的变形完全同步，这时，电阻丝的应变值就代表了构件的应变值，于是实现了构件的应变量测转换成电量的量测。

应变片电测法与其他测试方法比较，有如下一些优点：

(1)灵敏度高。由于利用电阻片将非电量转换为电量，再经电子仪器进行放大、显示和记录，能获得很高的放大倍数，从而达到很高的灵敏度。电阻应变仪可以精确地分辨出 1×10^{-6} 的应变。这个应变的量级对于钢材而言，相当于 0.2 MPa 的应力。

(2)电阻片尺寸小且粘贴牢固。对一些工程结构(如船体、桥梁、飞机、桁架等)进行全面的应力分析时，往往要测量数十点甚至数百点的应力，电阻片很容易大量粘贴使用。在结构十分紧凑以至其他测量仪表(如杠杆引伸仪)根本无法安装的情况下，电测法就能发挥很大的作用。尺寸的另一个重要意义在于，可以用来测量局部应力。现在电阻片的标距甚至可以小于 1 mm，这对于应力集中区的测量比较合适。

(3)电阻片质量小。它使得电测不仅可以进行静态应力的测量，而且可以在动态应力分析方面发挥独特作用。对于一系列重要的动力学参数（如加速度、振幅、频率、冲击力及爆炸压力等）能够比较精确地进行试验研究。同时，应变片的基长可以制作得很短，并且有很高的频率响应能力。因此，在应变梯度较大的构件上测量时仍能获得一定的准确度，在高频动应变测量中具有很好的动态响应。

（4）可以在高温（800～1 000 ℃）、低温（－100～－70 ℃）、高压（上万个大气压）、高速旋转（几千转/min～几万转/min）、核辐射等特殊条件下成功使用。

此外，由于应变片输出的是电信号，易于实现测量数字化和自动化。

应变片电测法在用于对结构物表面应变测量时的主要缺点是粘贴工作量大、重复使用困难等。

1. 电阻应变片的构造

绕线式应变片主要由敏感丝栅 1、基底 2、覆盖层 3 和引出线 4 等几部分组成，见图 15-8。

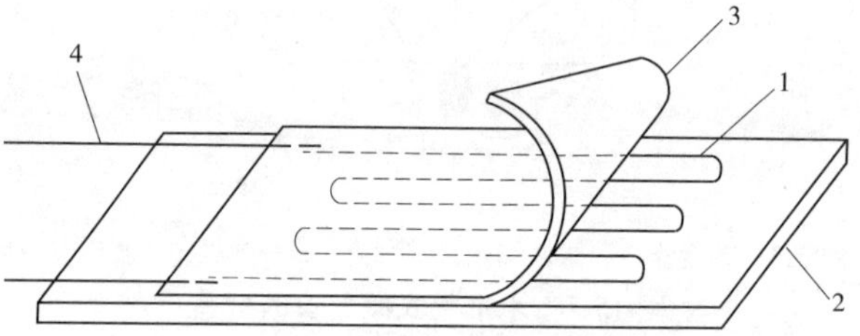

1—敏感丝栅；2—基底；3—覆盖层；4—引出线

图 15-8　电阻应变片的构造

（1）敏感丝栅是应变片的主要元件，一般由康酮、镍络合金制成。

（2）基底和覆盖层起定位和保护应变片几何形状的作用，也起到与被测试试件之间电绝缘的作用。纸基常用厚度为 0.015～0.02 mm、机械强度高、绝缘性能好的纸张制作。胶基则使用性能稳定、绝缘度高、耐腐蚀的聚合胶制成。其他有特殊要求的应变片，可采用不同的材料做成基底。

（3）引出线是用以连接导线的过渡部分，一般用直径为 0.15～0.30 mm 的金属丝。

（4）黏结剂把丝栅基底和覆盖层牢固地黏结成一个整体。

2. 电阻应变片的分类

应变片的种类很多，至今各种规格的应变片已有 20 000 多种。根据不同的方法，有如下分类。

1）金属绕丝式电阻应变片

用电阻丝盘绕起来的电阻片称为金属绕丝式电阻应变片，又称为圆角线栅式电阻应变片。它的制造设备和技术都较简单，但其横向灵敏度较箔式应变片为大（横向灵敏度会给测量带来一定的误差）。金属绕丝式电阻应变片常用的金属材料是康酮、镍铬合金和铂铱金等。

2）箔式应变片

箔式应变片是由照相、光刻技术腐蚀成丝。它在性能上的优点是粘贴牢固，散热条件好,逸散功率大,可以允许通过较大电流,耐蠕变和漂移的能力强,可做成任意形状,但它工艺较复杂。箔片的材料主要为康酮、镍铬合金。

3)半导体应变片

半导体应变片的优点是灵敏度高,频率响应好,可以做成小型和超小型应变片。半导体应变片的出现为应变电测技术的发展开创了新的途径。它的缺点是温度系数大、稳定性不及金属应变片等。

此外,按敏感丝栅的长度分,有大标距应变片和小标距应变片;按敏感丝栅的形状分,有单轴应变片和应变花。还有各种特殊用途的应变片,如防磁应变片、防水应变片、埋入式应变片、层式应变片、可拆式应变片、疲劳寿命片、测压片、无基底式应变片、大应变片、裂缝探测片、温度自补偿应变片等。

3. 电阻应变片的选用

选用应变片时应根据应变片的初始参数及试件的受力状态、应变梯度、应变性质、工作条件、测试精度要求等综合考虑。

对于一般的结构试验,采用120 Ω 纸基金属丝应变片就可满足试验要求。其标距可结合试件的材料来选定,如钢材常用5 ~ 20 mm,混凝土则用40 ~ 120 mm,石材用20 ~ 40 mm。

对于有特殊要求的,可选择特种应变片,如低温应变片、高温应变片、疲劳寿命片、裂纹探测片、应力片以及高压、核辐射、强磁场等条件下使用的应变片。

4. 电阻应变片的粘贴技术

1)黏结剂

粘贴应变片用的黏结剂称为应变胶。应变胶应能可靠地将试件应变传递到应变片的敏感丝栅上。

对应变胶的性能要求是:黏结强度高(剪切强度一般不低于3 ~ 4 MPa)、电绝缘性能好、蠕变小、化学稳定性好等。在特殊条件下,还要考虑一些其他要求,如耐高温、耐老化、耐介质(油、水、酸和碱等)、耐疲劳等。目前常用的应变胶分为有机胶和无机胶两类。常温下用有机胶,无机胶则用于高温应变片的粘贴。

常规桥梁试验粘贴应变片的应变胶一般为快干胶和热固性树脂胶等。

501快干胶和502快干胶是借助于空气中微量水分的催化作用而迅速聚合固化产生黏结强度的。该类胶黏结强度能满足桥梁应变测试要求,但随生产厂家产品质量和存放时间长短,黏结强度差别很大,只能在低温干燥和避光的条件下保存。

环氧树脂胶是靠分子聚合反应而固化产生黏结强度的。它有较高的剪切强度和防水性能,电绝缘性能好。它的主要成分是环氧树脂,并酌量加入固化剂和增韧剂等配制而成。环氧树脂胶可以自制,其配方是:环氧树脂100%,邻苯二甲酸丁酯5% ~20%,乙二胺6% ~7%。

注意:乙二胺有毒,须通风操作。

2)应变片的粘贴技术

应变片的粘贴是应变电测技术中一个很关键的环节,粘贴质量的好坏直接影响测量的结果。有时可能因某些主要测点的应变片失效,导致测量工作失败。因此,必须掌握粘贴技术，保证测量结果的准确性和可靠性。粘贴时应掌握下列技术环节。

（1）选片。用放大镜对应变片进行检查，保证选用的应变片无缺陷和破损。同批试验选用灵敏系数和阻值相同的应变片，采用兆欧表或万用表对其阻值进行测量，保证误差不大于0.5 Ω。

（2）定位。初步画出贴片位置，用砂布或砂轮机将贴片位置打磨平整，钢材表面粗糙度 R_a 为12.5～3.2；混凝土表面无浮浆、麻面与气泡，必要时涂底胶处理，待固化后再次打磨。在打磨平整的部位准确画出测点的纵、横中心及贴片方向。

（3）贴片。用镊子夹脱脂棉球蘸酒精或丙酮将贴片位置清洗干净。先用手握住应变片引出线，在其背面均匀涂抹一层胶水，然后放在测点上，调整应变片的位置，使其准确定位。在应变片上覆盖小片玻璃纸，用手指轻轻滚压，挤出多余胶水和气泡。注意不要使应变片位置移动。用手指轻按1～2 min，待胶水初步固化后，即可松手。粘贴质量较好的应变片，应是胶层均匀，位置准确。

（4）干燥固化。干燥才能固化，当气温较高、相对湿度较低的短期试验，可用自然干燥，时间一般为1～2 d。人工干燥为待自然干燥12 h后，用红外线灯烘烤，温度不要高于50 ℃，还要避免骤热，烘干到绝缘电阻符合要求。

根据环境要求，应变片有时要进行防潮和防机械损伤处理。

（二）电阻应变仪

专门对电阻应变片阻值相对变化 $\frac{\Delta R}{R}$ 的信号进行鉴别和量测的仪器，称为电阻应变仪。电阻应变仪按使用内容的不同分为静态应变仪、动态应变仪和静动态应变仪。用于静态应变量测的称为静态电阻应变仪。

1. 国 YJS－14 型静态数字应变仪

常用的国 YJS－14 型静态数字应变仪是一种静态应变自动测量装置，主要由5个部分组成。

（1）转换器；它在控制器控制下将各测点依次接入桥路，以便进行测量。

（2）电阻应变仪：由桥压线性放大器和数字电压表组成。测点经自动切换装置接入，信号经过载保护单元鉴别后进入放大器，经线性放大，解调和滤波成为直流信号送入积分型 A/D 转换器转换成8－4－2－1码数字量。

（3）运算器：由储存和运算单元组成。

（4）控制器：包括采样控制和数字钟两部分。它以不同的速率发出测量指令，通过应变仪和运算器，对各类测点进行定时、定点、定区间的测量和修正。

（5）输出装置：分为打印输出和信息输出两种。

该应变测量装置的工作过程就是把应变测量组成惠斯登桥路。电桥的初始不平衡采用初始值存储的办法，即把每一个测点的初始不平衡值通过放大和 A/D 转换器转换成数字信号，记入对应序号内存中。在测量时，测量信号也会转换成数字信息送入运算器，运算器从内存中取出对应测点的转换或测量区段的选择，均由控制器控制。YJS－14 型数字应变测量装置最多可连4台转换器，每台100点，共400点。

2. 静态电阻应变仪的工作原理

电阻应变仪主要是通过惠斯登电桥原理来量测应变所引起的电阻变化的微小信号。

该电桥以电阻 R_1、R_2、R_3、R_4 作为四个桥臂。桥路中 R_1 与 R_2、R_3 与 R_4 分别串联，两组并联于 A、C 两联，在 AC 端接有电源，在另一 BD 对角加上测量仪表。

由惠斯登电桥原理可知，当电桥平衡时，满足条件：$R_1R_3 = R_2R_4$。

当电桥工作时，若 R_1 有一增量 ΔR，则破坏了电桥平衡，此时：

$$V_{AB} = \frac{R_1 + \Delta R_1}{R_1 + \Delta R_1 + R_2} \cdot V \tag{15-4}$$

为简化分析，设 $R_1 = R_2 = R_3 = R_4 = R$，则：

$$V_{AB} = \frac{R + \Delta R_1}{2R + \Delta R_1} \cdot V \tag{15-5}$$

于是
$$V_O = V_{AB} - V_{AD} = V\left(\frac{R + \Delta R_1}{2R + \Delta R_1} - \frac{1}{2}\right) = \frac{\Delta R_1}{4R + 2\Delta R_1} \cdot V \tag{15-6}$$

如果 $\Delta R_1 \ll R$，则有：

$$V_O = \frac{V}{4} \cdot \frac{\Delta R_1}{R} = \frac{V}{4} K\varepsilon_1 \tag{15-7}$$

用同样的分析方法也可以说明两个桥臂电阻 R_1、R_2 变化（半桥）的情况，此时输出电压表达式为：

$$V_O = \frac{V}{4}\left(\frac{\Delta R_1}{R} - \frac{\Delta R_2}{R}\right) = \frac{V}{4}(\varepsilon_1 - \varepsilon_2) \tag{15-8}$$

如果四个桥臂电阻都有变化（全桥式桥路），则输出电压可用下式表示：

$$V_O = \frac{V}{4}\left(\frac{\Delta R_1}{R} - \frac{\Delta R_2}{R} + \frac{\Delta R_3}{R} - \frac{\Delta R_4}{R}\right) = \frac{V}{4}K(\varepsilon_1 - \varepsilon_2 + \varepsilon_3 - \varepsilon_4) \tag{15-9}$$

根据以上基本关系式，可看出电桥的输出与桥臂电阻的相对增量 $\frac{\Delta R}{R}$ 或应变 ε 成正比的关系。

3. 电阻应变测量的温度补偿

用应变片测量应变时，应变片除了能感受结构受力后的变形，也能感受环境温度变化，并引起电阻应变仪指示部分的示值变动，称为温度效应。

温度变化从两方面使应变片的电阻值发生变化。第一是电阻丝温度改变少，其电阻将会随之而改变 ΔR_β。第二是因为材料与应变片电阻丝的线膨胀系数不相等，但二者又黏合在一起，这样温度改变 Δt，应变片中产生了温度应变，引起一附加的电阻的变化 ΔR_α。总的温度效应 R_t 为两者之和。

$$R_t = \Delta R_\alpha + \Delta R_\beta = (\alpha_j - \alpha)\Delta t + \beta_1 \frac{\Delta t}{K} \tag{15-10}$$

式中　α_j——结构材料的线膨胀系数；

α——电阻丝的线膨胀系数；

Δt——温差；

K——电阻丝的灵敏系数；

β_1——电阻丝的电阻温度系数。

在实际试验中，为保证补偿效果，对应变片的设置应考虑如下因素：

(1)补偿片与工作片应该是同批产品,具有相同电阻值、灵敏系数和几何尺寸。

(2)贴补偿片的试块材料应与试验结构的材料一致,如果是混凝土材料,应该是同样的配合比,按相同的制作方法在相同条件下养护的。

(3)补偿片的贴片干燥、防潮处理等工艺必须与工作片相同。

(4)连接补偿片的导线应与连接工作片的导线是同一规格、同一长度,并且相互并列靠近布置图或捆扎成束。

(5)补偿片与工作片的位置应最接近,使二者处于同样温度场条件下,以防不均匀热源的影响。

(6)补偿片的数量,由试验材料特性、测点位置、试验条件等因素决定。一般情况下,钢结构可用 1 个补偿片同时补偿 10 个工作片;对混凝土,可用 1 个补偿片补偿 5 ~ 10 个工作片。如果要求严格或者某个测点所处条件特殊,应单独补偿,以尽量减少由于工作片与补偿片工作时间不同而产生的温差影响。

除桥路补偿外,还有应变片温度自补偿的办法,即使用一种特殊的应变片,当温度变化时,其电阻增量等于零或者相互抵消而不产生视应变。目前主要用于机械类试验中。

(三)电阻应变测量的桥路连接

在桥路中,连接在同一桥臂上的应变片的电阻的变化是电阻应变片阻值之和,而连接在相邻桥臂上的应变片的电阻变化则是应变片阻值之差,利用这一特点,结合温度补偿片设置办法,电阻应变片在测量电桥中可以有不同的接法,以实现温度补偿、测量出所需的应变成分、扩大读数以减少读数误差三个目的。

在试验中,应变片与电桥的连接有半桥与全桥两种接线法。

第三节　桥梁静载试验方法及评价

一、准备工作

试验准备工作包括设备及仪表夹具的加工,试验现场的清理,设置仪器、仪表的支护装置以及其他必要的支架和安全设备,准备加载物质或设备,仪表校正、安装和调试,对试验人员进行技术培训,印发各种记录表格。在试验准备阶段,必须将试验所用的仪器设备及时配齐,试验前必须按规定进行校正或标定,并且应该有一定数量的备用仪器,以确保试验工作的顺利进行。

测试技术的准备也十分重要。正式加载试验前,试验人员必须明确分工和职责,熟练地进行仪器、仪表的测读。掌握仪器、仪表的工作原理、基本性能以及排除一般性故障的能力。对于规模较大、测试时间较长、使用仪器较多、测点布置难度较大的试验,可以考虑拟定专门的测试技术操作规程。

在施工现场,根据试验方案的要求,应及时调集必需的物质和器材,解决用电、水源、燃料等问题。

使用电测仪器调试工作量大。电阻片粘贴后,要做好防潮、防水处理,其绝缘阻值要满足试验规定的要求。试验用导线要经过测试,导线与试验结构或构件上电阻应变片的联结,要锡焊并做好绝缘处理。

当所有准备工作就绪后,在正式试验之前,要对所有仪器、仪表进行一次观测演习,以便熟悉试验程序以及仪器和仪表的测读、记录方法等。

在试验前及测试过程中观测并记录气温情况。

二、加载实施与控制

(一)加载程序

加载应严格按计划程序进行。当采用重物加载时,按荷载分级逐级施加,每级荷载堆放位置准确、整齐稳定。荷载施加完毕后,逐级卸载。当采用车辆加载时,先由零载加至第一级荷载,卸载至零载;再由零载加至第二级荷载,卸至零载……,直至所有荷载施加完毕(有时为了确保试验结果准确无误,每一级荷载重复施加1~2次),每一级荷载施加次序为纵向先施加重车,后施加两侧标准车,横向先施加桥中心的车辆,后施加外侧的车辆。

(二)加卸载稳定时间控制

为控制加卸载稳定时间,应选择一个控制观测点(如简支梁为跨中挠度或应变测点)。在每级加卸载后立即测读一次,计算其加载前(或卸载前)测读值之差值 S_g,然后每隔2 min测读一次,计算2 min前后读数的差值 ΔS,并计算相对读数差值 m:

$$m = \frac{\Delta S}{S_g} \tag{15-11}$$

当 m 值小于1%或小于量测仪的最小分辨值,即认为结构基本稳定,可进行各观测点读数。主要控制截面最大内力荷载工况对应的荷载在桥上稳定时间不少于5 min;对尚未投入营运的新桥,应适当延长加载稳定时间。

有些桥测点观测值稳定时间较长,如结构的实测变位(或应变)值远小于计算值,可将加卸载稳定时间定为20~30 min。

(三)测试方法与加载过程的观察

1. 位移的测量

一般的梁、板、拱、桁架结构的位移测定,主要是指挠度及其变形曲线的测定。

挠度的测试断面,一般在1/2跨、1/4跨、1/8跨、3/4跨、7/8跨等位置布设测点,以便能测出挠度变形的特征曲线。对梁或板宽大于或等于100 cm的构件,应考虑在横截面两侧都布设测点,测值取两侧仪表读数的平均值。为了求得最大挠度值以及其变形特征曲线,测试中要设法消除支座沉降的影响。

常用的位移测量的仪器、仪表有各种类型的挠度计、百分表、位移传感器等。

在桥梁结构设计中的荷载横向分布系数,往往是以测定桥梁横断面各梁(或梁肋)挠度的方法推算出来的。具体做法是在特征断面(跨中或1/4跨断面),所有各梁或梁肋布点测挠度,然后经过简单的数据处理,即可得到该断面的荷载横向分布特征值。

2. 应变的测量

试验结构的断面内力(弯矩、轴向力、剪力、扭矩)和断面应力分布,一般都是通过应变测定来反映的。因此,应变值的正确测定是非常重要的。

应变的测量分以下两种情况。

1）桥梁结构主应力方向已知

对于承受轴向力的结构，如桁架中的杆件，测点应在平行于结构轴线的两个侧面，每处不少于2点。

对于承受弯矩和轴向力共同作用的结构，如拱式结构的拱圈等，应在弯矩最大的位置处，平行轴线的两侧布点，每处不少于4点。

对于承受弯矩作用的结构，如梁式结构，应在弯矩最大的位置处，沿截面上、下边缘布点或沿侧面梁高方向布点，每处不少于2点。

2）桥梁结构主应力方向未知

如在受弯构件中正应力和剪应力共同作用的区域、截面形状不规则或者有突变的位置，这些部位的主应力、剪应力的大小和方向都是未知的，当测定这些部位的平面应力状态时，一般按一定的 $x—y$ 坐标系均匀布点，每点按3个方向布设成一个应变花形式，再按此测出的应变确定主应力的大小和方向。

应变测试常用的仪器、仪表有千分表、杠杆引伸仪、手持应变仪、电阻应变仪等。

3. 裂缝的观测

对于钢筋混凝土梁，加载后受拉区及时发现第一条裂缝是十分重要的。测定裂缝的仪器、仪表有刻度放大镜、塞尺、应变计、电阻应变仪等。

刻度放大镜可用来测定混凝土裂缝的宽度。最小刻度值为0.01～0.1 mm，量程为3～8 mm。使用时将放大镜的物镜对准需测定的裂缝，经过目测即可读出裂缝的宽度。

塞尺的用途是测定混凝土裂缝的深度，它是由一些不同厚度的薄钢片组成的。按裂缝宽度选择合适的塞尺厚度并插入裂缝中，根据塞尺插入的深度即可得到裂缝的深度。

当用应变测量仪测量裂缝的出现或开裂荷载时，应在结构内力最大的受拉区，沿受力主筋方向连续布置电阻应变仪或电阻应变片，连续布置的长度不小于2～3个计算的裂缝间距或不小于30倍的主筋直径。在裂缝没有出现时，仪表的读数是有规律的，若在某级荷载作用下开裂，则跨越裂缝的仪表读数骤增，而相邻的其他仪表读数很小或出现负值。

在每级荷载下出现的裂缝或原有裂缝的开展，都要在结构上标明，用软铅笔在离裂缝1～3 mm处平行地描出裂缝的走向、长度和宽度，并注明荷载吨位。试验结束时，根据结构上的裂缝，绘出裂缝开展图。

加载过程中应对结构控制点位移（或应变）、结构整体行为或薄弱部位破损实行监控，并随时向指挥人员汇报。要随时将控制点实测值与计算结果比较，如实测值超过计算值较多，应暂停加载，查明原因后再决定是否继续加载。加载过程中应指定人员随时观察结构各部位（尤其是薄弱部位）可能产生的新裂缝，结构是否产生不正常的响声，加载时墩台是否发生摇晃等，如有这些情况应及时报告试验指挥人员，以便采取相应的措施。

加载过程中要注意观测原有裂缝较长、较宽的部位。测量裂缝的长度、宽度，并在混凝土表面沿裂缝走向进行描绘。观测加载过程中裂缝长度及宽度的变化情况，在混凝土表面进行描绘，并采用专门表格记录，将最后的检查情况填入裂缝观测记录表。

（四）终止加载控制条件

发生下列情况应终止加载：

（1）控制测点应力值已达到或超过用弹性理论按规范安全条件反算的控制应力值。

(2)控制测点变位或挠度超过规范允许值时。

(3)由于加载,使结构裂缝的长度、缝宽急剧增加,新裂缝大量出现,缝宽超过允许值的裂缝大量增多,对结构使用寿命造成较大的影响时。

(4)拱桥加载时沿跨长方向的实测挠度曲线分布规律与计算值相差过大或实测挠度超过计算值过多时。

(5)发生其他损坏,影响桥梁承载能力或正常使用时。

三、试验数据分析

(一)试验资料的修正

1. 测值修正

根据各类仪表的标定结果进行测试数据的修正,如考虑机械式仪表校正系数、电测仪表率定系数、灵敏系数、电阻应变观测的导线电阻影响等。当这类因素对测值的影响小于1%时,可不予修正。

2. 温度影响修正

温度对测试的影响比较复杂,结构构件的各部位不同的温度变化、结构的受力特性、测试仪表或元件的温度变化、电测元件的温度敏感性和自补性等均对测试精度造成一定的影响。逐项分析这些影响因素较困难,一般可采用综合分析的方法来进行温度影响修正,即利用加载试验前进行的温度稳定观测数据,建立温度变化测点处构件表面温度或空气温度及测点的测值应变和挠度变化的线性关系,然后按下式进行温度修正计算:

$$S' = S - \frac{\Delta S}{\Delta t} \tag{15-12}$$

式中　S'——温度修正后的测点加载测值变化;

S——温度修正前的测点加载测值变化;

ΔS——空载时,某一时间区段内测点测值变化量;

Δt——相应于 S 观测时间段内的温度变化,℃。

$$K_t = \frac{\Delta S}{\Delta t_1}$$

式中　K_t——空载时温度上升 1 ℃时测点测值变化量;

ΔS——空载时,某一时间区段内测点测值变化量;

Δt_1——相应于 ΔS 同一时间区段内温度变化量。

温度变化量的观测对应变宜采用构件表面温度,对挠度宜采用气温。温度修正系数应采用多次观测的平均值,如测值变化与温度变化关系不明显,则不能采用。

由于温度影响修正比较困难,一般不进行这项工作,而采取缩短加载时间,选择温度变化较小的时间进行试验等办法,尽量减小温度对测试精度的影响。

3. 支点沉降影响的修正

当支点沉降量较大时,应修正其对挠度值的影响,修正量 c 可按下式计算:

$$c = \frac{l - x}{l}a - \frac{x}{l}b \tag{15-13}$$

式中　c——测点的支点沉降影响修正量；

l——A 支点到 B 支点的距离；

x——挠度测点到 A 支点的距离；

a——A 支点沉降量；

b——B 支点沉降量。

（二）各测点变位（挠度、位移、沉降）与应变的计算

根据量测数据作下列计算：

总变位（或总应变）：

$$S_t = S_1 - S_i \tag{15-14}$$

弹性变位（或弹性应变）：

$$S_e = S_1 - S_u \tag{15-15}$$

残余变位（或残余应变）：

$$S_p = S_t - S_e = S_u - S_i \tag{15-16}$$

式中　S_i——加载前测值；

S_1——加载达到稳定时测值；

S_u——卸载后达到稳定时测值。

引入相对残余变位（或应变）的概念描述结构整体或局部进入塑性工作状态的程度。

相对残余变位（或应变）按下式计算：

$$S'_p = \frac{S_p}{S_t} \times 100 \tag{15-17}$$

式中　S'_p——相对残余变位（或应变）；

S_p、S_t意义同前。

（三）应力计算

根据测量到的测点应变，当结构处于线弹性工作状态时，可以利用应力应变关系计算测点的应力。

1. 单向应力状态

$$\sigma = E\varepsilon \tag{15-18}$$

2. 平面应力状态

（1）当主应力方向已知时：

$$\sigma_1 = \frac{E}{1-\mu^2}(\varepsilon_1 + \mu\varepsilon_1) \tag{15-19}$$

$$\sigma_2 = \frac{E}{1-\mu^2}(\varepsilon_2 + \mu\varepsilon_2) \tag{15-20}$$

式中　E——构建材料的弹性模量；

μ——构建材料泊松比；

ε_1、ε_2——方向相互垂直的主应变；

σ_1、σ_2——方向相互垂直的主应力。

（2）当主应力方向未知时，需用应变花测量其应变，计算主应力。应变花的常见形式为直角形或等边形，由三个应变片组成；也可以增加校核片布置为扇形和伞形。主应力计算此处略。

（四）试验结果与理论分析的比较

为了评定结构整体受力性能，需对桥梁荷载试验结果与理论分析值比较，以检验新建桥是否达到设计要求的荷载标准，或者判断旧桥的承载能力。比较时可以将结构位移、应变等试验值与理论计算值列表进行比较，对结构在最不利荷载工况作用下主要控制测点的位移、应力的实测值与理论分析值，要分别绘出荷载—位移（$P—\Delta$）曲线、荷载—应力（$P—\sigma$）曲线，并绘出最不利荷载工况作用下位移沿结构（纵、横向）分布曲线和控制截面虚变沿高度分布图，绘制结构裂缝分布图（对裂缝编号注明长度、宽度、初裂荷载以及裂缝发展情况）。为了量化，以及描述试验值与理论分析值比较的结果，此处引入结构校验系数：

$$\eta = \frac{S_e}{S_s} \tag{15-21}$$

式中　S_e——试验荷载作用下量测的弹性变位（或应变）值；

S_s——试验荷载作用下的理论计算变位或应变值。

S_e与S_s的比较可用实测的横截面平均值与计算值比较，也可考虑荷载横向不均匀分布而选用实测最大值与考虑横向增大系数的计算值进行比较。横向增大系数最好采用实测值，如无实测值，也可采用理论计算值。

四、荷载试验成果分析与承载能力评定

经过荷载试验的桥梁，应根据整理的试验资料分析结构的工作状况，进一步评定桥梁承载能力，为新建桥验收做出鉴定结论，或作为旧桥承载力鉴定检算的依据，并纳入桥梁承载能力鉴定报告和桥梁承载能力鉴定表。一般进行下列分析评定工作。

（一）结构强度分析

结构控制断面实测最大应力（应变）可以成为评价结构强度的主要内容，常用校验系数η来说明。不同结构形式的桥梁，其η值常不相同。

$$挠度校验系数 = \frac{实测跨中挠度}{理论跨中挠度}$$

$$应力校验系数 = \frac{杆件实测弯曲应力}{杆件理论弯曲应力}\left(或\frac{杆件实测轴向力}{杆件理论轴向力}\right)$$

当$\eta=1$时，说明理论与实际相符，一般要求η值不大于1。η值越小，结构的安全储备越大。η值过大或过小，都应该从多方面分析原因，如η值过大，可能说明组成结构的材料强度较低，结构各部分联结性较差，刚度较低等。η值过小，可能说明材料的实际强度及弹性模量较高，桥梁的混凝土桥面铺装及人行道等与主梁共同受力，拱桥拱上建筑与拱圈共同作用，支座摩阻力对结构受力的有利影响，计算理论或简化的计算式偏于安全等。试验加载物的称量误差、仪表的观测误差等也对η值有一定影响。

由于理论的变位（或应变）一般按线性关系计算，所以如测点实测弹性变位（或应变）与理论计算值成正比，其关系曲线接近于直线，说明结构处于良好的弹性工作状况。

测点在控制荷载工况作用下的相对残余变位（或应变）$\frac{S_p}{S_t}$值越小，说明结构越接近弹性工作状况。一般要求，$\frac{S_p}{S_t}$值不大于20%，当$\frac{S_p}{S_t}$值大于20%时，应查明原因。如确系桥梁强度不足，应在评定时酌情降低桥梁承载能力。

η值应取控制截面内力最不利荷载工况时最大挠度测点进行计算。对梁桥，可采用跨中最大正弯矩荷载工况的跨中挠度；对拱桥检算拱顶截面时，可采用拱顶最大正弯矩荷载工况时的跨中挠度；检算拱脚截面时，可采用拱脚最大负弯矩荷载工况时$L/4$截面处的挠度。

（二）地基与基础

当试验荷载作用下墩台沉降、水平位移及倾角较小，符合上部结构验算要求，卸载后变位基本恢复时，认为地基与基础在检算荷载作用下能正常工作。

当试验荷载作用下墩台沉降、水平位移及倾角较大或不稳定，卸载后变位不能恢复时，应进一步对地基、基础进行探查、检算，必要时应对地基基础进行加固处理。

（三）结构的刚度要求

在试验荷载作用下，主要测点挠度校验系数η应不大于1，各点的挠度应不超过规范规定的允许值。

（1）圬工拱桥：一个桥范围内正负挠度的最大绝对值之和不大于$L/1\ 000$，履带车和挂车验算时要提高20%。

（2）钢筋混凝土桥：梁桥主跨跨中，扰度不大于$L/600$；梁桥主梁悬臂端，扰度不大于$L/300$；桁架、拱桥，扰度不大于$L/300$。

（四）裂缝分析

对于新建桥，试验荷载作用下预应力结构不应出现裂缝，钢筋混凝土结构裂缝不应超过规范容许值。

通过对桥梁结构工作状况、强度稳定性、刚度和抗裂性各项指标进行综合评定，并结合结构下部和动力性能评定，综合给出桥梁承载能力评定结论，并将评定结论写入桥梁承载能力鉴定报告。

第四节　桥梁动载试验

当车辆荷载以一定速度行驶于桥上，桥梁结构便产生振动，桥面凹凸不平或发动机颤抖等原因会使振动加剧。此外，人群荷载、强风或地震的作用也会使桥梁产生振动。桥梁的动载试验就是研究桥梁振动的动力特性、整体刚度和行车性能等。

桥梁动载试验与静载试验相比，不同之处是引起结构产生振动的根源（如车辆、人群、风或地震）和结构的动效应是随时间而变化的，动荷载产生的动效应大于相应的静效应，有时甚至不大的动力作用也可能使结构遭到严重破坏。

桥梁的振动试验多是在原型结构上进行的非破坏性试验，也有模型地震试验、抗风试验、疲劳试验等。本节只介绍桥梁原型结构动力特性和动载响应的试验与分析。

一、桥梁动载试验测试系统的选配

桥梁结构振动的测试仪包括测振传感器、信号放大器、光线示波器、磁带记录仪和数字信号处理机。近年来,已开发出多种以 A/D 转换和微机结合的数据采集和分析一体化的智能仪器,可以进行实时数据采集分析,并能实现数据储存,有取代磁带记录仪和专用信号处理机的趋势。

(一)测振传感器

振动参数有位移、速度和加速度。测量这些振动参数的传感器有许多种类。由于振动测量难以在振动体附近找到一个静止点作为测量的基准点,所以就需要使用惯性测振传感器。通常所指的测振传感器即为惯性测振传感器(以下简称测振传感器)。其基本原理为:由惯性质量、阻尼和弹簧组成一个动力系统,这个动力系统固定在振动体上,即传感器外壳固定在振动体上与振动体一起振动。通过测量惯性质量相对于传感器外壳的运动,就可以得到振动体的振动。

测振传感器除了要通过惯性质量、弹簧和阻尼系统感受振动,还要将感受到的振动信号通过各种方式转换成电信号。转换方式有磁电式、压电式、电阻应变式等。传感器所测的振动量通常是位移、速度和加速度等,按转换方式和所测振动量可以分成许多种类。

(二)光线示波器

光线示波器也是一种常用的模拟式记录器,主要用于振动测量的数据记录,它将电信号转换为光信号,并记录在感光纸和胶片上,得到的是试验变量与时间的关系曲线。

(三)磁带记录仪

它可以用于振动测量和静力试验的数据记录,还可将电信号转换成磁信号并记录在磁带上,得到的是试验变量和时间的变化关系。

(四)信号处理机

动态信号数据处理,一般在专用信号处理机或利用数据处理软件在通用计算机上进行。一般信号处理机的工作程序是:输入信号首先通过低通抗混淆滤波器和前置放大器,然后经过模数转换器,将模拟电量信号转换成数字信号输入计算机,在数据处理硬件和软件支持下进行各种数据处理,最后将结果打印出来。

(五)测试系统的选配

根据常用的一些测试仪器的性能,一般可构成电磁式测试系统、压电式测试系统和电阻应变式测试系统等。

(1)电磁式测试系统在桥梁的动力测试中应用较为普遍,这类系统通过仪器的组合变换可测位移、速度和加速度。电磁式测试系统的特点是输出信号强、灵敏度高、稳定性好、传感器输出抗阻低、长导线的影响较小。因此,其抗干扰性能好,系统的组成为:电磁式传感器、信号放大器、记录装置。

(2)压电式测试系统一般用于测量加速度。系统的组成为:压电式传感器、电压或电荷放大器、光线示波器或磁带机。

由于压电式传感器具有高输出阻抗的特性,要求与输入阻抗很高的放大器相连。因此,放大器输入阻抗将对测试系统的特性产生重大影响。

(3)电阻应变式测试系统中传感器的种类较多,如位移计、应变计、加速度计等,需配套使用的放大器是各类动态电阻应变仪,记录装置为常用的光线振子示波器或磁带记录仪等。系统组成为:电阻式传感器、电阻应变仪、光线振子示波器或磁带记录仪。

这类测试系统的低频响应好,可从 0 Hz 开始。动态电阻应变仪可作为各类电限应变式传感器的放大器,但这类测试系统易受温度的影响,抗干扰性能较差,长导线对灵敏度也有影响。电阻应变式测试系统中各部分仪器通用性强,应用方便,因而在桥梁动载试验中的应用很普遍。当选配上述测试系统时,要注意选择测振仪器的技术指标,使传感器、放大器和记录仪的灵敏度、动态范围、频率响应和幅值范围等技术指标合理配套,以保证测试结果的准确与可靠。

(六)测振仪器的主要技术指标

1. 灵敏度

测振传感器或测试系统的灵敏度是指它们的输出信号(电压、电荷或应变等)与输入信号(位移、速度或加速度等)的比值。

2. 频率响应

当所测振动的频率变化时,测量系统的灵敏度、输出的相位等也随之变化。这个变化规律称为频率响应。对于一个阻尼值,只有一条频率响应曲线。

3. 阻尼比

阻尼比是系统存在阻尼的一种量度,它等于实际阻尼系数与临界阻尼系数之比值。

(1)当阻尼比小于 1 时,系统呈欠阻尼状态;

(2)当阻尼比等于 1 时,系统呈临界阻尼状态;

(3)当限尼比大于 1 时,系统呈过阻尼状态。

4. 动态范围

测振仪器的动态范围(或线性度范围)是指输出信号与输入信号保持线性关系时,输入信号幅值的允许变化范围,即仪器的可测幅值范围。当二者偏离线性关系时,称幅值失真。

5. 频率特性范围

测振仪器的频率特性范围是指当仪器灵敏度不变或其变化不超过允许值时,频率信号的允许变化范围,即仪器的可测频率范围。当被测信号频率超出使用频率范围时,测试结果会产生很大误差。

6. 相位特性

测振仪器的相位特性反映了仪器输出信号的相位差随频率而变化的情况;当由各种频率的简谐波合成复杂的周期波时,输出信号对输入信号的相位差应始终为零或与频率呈线性关系,这样信号波形才不会失真,否则会产生相位畸变。

当进行测振仪器的选择时,一定要符合可测幅值范围、可测频率范围、相位差不畸变等要求,同时要注意仪器对环境条件的适应能力。

二、桥梁动载试验的激振方法

当进行桥梁动载试验时,首先要设法使桥梁产生一定的振动,然后应用测振仪器加以测试和记录，通过对记录的振动信号分析，得到桥梁的动力特性和响应。

桥梁动载试验的激振方法有多种，应结合所测桥梁的结构形式和刚度选择激振效果好、易于实施的方法。激振方法可分为自振法、共振法和随机激振法。

（一）自振法

自振法的特点是使桥梁产生有阻尼的自由衰减振动，记录到的振动图形是桥梁的衰减自由振动曲线，为使桥梁产生自由振动，一般常用突加荷载法和突然卸载法两种方法。

1. 突加荷载法

在被测结构上急速地施加一个冲击作用力，由于施加冲击作用的时间短促，因此施加于结构上的作用实际是一个冲击脉冲作用。由振动理论可知，冲击脉冲的动能传递到结构振动系统的时间要小于振动系统的自振周期，并且冲击脉冲一般都包含了从零到无限大的所有频率的能量，只有被测结构的固有频率与之相同或很接近，冲击脉冲的频率分量才对结构起作用，从而激起结构以其固有频率做自由振动。

对于中小型桥梁结构，可用落锤激振器（或枕木）垂直地冲击桥梁，激起桥梁沿竖直方向自由振动。如果沿水平方向冲击桥面缘石，则可激起横向振动。

跳车法就是从三角垫木上利用车轮突然下落对桥梁产生冲击作用，激起桥梁的竖向振动。但此时所测得的结构固有频率包括了试验车辆这一附加质量的影响。

当采用突加荷载法时，要注意冲击荷载的大小及其作用位置。如果要激起结构的整体振动，则必须在桥梁的主要受力构件上施加足够的冲击力，冲击荷载的位置可按所测结构的振型来确定；如为了获得简支梁桥的第一振型，则冲击荷载作用于跨中部位。

冲击法引起自由振动，一般可记录到第一固有频率的振动图形。如用磁带记录仪录取结构某处的响应，通过频谱分析，则可获得多阶固有频率的参数。

2. 突然卸载法

突然卸载法（又称位移激振法）是在结构上预先施加一个荷载作用，使结构产生一个初位移，然后突然卸去荷载，利用结构的弹性使其产生自由振动。

为卸落荷载，可通过自动脱钩装置或剪绳索等方法，有时也专门设计一种断裂装置。当预施加力达到一定数值时，在绳索中间的断裂装置便突然断离，从而激发结构的振动。突卸荷载的大小要根据所需最大振幅计算求出。

（二）共振法（又称强迫振动法）

共振法是利用激振器对结构施加激振力，使结构产生强迫振动，改变激振力的频率而使结构产生共振现象来确定结构的动力特性。

激振设备有机械式激振器、电磁式激振器和电气液压式振动台。

激振器在结构安装位置和激振方向要根据试验的要求和目的而定，具体安装方法应依据有关说明。如果将两台激振器安放于结构的适当位置上，反向激振，则可进行扭转振动试验。

试验时，连续改变激振器的频率，当激振力的频率与结构的固有频率相等时，结构出现共振现象，此时，所记录到的频率即为结构的固有频率。

对于较复杂的结构，有时需要知道某频以后的几个频率。此时可以连续改变激振力的频率，进行“频率扫描”，使结构连续出现第一次共振、第二次共振，……，同时记录结构的振动图形。由此可得到结构的第一频率(基频)、第二频率……,在此基础上,再在共振频率附近进行稳定的激振试验,则可准确地测定结构的固有频率与振型。

在进行上述频率扫描试验时,同时记录结构的振幅变化情况,则可作出共振曲线,即频率—振幅关系曲线,从而确定结构的阻尼特性。

对于自振频率较低的大跨度柔性桥梁结构,也可利用人群在桥面上作有规律的运动,使结构发生共振现象。

(三)随机激振法

随机激振法是利用外界各种自然因素,如地脉动、风、水流等形成的微小、不规则的脉动引起桥梁结构产生振动的一种激振方法。在桥梁的动载试验中,常用载重车队由低到高的不同速度驶过桥梁,使结构产生不同程度的强迫振动。在若干次运行车辆荷载试验中,当某一行驶速度产生的激振力的频率与结构的固有频率相接近时,结构便产生共振,此时,结构各部位的振动相应达最大值。在车辆驶离桥跨以后,结构作自由衰减振动,这时可由记录到的波形曲线分析得出结构的动力特性。

对于大跨度悬吊结构,如悬索桥、斜拉索桥跨结构、塔墩以及具有分离式拱肋的大跨度下承式或中承式拱桥,可利用结构由于外界各种因素所引起的微小而不规则的振动来确定结构的动力特性。这种微振动通常称为“脉动”,它是由附近的车辆、机器等振动或附近地壳的微小破裂和远处的地震传来的脉动所产生的。结构的脉动有一个重要特性,就是它能明显地反映结构的固有频率。结构的脉动是因外界不规则的干扰所引起的,因此它具有各种频率成分,而结构的固有频率的谐量是脉动的主要成分,在脉动图上可直接量出。如果在结构不同部位同时进行检测,记录在同一纸上,读出同一瞬时各测点的振幅值,并注意它们之间的相位关系,则可分析得到某一固有频率的振型。

在桥梁结构的正常运营条件下,经常地作用于结构上的动力荷载是各类车辆荷载。在进行桥梁的动载试验中,首先应考虑采用车辆荷载做试验,以便确定桥梁在使用荷载作用下的动力特性及响应。对需要考虑风动荷载或地震荷载的桥梁,应结合桥梁的结构形式作进一步的研究。

三、桥梁动载试验数据分析

桥梁结构的动力特性是进行结构动力分析所必需的参数,是结构振动系统的基本特性。例如,结构的固有频率、阻尼系数和振型等,它们只与结构本身的固有性质有关(如结构的组成、形式、刚度、质量分布和材料的性质等),而与荷载等其他条件无关。

对于比较简单的结构,一般只需结构的一阶频率;对于较复杂的结构动力分析,还应考虑第二、第三甚至更高阶的固有频率及相应的振型。至于系统的阻尼特性,只能通过试验的方法确定。

桥梁在实际的动荷载作用下,结构各控制部位的动力响应,如振幅、频率、速度和加速度以及反映结构整体动力作用的冲击系数等,除了可用来分析结构在动荷载作用下的受力状态,还可验证或修改理论计算值,并作为结构设计的依据。

(一)结构固有频率的测定

按照前面叙述的激振方法,使桥梁产生自由振动,通过测试系统实测记录结构的衰减振动波形。在记录的振动曲线上，可根据时标符号直接计算出结构的固有频率。

在计算频率时，为消除冲击荷载的影响，开始的第一、二个波形应舍弃，从第三个波形开始计算分析。

当使用激振器进行共振法试验时，结构产生连续周期性强迫振动，在激振器振动频率与结构的固有频率一致时，结构出现共振现象，振幅达到最大值，经准确测试后，共振波峰处的频率即为结构的固有频率。当采用偏心式激振器时，由于激振力的大小与激振器转速的平方成正比，激振器转数不同，激振力大小不一样。为便于比较，应将振幅折算成单位激振力作用下的振幅，即振幅除以相应的激振力，或者将振幅换算为在相同激振力作用下的振幅，即 $\frac{A}{w^2}$，其中，A 为振幅，w 为激振器的频率。以 $\frac{A}{w^2}$ 为纵坐标，w 为横坐标，画出共振曲线。

（二）结构阻尼的测定

桥梁在振动过程中，要受到介质阻尼、材料内部阻尼及支座摩擦阻尼等作用，阻尼特性是振动系统的重要动态特性之一。

桥梁结构的阻尼特性，一般用对数衰减率 δ 或阻尼比 D 来表示。实测的衰减自由振动曲线如图 15-9 所示，由振动理论知，对数衰减率为：

$$\delta = \ln\frac{A_i}{A_{i+1}} \tag{15-22}$$

式中　A_i、A_{i+1}——相邻的两个波的同号振幅峰值，可直接从衰减曲线上量取。

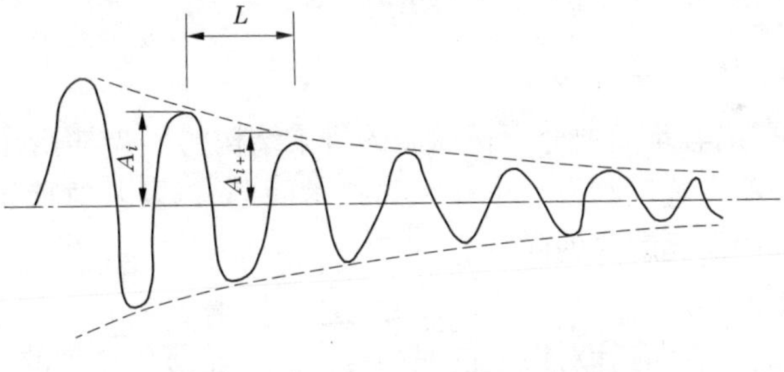

图 15-9　实测的衰减自由振动曲线

在实践中，常在衰减曲线上量取 m 个波形，求得平均的衰减率：

$$\delta_n = \frac{1}{m}\ln\frac{A_i}{A_{i+m}} \tag{15-23}$$

由振动理论知，对数衰减率 δ 与阻尼比 D 的关系为：

$$\delta = \frac{2\pi D}{\sqrt{1-D^2}} \tag{15-24}$$

一般材料的阻尼比都很小，因此：

$$D = \frac{\delta}{2\pi} \tag{15-25}$$

（三）振型的测定

结构的振型是结构衍动时相应于各阶固有频率的振动形式，一个振动系统的数日与其自由度数目相等。桥梁结构是一个具有连续分布质量的体系，也就是说，桥梁是一个无限自由度体系，因此其固有频率及相应的振型也有无限多个。如前所述，对于一般的桥梁结构，第一固有频率即基频，对结构的动力分析是重要的。

当采用共振法测定振型时，应将若干传感器安装在结构各有关部门，当激振装置激发结构共振时，同时记录结构各部位。

振型的测定一般采用两种方法。一种方法是在结构上同时安装许多传感器，必须保证预先标定所有传感器的灵敏度。当用多路放大器时，要求放大器的特性相同。另一种方法只用一个传感器，测试时要不断改变它的位置，以便测出各点的振幅。这种方法需要对传感器多次拆卸和安装，并且需要一个不能移动的传感器作为参考点进行比对。

（四）结构动力响应的测定

在动力荷载作用下，桥梁结构某些部位的振动参数如振幅、频率、位移、应力等的测定，可根据试验的具体要求和结构的形式布置测点，采用适当的仪表进行测试。动荷载作用于结构上产生的动挠度，一般较同样的静荷载所产生的相应的静挠度要大。最大动挠度与最大静挠度的比值称为活荷载的冲击系数。由于挠度反映了桥跨结构的整体变形，是衡量结构刚度的主要指标，因此活荷载冲击系数综合反映了荷载对桥梁结构的动力作用。它与结构的形式、车辆运行速度和桥面的平整度有关。

四、荷载试验报告编写

在全部试验资料整理与分析的基础上，桥梁结构荷载试验报告内容应该包括下列各项。

（一）试验概况

试验概况的主要内容是简要介绍被试验的桥梁结构的形式、构造特点、施工概况。对于鉴定性试验，要说明在施工与设计中存在的技术问题，以及其对使用的影响；对于科研性试验，要说明设计中需要解决的问题。

（二）试验目的

根据试验对象的特点，有针对性地说明结构荷载试验所要达到的目的和要求。

（三）试验方案设计

这一部分要说明根据试验目的确定的测试项目和测试方法、仪器配备及测点布置情况，并附简图。同时要说明试验荷载的情况，如试验荷载的形成（是标准列车或汽车荷载，还是模拟等代荷载）以及加载的程序。

（四）试验目的及试验过程

说明具体组织桥梁静载试验的起止日期、试验准备阶段的情况、整个试验阶段特殊的问题及其解决办法。

（五）各项试验达到的精度

将本次试验中使用的各种仪器、仪表、精度列表说明，同时还要说明试验中可能使用的夹具对试验精度的影响程度。

（六）试验成果与分析

依据桥梁结构荷载试验项目，将理论值、实测值以及有关的参考限值进行对比，说明理论与实践之间的符合程度。从中得出试验结构所具有的实际承载能力、抗裂性、使用的安全度,以及从试验中所发现的新问题,从现场检查的综合情况说明试验结构的施工质量。对于一些科研性试验,还要从综合分析中说明设计计算理论的正确性和实用性以及尚未解决的问题。

本章小结

本章主要学习了桥梁静载试验、桥梁动载试验的方法和步骤以及桥梁实际承载能力评定方法。

复习思考题

1. 桥梁结构现状调查的主要内容有哪些?
2. 静载试验效率与动载试验效率的含义分别是什么?
3. 主要测点的布设应考虑哪些因素,如何布设?
4. 加载试验为何要选择加载试验时间?
5. 简述手持应变仪工作原理,以及如何减小量测误差?
6. 简述应变花的含义及适用情况。
7. 电阻应变片如何粘贴? 粘贴时应注意些什么?
8. 静态电阻应变仪的工作原理是什么?
9. 静载试验加载过程主要观测内容及终止加载的条件是什么?
10. 简述结构固有频率、阻尼的概念及确定方法。
11. 桥梁动载试验的激振方法有哪几种? 各有何特点?

第十六章　构件材质状况无损检测

【教学目标】

(1)学生通过学习视频、PPT、现场检测实践,能进行钢筋锈蚀电位的检测与评定、混凝土中钢筋分布及保护层厚度的检测、混凝土碳化深度的检测与评定、超声法检测混凝土结构内部缺陷与表层损伤,正确率达85%以上。

(2)学生通过学习视频、PPT、现场观摩,能描述钢筋锈蚀电位的检测原理,并能对测试结果进行分析处理,正确率达80%以上。

第一节　钢筋锈蚀电位的检测与判定

一、概述

钢筋混凝土结构物的耐久性问题越来越引起人们的重视,而钢筋锈蚀则是影响结构物耐久性的主要因素之一。随着工业污染及建筑结构的老化,钢筋锈蚀问题越来越突出,直接影响结构物的安全使用。

钢筋锈蚀是一个电化学过程,这已为人们所共知,然而电化学过程的开始与发展还取决于许多复杂的因素,一些工程技术人员往往不重视或不甚了解这些因素的作用原理与钢筋锈蚀的密切关系,甚至在设计、施工及使用过程中增加了一些不利的人为因素,使结构物过早出现腐蚀问题。此外,一切防护措施均应在全面分析和了解影响钢筋锈蚀的各种因素的基础上制定和实施,方能得到预期的效果。

下面以硅酸盐水泥为例,介绍一下混凝土中钢筋表面钝化膜的破坏与腐蚀半电池的形成机制。

硅酸盐水泥在水化过程中产生一定的碱,方程式如下:

$$2[3CaO \cdot SiO_2] + 6H_2O \rightarrow 3CaO \cdot 2SiO_2 \cdot 3H_2O + 3Ca(OH)_2$$

$Ca(OH)_2$一部分溶解于混凝土的液相中,使混凝土pH在13～14,另一部分则沉淀于混凝土的微孔中,处于强碱环境中的钢筋,其表面生成致密氧化膜,使钢筋处于钝化状态,同时混凝土对钢筋也起着物理保护作用。

但是从热力学观点来看,钢筋的钝化是不稳定的,钝化状态的保持具有一定的条件,一旦条件改变,钢筋便由钝化状态向活化状态改变。

混凝土通常具有连续贯通的毛细孔隙,起初这些毛细孔隙被水泥水化过程中所产生的自由水和固体$Ca(OH)_2$所填塞,但是,暴露在空气中的混凝土随着时间的推移,会逐渐释放一部分自由水,在干燥过程中,混凝土中的水分挥发,其原来占有的孔隙空间就会被空气所填补,通常空气中包含大量的CO_2和酸性气体,它们能与混凝土中的碱性成分起反应,大气中的CO_2、SO_2、SO_3能中和混凝土中的$Ca(OH)_2$:

$$CO_2 + Ca(OH)_2 \rightarrow CaCO_3 + H_2O$$
$$SO_2 + Ca(OH)_2 \rightarrow CaSO_3 + H_2O$$
$$CO_3 + Ca(OH)_2 \rightarrow CaCO_4 + H_2O$$

这就是我们所说的混凝土碳化。混凝土碳化会使得混凝土的pH降低,当pH小于11时,混凝土中钢筋表面的致密钝化膜就被破坏,不仅如此,$CaSO_3$、$CaSO_4$还会与水泥水化产物中的铝酸三钙反应,生成物体积增大,从而使混凝土胀裂,这就是硫酸盐侵蚀破坏。

一旦钢筋表面钝化膜局部破坏或变得致密度差,即不完整,则钝化膜处就会形成阳极,而周围钝化膜完好的部位构成阴极,从而形成了若干个微电池。虽然有些微电池处于抑制状态,但在一定条件下可以激化,从而使其处于活化状态发生氧化还原反应,这样就造成钢筋的锈蚀,宏观上混凝土和握裹其中的钢筋形成半电池,而我们也正是通过检测以上所述的处于活化状态的钢筋锈蚀半电池电位来判断当下混凝土内的钢筋锈蚀活化程度的。

二、半电池电位法

半电池电位法是指利用混凝土中钢筋锈蚀的电化学反应引起的电位变化来测定钢筋锈蚀状态。通过测定钢筋/混凝土半电池电极与在混凝土表面的铜/硫酸铜参考电极之间电位差的大小,评定混凝土中钢筋的锈蚀活化程度。

钢筋锈蚀状况检测范围应为主要承重构件或承重构件的主要受力部位,或根据一般检查结果有迹象表明钢筋可能存在锈蚀的部位,用于估测在用的现场和试验室硬化混凝土中无镀层钢筋的半电池电位,测试与这些钢筋的尺寸和埋在混凝土中的深度无关,可以在混凝土构件使用寿命中的任何时期使用。

此方法用于检测混凝土中钢筋的锈蚀活化程度。已经干燥到绝缘状态的混凝土或已发生脱空层离的混凝土表面,测试时不能提供稳定的电回路,不适用本方法。对特殊环境,如海水浪溅区、处于盐雾中的混凝土结构等,不具有普遍适用性。

电位的测量需由有经验的、从事结构检测的工程师或相关技术专家完成并解释,除了半电池电位测试,还有必要使用其他数据,如氯离子含量、碳化深度、层离状况、混凝土电阻率和所处环境调查等,以掌握钢筋锈蚀情况及其对结构使用寿命可能产生的影响。

三、测量装置

(一)参考电极(半电池)

(1)本方法参考电极为铜/硫酸铜半电池。它由一根不与铜或硫酸铜发生化学反应的刚性有机玻璃管、一只通过毛细作用保持湿润的多孔塞、一个处在刚性管内饱和硫酸铜溶液中的紫铜棒构成,钢筋锈蚀检测仪如图16-1所示,本节主要介绍单电极法的检测。

(2)铜/硫酸铜参考电极温度系数为0.9 MV/℃。

(二)二次仪表的技术性能要求

(1)测量范围:大于1 V。

(2)准确度:优于(0.5% ±1)MV。

(3)输入电阻:大于1 010 Ω。

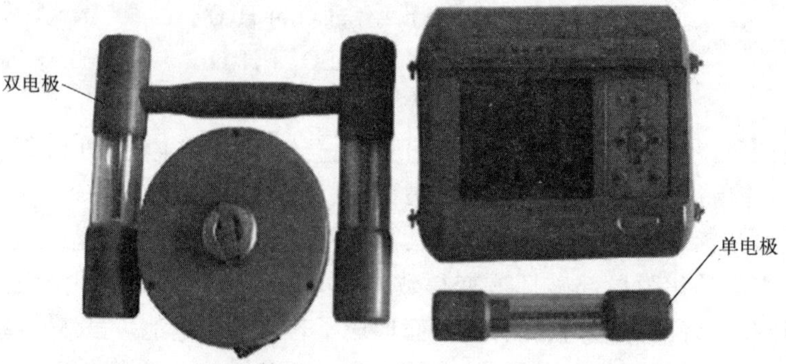

图 16-1　钢筋锈蚀检测仪

(4)仪器使用环境条件:环境温度 0 ~ +40 ℃;相对湿度≤95%。

(三)导线

导线总长不应超过 150 m,一般选择截面面积大于 0.75 mm^2 的导线,以使在测试回路中产生的电压降不超过 0.1 mV。

(四)接触液

为使铜/硫酸铜电极与混凝土表面有较好的电接触,可在水中加适量的家用液态洗涤剂对被测表面进行湿润,减小接触电阻与电路电阻。

(五)使用情况

当使用接触液后仍然无法得到稳定的电位差时,应分析是否电回路的电阻过大或附近存在与桥梁连通的大地波动电流,在以上情况下,不应使用半电池电位法。

四、测试方法

(一)测区的选择与测点布置

(1)钢筋锈蚀状况检测范围应为主要承重构件或承重构件的主要受力部位,或根据一般检查结果有迹象表明钢筋可能存在锈蚀的部位。但测区不应有明显的锈蚀胀裂、脱空或层离现象。

(2)在测区上布置测试网格,网格节点为测点。间距可选 20 cm × 20 cm、30 cm × 30 cm、20 cm × 10 cm 等,根据构件尺寸而定,测点位置距构件边缘应大于 5 cm,一般不宜少于 20 个测点。

(3)当一个测区内相邻测点的读数超过 150 mV 时,通常应减小测点的间距。

(4)测区应统一编号,注明位置,并描述外观情况。

(二)混凝土表面处理

用钢丝刷、砂纸打磨测区混凝土表面,去除涂料、浮浆、污迹、尘土等,并用接触液将表面润湿。

(三)二次仪表与钢筋的电连接

(1)现场检测时,铜/硫酸铜电极一般接二次仪表的正输入端,钢筋接二次仪表的负输入端。

(2)局部打开混凝土或选择裸露的钢筋,在钢筋上钻一小孔并拧上自攻螺钉,用加压型鳄鱼夹夹住并润湿，采用图 16-2 所示的测试系统连接方法连接，确保有良好的电连接。若在远离钢筋连接点的测区进行测量，必须用万用表检查内部钢筋的连续性，如不连续，应重新进行钢筋的连接。

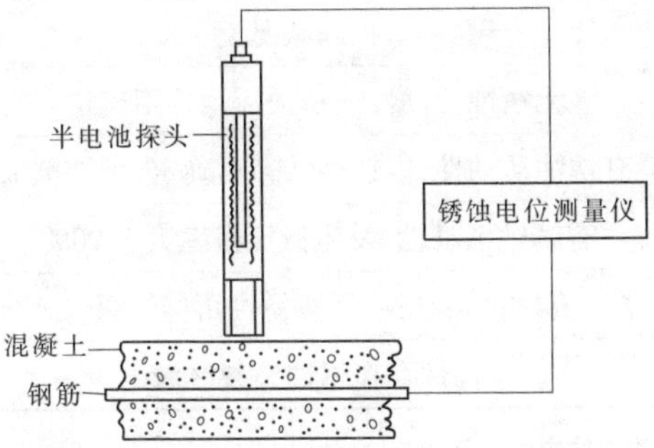

图 16-2　测试系统连接方法

(3)铜/硫酸铜参考电极与测点的接触。测量前应预先将电极前端多孔塞充分浸湿，以保证良好的导电性，正式测读前，应再次用喷雾器将混凝土表面润湿，但应注意被测表面不应存在游离水。

(四)铜/硫酸铜电极的准备

饱和硫酸铜溶液由硫酸铜晶体溶解在蒸馏水中制成。当有多余的未溶解硫酸铜结晶体沉积在溶液底部时，可以认为该溶液是饱和的。电极铜棒应清洁，无明显缺陷；否则，需用稀释盐酸溶液清洁铜棒，并用蒸馏水彻底冲净。硫酸铜溶液应注意更换，保持清洁，溶液应充满电极，以保证电连接。

(五)测量值的采集

测点读数变动不超过 2 mV，可视为稳定。在同一测点、同一支参考电极重复测读的差异不应超过 10 mV；不同参考电极重复测读的差异不应超过 20 mV。若不符合读数稳定要求，应检查测试系统的各个环节。

五、影响测量准确度的因数及修正

混凝土含水率对测值的影响较大，测量时构件应处于自然干燥状态。为提高现场评定钢筋状态的可靠度，一般要进行现场比较性试验。现场比较性试验通常按已暴露钢筋的锈蚀程度，在它们的周围分别测出相应的锈蚀电位。比较这些钢筋的锈蚀程度和相应测值的对应关系，可提高评判的可靠度，但不能与有明显锈蚀胀裂、脱空、层离现象的区域比较。若环境温度在(22 ± 5)℃范围之外，应对铜/硫酸铜电极做温度修正。此外，各种外界因素产生的波动电流对测量值影响较大，特别是靠近地面的测区，应避免各种电、磁场的干扰。混凝土保护层电阻对测量值有一定影响，除测区表面处理要符合规定外，仪器的输入阻抗要符合技术要求。

六、钢筋锈蚀电位的一般判定标准

(1)在对已处理(已进行温度修正)的数据进行判读之前，按惯例将这些数据加以负号，绘制等电位图，然后进行判读。

(2)按照表16-1的规定判断混凝土中钢筋发生锈蚀的概率或钢筋正在发生锈蚀的锈蚀活化程度。

表16-1　结构混凝土中钢筋锈蚀电位的判定标准

电位水平(mV)	钢筋状况	评定标度
≥ -200	无锈蚀活动性或锈蚀活动性不确定	1
(-200，-300]	有锈蚀活动性,但锈蚀状态不确定,可能坑蚀	2
(-300，-400]	有锈蚀活动性,发生锈蚀概率大于90%	3
(-400，-500]	有锈蚀活动性,严重锈蚀可能性极大	4
< -500	构件存在锈蚀开裂区域	5

注:①量测时,混凝土桥梁结构或构件应为自然状态。
②表中电位水平为采用铜/硫酸铜电极时的量测值。

第二节　混凝土中钢筋分布及保护层厚度的检测

一、应用范围

混凝土中钢筋分布及保护层厚度的检测针对主要承重构件或承重构件的主要受力部位,或钢筋锈蚀电位试验结果表明钢筋可能锈蚀活化的部位,以及根据结构验算及其他检测需要确定的部位。在下列情况下需进行检测:

(1)用于估测混凝土中钢筋的位置、深度和尺寸。

(2)在无资料或其他原因需要对结构进行调查。

(3)进行其他测试之前,需要避开钢筋进行的测试。

二、检测方法及处理

(1)检测方法:采用电磁无损检测方法确定钢筋位置,辅以现场修正,确定保护层厚度,估测钢筋直径,量测值精确至毫米。

(2)检测原理:仪器探头产生一个电磁场,当某条钢筋或其他金属物体位于这个电磁场内时,会引起这个电磁场磁力线的改变,造成局部电磁场强度的变化。电磁场强度的变化和金属物大小与探头距离存在一定的对应关系。如果把特定尺寸的钢筋和所要调查的材料进行适当标定,通过探头测量,并由仪表显示出这种对应关系,即可估测混凝土中钢筋的位置、深度和尺寸。

三、仪器技术要求

(一)检测仪器的技术要求

检测仪器一般包含探头、仪表和连接导线,仪表可进行模拟或数字的指示输出,较先进的仪表还具有图形显示功能,仪器可用电池或外接电源供电。

(二)钢筋保护层测试仪的技术要求

(1)钢筋保护层测试仪应通过技术鉴定,必须具有产品合格证。

(2)仪器的保护层测量范围应大于 120 mm。

(3)仪器的准确度应满足:

① 0～60 mm, ±1 mm。

② 60～120 mm, ±3 mm。

③ >120 mm, ±10%。

(4)适用的钢筋直径范围应为Φ 6～Φ 50,并不少于符合有关钢筋直径系列规定的 12 个档次。

(5)仪器应具有在未知保护层厚度的情况下,测量钢筋直径的功能。

(6)仪器应能适用于温度 0～40 ℃、相对湿度≤85%、无强磁场干扰的环境条件。

(7)仪器工作时应为直流供电,连续正常工作时间不小于 6 h。

四、仪器的标定

(1)钢筋保护层测试仪使用期间的标定校准应使用专用的标定块。当测量标定块所给定的保护层厚度时,测读值应在仪器说明书所给定的准确度范围之内。

(2)标定块为一根Φ 16 的普通碳素钢筋垂直浇铸在长方体无磁性的塑料块内,钢筋距四个侧面分别为 15 mm、30 mm、60 mm、90 mm。

(3)标定应在无外界磁场干扰的环境中进行。

(4)每次试验检测前均应对仪器进行标定,若达不到应有的准确度,应送专业机构维修检验。

五、操作程序

(一)混凝土结构钢筋分布状况调查的范围

其范围应为主要承重构件或承重构件的主要受力部位,或经钢筋锈蚀电位测试结果表明钢筋可能锈蚀活化的部位,以及根据结构验算及其他检测需要确定的部位。

(二)测区布置原则

(1)当按单个构件检测时,应根据尺寸,在构件上均匀布置测区,每个构件上的测区数不应少于 3 个。

(2)对于最大尺寸大于 5 m 的构件,应适当增加测区数量。

(3)测区应均匀分布,相邻两测区的间距不宜小于 2 m。

(4)测区表面应清洁、平整,避开接缝、蜂窝、麻面、预埋件等部位。

(5)测区应注明编号,并记录测区位置和外观情况。

(6)测点数量及要求:

①构件上每一测区应不少于 10 个测点。

②测点间距应小于保护层测试仪传感器长度。

(7)对于某一类构件的检测,可采取抽样的方法,抽样数不少于同类构件数的 30%,且不少于 3 件,每个构件测区布置按单个构件要求进行。

(8)对于结构整体的检测,可先按构件类型分类,再按类型进行检测。

(三)测量步骤

(1)测试前应了解有关图纸资料,以确定钢筋的种类和直径。

(2)进行保护层厚度测读前,应先在测区内确定钢筋的位置与走向,做法如下:

①将保护层测试仪传感器在构件表面平行移动,当仪器显示值为最小时,传感器正下方即为所测钢筋的位置。

②找到钢筋位置后,将传感器在原处左右移动一定角度,仪器显示最小值时传感器长轴线的方向即为钢筋的走向。

③在构件测区表面画出钢筋的位置与走向。

(3)保护层厚度的测读。

①将传感器置于钢筋所在位置正上方,并左右稍稍移动,读取仪器显示的最小值,即为该处保护层厚度。

②每一测点宜读取 2 ~3 次稳定读数,取其平均值,精确至 1 mm。

③应避免在钢筋交叉位置进行测量。

(4)对于缺少资料、无法确定钢筋直径的构件,应测量钢筋直径。对钢筋直径的测量,宜采用测读 5 ~10 次剔除异常数据、求其平均值的测量方法。

六、影响测量准确度的因素及修正

(一)影响测量准确度的因素

(1)应避免外加磁场的影响。

(2)混凝土若具有磁性,测量值需加以修正。

(3)钢筋品种对测量值有一定影响,主要是高强钢筋,需加以修正。

(4)布筋状况、钢筋间距影响测量值,当 $\frac{D}{S}<3$ 时,需修正测量值。其中,D 为钢筋净间距,mm,即钢筋边缘至边缘的间距;S 为保护层厚度,mm,即钢筋边缘至保护层表面的最小距离。

(二)保护层测量值的修正

当钢筋直径、材质、布筋状况、混凝土性质都已知时,才能准确测量保护层厚度,而实际测量时,往往这些因素都是未知的。

(1)仪器测量直径的选择:

两根钢筋横向并在一起(见图 16-3),等效直径 $d_{等效}=d_1+d_2$;

两根钢筋竖向并在一起(见图 16-4),等效直径 $d_{等效}=\frac{3(d_1+d_2)}{4}$。

(2)用标准垫块进行综合修正,这种方法适用于现场检测,标准垫块用硬质无磁性材料制成,如工程塑料或电工用绝缘板。平面尺寸与仪器传感器底面相同,厚度 S_b 为 10 mm 或 20 mm。修正系数 K 计算方法如下:

①将传感器直接置于混凝土表面已标好的钢筋位置正上方,读取测量值 S_{m1}。

②将标准垫块置于传感器原混凝土表面位置,并把传感器放于标准垫块之上,读取测

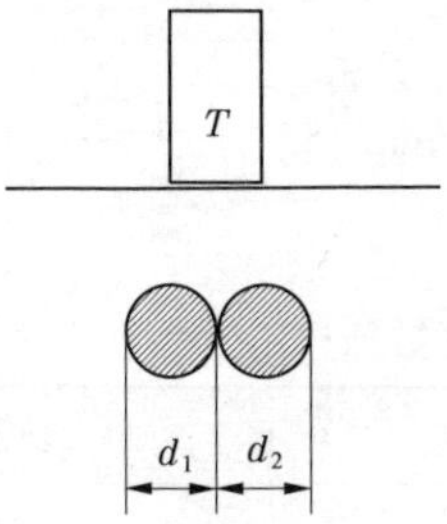

图 16-3　两根钢筋横向并在一起

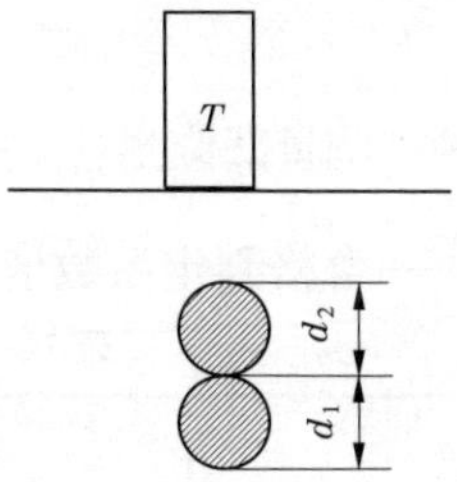

图 16-4　两根钢筋竖向并在一起

量值 S_{m2}，则修正系数 K 为：

$$K = \frac{S_{m2} - S_{m1}}{S_b} \tag{16-1}$$

③对于不同钢筋种类和直径的试块，应确定各自的修正系数，每一修正系数应采用 3 次平均值求得。

(3)用校准孔进行综合修正，也是现场校准测量值的有效方法。

①用 6 mm 钻头在钢筋位置正上方，垂直于构件表面打孔，手感碰到钢筋立即停止，用深度卡尺量测钻孔深度，即为实际的保护层厚度 S_r，则修正系数 K 为：

$$K = \frac{S_m}{S_r} \tag{16-2}$$

式中　S_m——仪器读数值。

②对于不同钢筋种类和直径的试块应打各自的校准孔，一般应不少于 2 个，求其平均值。

(4)现场检测的准确度。经过修正后确定的保护层厚度值，精确度可在 10% 以内，因混凝土表面的平整度及各种影响因素的存在仍会给测量带来误差。

(5)用图示方式注明检测部位及测区位置，将各个测区的钢筋分布、走向绘制成图，并在图上标注间距、保护层厚度及钢筋直径等数据。

七、钢筋分布及保护层厚度的评定

（一）数据处理

(1)根据某一测量部位各测点混凝土厚度实测值，按下式求出混凝土保护层厚度平均值 $\overline{D}_n$（精确至 0.1 mm）：

$$\overline{D}_n = \frac{\sum_{i=1}^{n} D_{ni}}{n} \tag{16-3}$$

式中　D_{ni}——结构或构件测量部位测点混凝土保护层厚度，精确至 0.1 mm；

n——检测构件或部位的测点数。

(2)按照下式计算确定测量部位混凝土保护层厚度特征值 D_{ne}（精确至 0.1 mm）：

$$D_{ne} = \overline{D}_n - K_P S_D \tag{16-4}$$

式中 S_D——测量部位测点保护层厚度的标准差,精确至0.1 mm,$S_D = \sqrt{\dfrac{\sum_{i=1}^{n} D_{ni}^2 - n\bar{D}_n^2}{n-1}}$;

K_P——合格判定系数值,按表16-2取用。

表16-2 混凝土保护层厚度合格判定系数值

n	10~15	16~24	≥25
K_P	1.695	1.645	1.595

(二)结果评定

根据测量部位实测保护层厚度特征值 D_{ne} 与设计值 D_{nd} 的比值,混凝土保护层厚度对结构钢筋耐久性评判可参考表16-3中的经验值。

表16-3 钢筋保护层厚度评定标准

$\dfrac{D_{ne}}{D_{nd}}$	对结构钢筋耐久性的影响	评定标度
>0.95	影响不显著	1
(0.85~0.95]	有轻度影响	2
(0.70~0.85]	有影响	3
(0.55~0.70]	有较大影响	4
≤0.55	钢筋易失去碱性保护,发生锈蚀	5

第三节 混凝土碳化深度的检测与评定

一、检测方法

钢筋锈蚀电位测试结果表明,应对钢筋锈蚀活动的区域(钢筋锈蚀电位评定标度值为3、4、5)进行混凝土碳化深度测量。另外,碳化深度的检测也是混凝土强度检测中需要进行的一项工作。

混凝土碳化状况的检测通常采用在混凝土新鲜断面喷洒酸碱指示剂,通过观察酸碱指示剂颜色变化来确定混凝土碳化深度的方法。

二、检测步骤

碳化深度检测时,测区位置的选择原则可参照钢筋锈蚀自然电位测试的要求,若在同一测区,应先进行保护层和锈蚀电位、电阻率的测量,再进行碳化深度及氯离子含量的测量,具体检测步骤如下。

(一)测区及测孔布置

(1)测区应包括锈蚀电位测量结果有代表性的区域,同时能反映不同条件及不同混凝土质量的部位，结构外侧面应布置测区。

(2)测区数不应小于3个，测区应均匀布置。

(3)每一测区应布置3个测孔，3个测孔应呈“品”字形排列，孔距根据构件尺寸确定，但应大于2倍孔径。

(4)测孔距构件边角的距离应大于2.5倍保护层厚度。

(二)形成测孔

(1)用装有20 mm直径钻头的冲击钻在测点位置钻孔。

(2)成孔后，用圆形毛刷将孔中碎屑、粉末清除，露出混凝土新茬。

(3)将测区测孔统一编号，并绘出示意图。

(三)碳化深度的测量

(1)检测前配制好指示剂(酚酞试剂)：75%的酒精溶液与白色酚酞粉末配置成酚酞浓度为1%～3%的酚酞溶剂，装入喷雾器备用，溶剂应为无色透明的液体。

(2)将酚酞指示剂喷到测孔壁上。

(3)待酚酞指示剂变色后，用测深卡尺测量混凝土表面至酚酞变色交界处的深度，准确至1 mm。酚酞指示剂从无色变为紫色时，混凝土未碳化，酚酞指示剂未改变颜色处的混凝土已经碳化。

(四)数据整理

(1)将测量结果标注在测区、测孔布置图上。

(2)将测量值整理列表，应列出最大值、最小值和平均值。

三、碳化深度检测结果的评定

混凝土碳化深度对钢筋锈蚀影响的评定，可取构件的碳化深度平均值与该类构件保护层厚度平均值之比 K_c，并考虑其离散情况，参考表16-4对单个构件进行评定。

表16-4　混凝土碳化评定标准

K_c	评定标度	K_c	评定标度
<0.5	1	[1.5,2.0)	4
[0.5,1.0)	2	≥2.0	5
[1.0,1.5)	3		

第四节　超声法检测混凝土结构内部缺陷与表层损伤

超声法适用于常见公路桥梁混凝土结构内部缺陷与表层损伤的检测。涉及的检测内容主要包括混凝土内部空洞和不密实区的位置与范围、裂缝深度、表层损伤厚度，以及不同时间浇筑的混凝土结合面的质量和钢管混凝十中的缺陷等。

一、超声法检测混凝土缺陷的基本依据与方法

(一)基本依据

(1)根据超声波在混凝土中传播时遇到缺陷的绕射现象,按声时和声程的变化来判别和计算缺陷的大小。

(2)根据超声波在缺陷界面上的反射,以及抵达接收探头时能量显著衰减的现象,来判别缺陷的存在和大小。

(3)根据超声波脉冲各频率成分在遇到缺陷时不同程度的衰减,从而造成接收频率明显降低,或接收波频谱与反射波频谱产生差异,来判别内部缺陷。

(4)根据超声波在缺陷处的波形转换和叠加,造成波形畸变的现象来判别缺陷。

(二)方法

用超声法检测混凝土缺陷时,发射和接收换能器与测试面之间应具备良好的耦合状态,发射和接收换能器的连线必须离开钢筋一定距离或与钢筋轴线形成一定夹角,并力求混凝土处于自然干燥状态。

用超声法检测混凝土内部缺陷与表层损伤的方法总体上可分为两类:第一类为用厚度振动式换能器进行平面测试;第二类为采用径向振动式换能器进行钻孔测试。

1. 第一类平面测试方法

(1)对测法:一对发射和接收换能器分别置于被测结构相互平行的两个表面,且两个换能器的轴线位于同一直线上。

(2)斜测法:一对发射和接收换能器分别置于被测结构的两个表面,但两个换能器的轴线不在同一直线上。

(3)单面平测法:一对发射和接收换能器置于被测结构物的同一表面上进行测试。

2. 第二类钻孔测试方法

(1)孔中对测:一对换能器分别置于两个对应的钻孔中,位于同一高度进行测试。

(2)孔中斜测:一对换能器分别置于两个对应的钻孔中,但不在同一高度,而是在保持一定高程差的条件下进行测试。

(3)孔中平测:一对换能器置于同一钻孔中,以一定高程差同步移动进行测试。

二、声学参数测量

(一)一般规定

(1)检测前应取得有关资料:工程名称、检测目的与要求、混凝土原材料品种和规格、混凝土浇筑和养护情况、构件尺寸和配筋施工图或钢筋隐蔽图,以及构件外观质量和存在的问题。

(2)依据检测要求和测试操作条件,确定缺陷测试的部位(简称"测位")。测位混凝土表面应清洁、平整,必要时可用砂轮磨平或用高强度的快凝砂浆抹平,抹平砂浆必须与混凝土黏结良好。

(3)在满足首波幅度测试精度的条件下,应选用较高频率的换能器。换能器应通过耦合剂与混凝土测试表面保持紧密结合,耦合层不得夹杂泥沙或空气。

(4)检测时应避免超声传播路径与附近钢筋轴线平行,如无法避免,应使两个换能器连线与该钢筋的最短距离不小于超声测距的1/6。

(5)当检测中出现可疑数据时,应及时查找原因,必要时进行复测校核或加密测点补测。

(二)声学参数测量

1.模拟式超声检测仪测量

(1)检测之前应根据测距大小将仪器的发射电压调在某一挡,并以扫描基线不产生明显噪声干扰为前提,将仪器“增益”调至较大位置保持不动。

(2)声时测量。应将发射换能器(简称T换能器)和接收换能器(简称R换能器)分别耦合在测位中的对应测点上。当首波幅度过低时,可用“衰减器”调节至便于测读,再调节游标脉冲或扫描延时,使首波前沿基线弯曲的起始点对准游标脉冲前沿,读取声时值t_1(精确至0.1 μs)。

(3)波幅测量。当保持换能器良好耦合状态时,采用下列两种方法之一进行读取。

①刻度法:将衰减器固定在某一衰减位置,在仪器荧光屏上读取首波幅度的格数。

②衰减值法:采用衰减器将首波调至一定高度,读取衰减器上的分贝值。

(4)主频测量。应先将游标脉冲调至首波前半个周期的波谷(或波峰),读取声时值t_1(μs),再将游标脉冲调至相邻的波谷(或波峰),读取声时值t_2(μs),按式(16-5)计算出该点(第i点)第一个周期波的主频f_i(精确至0.1 kHz)。

$$f_i = \frac{1\,000}{t_1 - t_2} \tag{16-5}$$

(5)在进行声学参数测量的同时,应注意观察接收信号的波形或包络线的形状,必要时应进行描绘或拍照。

2.数字式超声检测仪测量

(1)检测之前根据测距和混凝土外观质量情况,将仪器的发射电压、采样频率等参数设置在某一挡并保持不变。换能器与混凝土测试表面应始终保持良好的耦合状态。

(2)声学参数自动测读:停止采样后,即可自动读取声时、波幅、主频值。当声时自动测读光标所对应的位置与首波前沿基线弯曲的起始点有差异或者波幅自动测读光标所对应的位置与首波峰顶(或谷底)有差异时,应重新采样或改为手动游标读数。

(3)声学参数手动测量:先将仪器设置为手动判读状态,停止采样后调节手动声时游标至首波前沿基线弯曲的起始位置,同时调节幅度游标,使其与首波峰顶(或谷底)相切,读取声时和波幅值;再将声时光标分别调至首波及相邻的波谷(或波峰),读取声时差值Δt(μs),$\frac{1\,000}{\Delta t}$即为首波的主频(kHz)。

(4)波形记录:对于有分析价值的波形,应予以储存。

3.混凝土声时值计算

$$t_{ci} = t_i - t_0 \tag{16-6}$$

或

$$t_{ci} = t_i - t_{00}$$

式中　t_{ci}——第i点混凝土声时值,μs;

t_i ——第 i 点测读声时值,μs;

t_0 、t_{00} ——声时初读数,μs。

当采用厚度振动式换能器时,t_0应参照仪器使用说明书的方法测得;当采用径向振动式换能器时,t_{00}可按下述的"时—距"法测得。

使两个径向振动式换能器保持轴线相互平行,置于清水中同一水平高度,将两个换能器内边缘间距先后调节在 l_1(如200 mm)、l_2(如100 mm),分别读取相应声时值 t_1、t_2。由仪器、换能器及其高频电缆所产生的声时初读数 t_0应按下式计算:

$$t_0 = \frac{l_1 t_1 - l_2 t_2}{l_1 - l_2} \tag{16-7}$$

用径向振动式换能器在钻孔中进行对测时,声时初读数 t_{00}应按下式计算:

$$t_{00} = t_0 + \frac{d_2 - d}{v_w} \tag{16-8}$$

用径向振动式换能器在预埋声测管中检测时,声时初读数 t_{00}应按下式计算:

$$t_{00} = t_0 + \frac{d_2 - d_1}{v_g} + \frac{d_1 - d}{v_w} \tag{16-9}$$

式中 t_{00}——钻孔或声测管中测试的声时初读数,μs;

t_0——仪器设备的声时初读数,μs;

d——径向振动式换能器直径,mm;

d_1——声测孔直径或预埋声测管的内径,mm;

d_2——声测管的外径,mm;

v_w——水的声速,km/s,按表16-5取值;

v_g——预埋声测管所用材料的声速,km/s,用钢管时,v_g = 5.80 km/s,用PVC管时,v_g = 2.35 km/s;

l_1——第一次调节换能器内边缘间距;

l_2——第二次调节换能器内边缘间距。

表16-5 水声速取值

水温度(℃)	5	10	15	20	25	30
水声速(km/s)	1.45	1.46	1.47	1.48	1.49	1.50

当采用一只厚度振动式换能器和一只径向振动式换能器进行检测时,声时初读数可取该两个换能器初读数的平均值。

4. *超声传播距离(简称测距)的测量*

当采用厚度振动式换能器对测时,宜用钢卷尺测量T、R换能器辐射面之间的距离;当采用厚度振动式换能器平测时,宜用钢卷尺测量T、R换能器内边缘之间的距离;当采用径向振动式换能器在钻孔或预埋管中检测时,宜用钢卷尺测量放置T、R换能器的钻孔或预埋管内边缘之间的距离;测距的测量误差应不大于±1%。

三、混凝土不密实区和空洞的检测

混凝土结构在施工过程中,因漏振、漏浆或石子架空在钢筋骨架上,会导致混凝土内部形成蜂窝状不密实区或空洞等隐蔽缺陷。检测时,宜先根据现场施工记录和外观质量情况,或者在结构的使用过程中出现了质量问题后,初步判定混凝土内部缺陷的大致位置,或采用大范围的粗测定位方法(大面积扫测)确定隐蔽缺陷的大致位置,然后根据初测情况对可疑区域进行细测。当检测不密实区和空洞时,构件的被测部位应具有一对或两对相互平行的测试面,测试范围原则上应大于有怀疑的区域,同时应在同条件的正常混凝土区域进行对比测试。一般地,对比测点数不宜少于 20 个。

当采用平面测试法和钻孔或预埋管测法时,需注意以下内容:

(1)当结构被测部位具有两对平行表面时,可采用一对换能器,分别在两对互相平行的表面上进行对测。如图 16-5 所示,先在测区的两对平行表面上分别画出间距为 200 ~ 300 mm 的网格,并逐点编号,定出对应测点的位置,然后将 T、R 换能器经耦合剂分别置于对应测点上,逐点读取相应的声时 t_i、波幅 A_i 和频率 f_i,并量取测试距离 l_i。

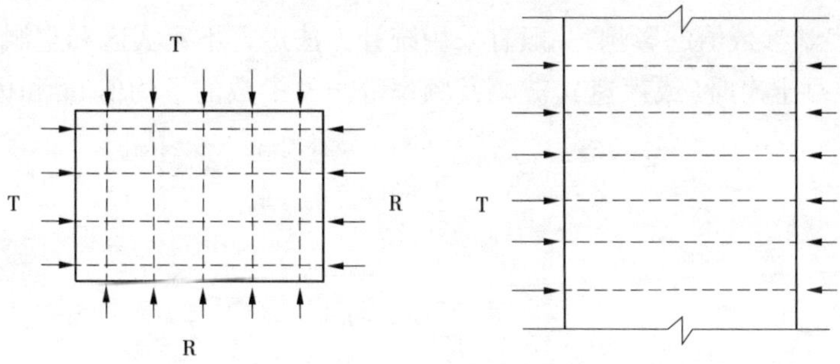

(a)平面图　(b)立面图

图 16-5　对测法换能器布置

(2)当结构物的被测部位只有一对平行表面可供测试,或被测部位处于结构的特殊位置时,可采用对测和斜测相结合的方法,换能器在对测的基础上进行交叉斜测,测点布置如图 16-6 所示。

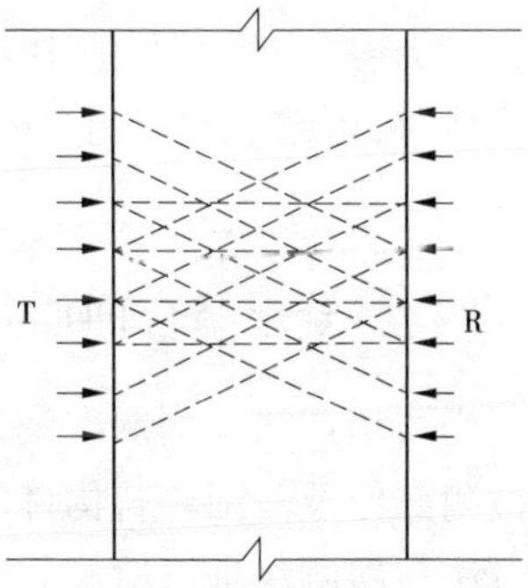

图 16-6　斜测法测缺陷

(3)对于大体积混凝土结构,由于其断面尺寸较大,如直接进行平面对测,接收到的脉冲信号微弱,甚至无法识别首波的起始位置,不利于声学参数的读取和分析。为了缩短测试距离,提高检测灵敏度,可采用钻孔或预埋管测法。如图 16-7 所示,在测位预埋声测管或钻出竖向测试孔,预埋管内径或钻孔直径宜比换能器直径大 5 ~ 10 mm,预埋管或钻孔间距宜为 2 ~ 3 mm,其深度可根据测试需要确定。检测时可用两个径向振动式换能器分别置于两个测孔中进行测试,或用一个径向振动式换能器与一个厚度振动式换能器,分别置于测孔中和平行于测孔的侧面进行测试。根据需要可以将两个换能器置于同一高度,也可以使二者保持一定的高度差,同步上下移动,逐点读取声时、波幅和频率值,并记下孔中换能器的位置。

(4)每一测点的声时、波幅、主频和测距,应按本节所述方法进行测量。

(5)由于混凝土本身的不均匀性,以及混凝土的原材料品种、用量及混凝土的湿度和

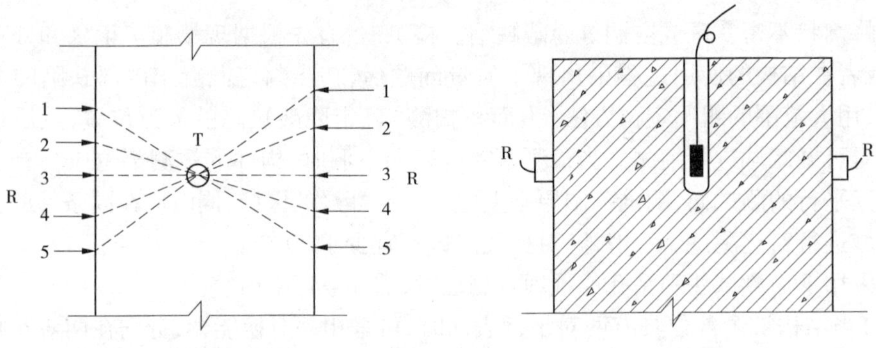

(a)平面图　　(b)立面图

图 16-7　钻孔或预埋管测法换能器布置

测距等因素对声学参数值的影响，一般宜采用统计方法进行不密实区和空洞的测定。

(6)测位混凝土声时(或声速)、波幅及频率等声学参数的平均值 m_x 和标准差 s_x 可按下列公式计算：

$$m_x = \frac{1}{n}\sum_{i=1}^{n} x_i \tag{16-10}$$

$$s_x = \sqrt{\frac{\sum_{i=1}^{n} x_i^2 - nm_x^2}{n-1}} \tag{16-11}$$

式中　x_i——第 i 点某一声学参数的测量值；

n——参与统计的测点数。

(7)声学参数观测值中异常值的判别。当测位混凝土中某些测点的声学参数被判为异常值时，可结合异常测点的分布及波形状况，确定混凝土内部不密实区和空洞的位置及范围。

四、混凝土结合面质量的检测

当用超声法检测两次浇筑混凝土结合面的质量时，应先查明结合面的位置及走向，明确被测部位及范围。若构件的被测部位具有声波垂直或斜穿结合面的测试条件，可采用对测法与斜测法进行检测。混凝土结合面质量检测示意如图 16-8 所示。

(一)测点布置

(1)使测试范围覆盖全部结合面或有怀疑的部位。

(2)各对 T—R_1(声波传播不经过结合面)和 T—R_2(声波传播经过结合面)换能器连线的倾斜角测距应相等。

(3)测点间距应根据被测结构尺寸和结合面的外观质量情况确定，一般为 100 ~ 300 mm，间距过大易造成缺陷漏检。

(二)声时、波幅和主频率测量

按布置好的测点分别测出各点的声时、波幅和主频率。

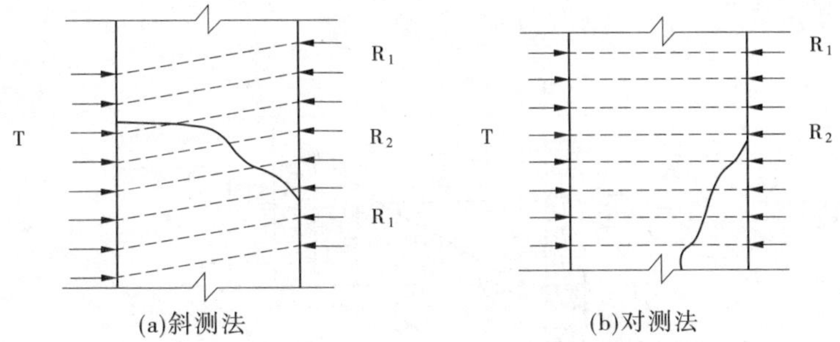

图 16-8　混凝土结合面质量检测示意

(三)数据处理及判定

(1)将同一测位各点声速、波幅和主频率的平均值和标准差分别按式(16-10)和式(16-11)进行统计计算。

(2)当测点数无法满足统计法判断时,可将 $T—R_2$ 的声速、波幅等声学参数与 $T—R_1$ 进行比较,若 $T—R_2$ 声学参数比 $T—R_1$ 显著低,则该点可判为异常测点。

(3)当通过结合面的某些测点的数据被列为异常,并查明无其他因素影响时,可判定混凝土结合面在该部位结合不良。

五、混凝土表面损伤层的检测

冻害、高温或化学腐蚀会引起混凝土表面层损伤。当检测表面损伤层厚度时,被测部位和测点的确定应满足下列要求:

(1)根据构件的损伤情况和外观质量选取有代表性的部位布置测位。

(2)构件被测部位表面应平整并处于自然干燥状态,且无接缝和饰面层。

(3)检测时,为保证检测结果的可靠性,宜做局部破损验证。

(一)测试方法

用超声法检测混凝土表面损伤层厚度的方法大致有两种:一是单面平测法,二是逐层穿透法。

(1)单面平测法。此法可应用于仅有一个可测表面的结构,也可应用于损伤层位于两个对应面上的结构或构件。如图 16-9 所示,先将发射换能器 T 置于测试面某一点保持不动,再将接收换能器 R 以测距 $l_i = 30$ mm、60 mm、90 mm……依次置于各点,读取相应的声时值 t_i。每一测位的测点数不得少于 6 个。当损伤层厚度较厚时,应适当增加测点数;当构件的损伤层厚度不均匀时,应适当增加测位数量。

(2)逐层穿透法。在损伤结构的一对平行表面上,分别钻出一对不同深度的测试孔,孔径为 50 mm 左右,然后用直径小于 50 mm 的平面式换能器,分别在不同深度的一对测孔中进行测试,读取声时值和测试距离,并计算其声速值,或者在结构同一位置先测一次声速,然后凿开一定深度的测孔,在孔中测一次声速,再将测孔增加一定深度,再测声速,直至两次测得的声速之差小于 2% 或接近最大值时,如图 16-10 所示。

当用表层损伤层平测法检测时,宜选用 30 ~ 50 kHz 的低频厚度振动式换能器。

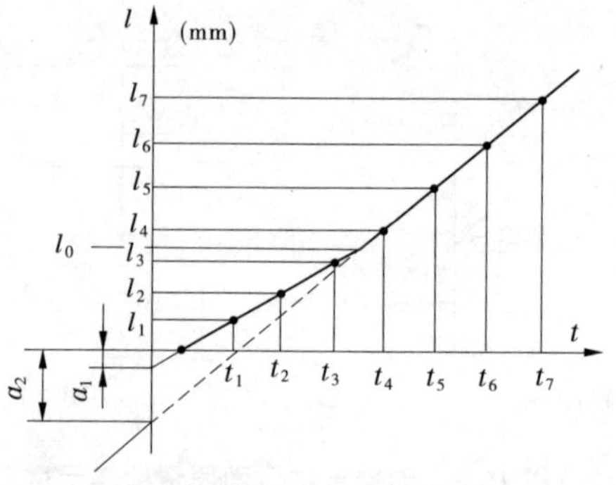

图 16-9　采用平测法检测损伤层厚度示意

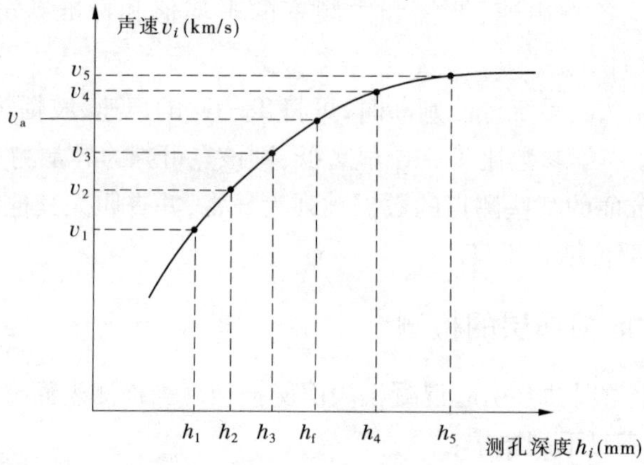

图 16-10　采用逐层穿透法检测损伤厚度的 v—h 曲线

(二)数据处理及判断

(1)当采用单面平测时,应将各点的声时测值 t_i 和相应的测距值 l_i 绘制“时—距”坐标图。如图 16-9 所示,由图可求得声速改变所形成的转折点,该点前、后分别表示损伤和未损伤混凝土的 l 与 t 相关直线。用回归分析方法分别求出损伤、未损伤混凝土 l 与 t 的回归直线方程。

损伤混凝土:

$$l_f = a_1 + b_1 t_f \tag{16-12}$$

未损伤混凝土:

$$l_a = a_2 + b_2 t_a \tag{16-13}$$

式中　l_f——损伤前各测点的测距,mm,对应于图 16-9 中的 l_1、l_2 和 l_3;

t_f——对应于图 16-9 中的 l_1、l_2 和 l_3 的声时 t_1、t_2 和 t_3,μs;

l_a——损伤后各测点的测距,mm,对应于图 16-9 中的 l_4、l_5、l_6 和 l_7;

t_a——对应于测距 l_4、l_5、l_6 和 l_7 的声时 t_4、t_5、t_6 和 t_7,μs;

a_1、a_2、b_1、b_2——直线的回归系数,分别为图 16-9 中损伤和未损伤混凝土直线的截距和斜率。

(2)采用单面平测法检测的损伤层厚度 h_f(mm)可按下式进行计算：

$$h_f = \frac{l_0(b_2 - b_1)}{2(b_2 + b_1)} \tag{16-14}$$

$$l_0 = \frac{a_1 b_2 - a_2 b_1}{b_2 - b_1} \tag{16-15}$$

(3)当采用逐层穿透法检测时,可以每次测量的声速值(v_i)和测孔深度值(h_i)绘制 v—h 曲线,如图 16-10 所示。当声速趋于基本稳定的测孔深度时,便是混凝土损伤层的厚度 h_f。

六、混凝土裂缝深度的检测

超声法可用于检测混凝土裂缝的深度。检测时,裂缝中应没有积水和其他能够传声的夹杂物,且裂缝附近混凝土应相当匀质。

开口垂直裂缝检测分为如下两种情况。

(一)构件断面不大且可对测

(1)在两个测面上等距离布置测点,用对测法逐点测出声时值(见图 16-11(a))。

(2)绘制测点声时与距离的关系曲线(见图 16-11(b))。曲线 A 段的末端与 B 段的首端的相交位置即为裂缝所到达的区域,对这一区域再采用加密测点的方法即可准确地确定裂缝深度 H_L。

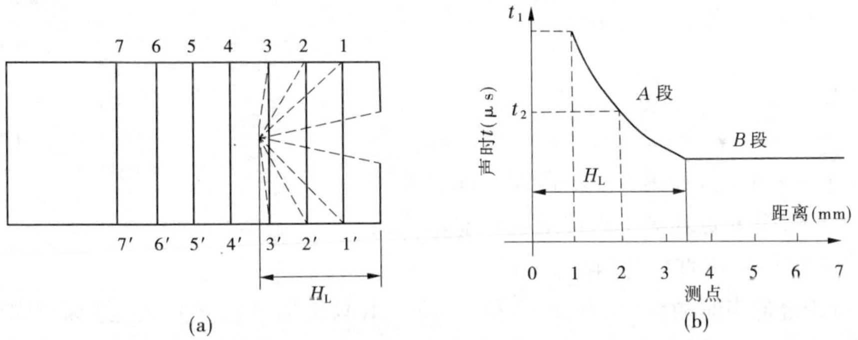

图 16-11　开口垂直裂缝的穿透法探测

(3)当两探头连线与裂缝平面相交时,随探头的移动声时逐渐由长变短,未相交时声时不变。实际测量时,只要有三个不变声时点,即认为声时稳定。

(二)构件断面很大不可对测

当只有一个可测面,无法在测面用对测法检测时,可用平测法检测裂缝的深度。

(1)当估计裂缝深度不大于 500 mm 时,宜采用单面平测法进行检测。检测时应在裂缝的被测部位以不同的测距,按不跨缝和跨缝布置测点。测点布置应避开钢筋。

①进行不跨缝的声时测量:将发射换能器 T 和接收换能器 R 置于裂缝附近同一侧,并将发射换能器 T 耦合好保持不动,以 T、R 两个换能器内边缘间距 l_i' 为 100 mm、150 mm、200 mm 等,依次移动 R,并读取相应的声时值 t_i。以 l' 为纵轴,t 为横轴绘制平测"时—距"图(见图 16-12),或用回归分析的方法求声时与测距之间的回归直线方程：

$$l'_i = a + bt_i \tag{16-16}$$

每一个测点的超声实际传播距离 l_i 为:

$$l_i = l'_i + |a| \tag{16-17}$$

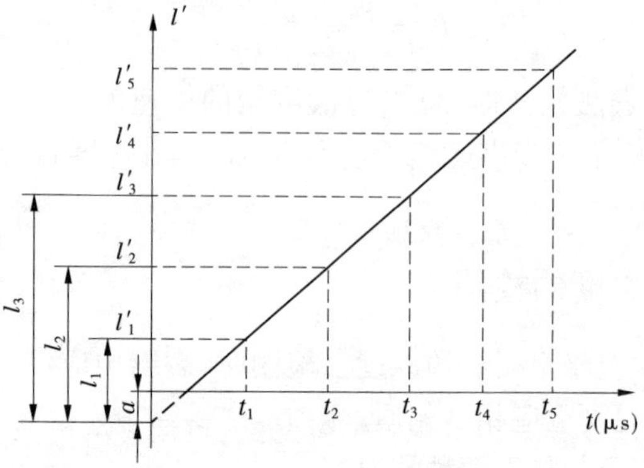

图 16-12　平测"时—距"

式中　l_i——第 i 点的超声波实际传播距离,mm;

l'_i——第 i 点的 R、T 换能器边缘间距,mm;

a——"时—距"图中 l' 轴的截距或回归直线方程的常数项,mm。

不跨裂缝平测的混凝土声速值 v 为:

$$v = \frac{l'_n - l'_1}{t_n - t_1} \tag{16-18}$$

或

$$v = b \tag{16-19}$$

式中　l'_n、l'_1——第 n 点和第 1 点的测距,mm;

t_n、t_1——第 n 点和第 1 点读取的声时值,μs;

b——"时—距"直线的斜率。

②进行跨缝的声时测量:如图 16-13 所示,将 T、R 换能器分别置于以裂缝为对称轴的两侧,l'_1 分别取 100 mm、150 mm、200 mm 等,分别读取声时值 t_{ci},同时观察首波相位的变化。

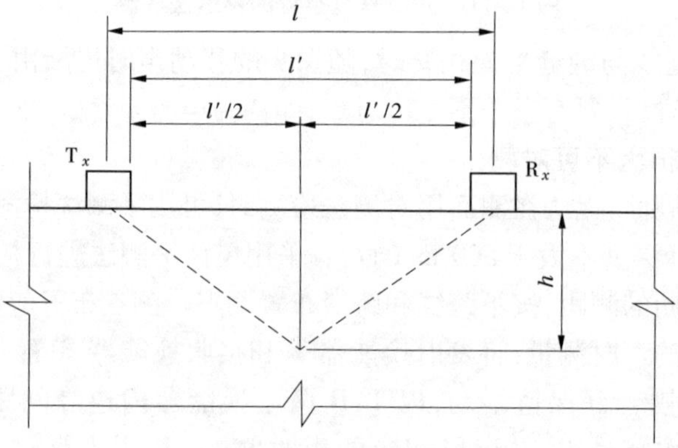

图 16-13　单面平测浅裂缝(深度不大于 500 mm)示意

③裂缝深度按下式计算：

$$h_i = \frac{l_i}{2}\sqrt{\left(\frac{t_{ci}v}{l_i}\right)^2 - 1} \tag{16-20}$$

$$h_m = \frac{1}{n}\sum_{i=1}^{n} h_i \tag{16-21}$$

式中　l_i——不跨缝平测时第 i 点的超声波实际传播距离，mm；

h_i——以第 i 点计算的裂缝深度，mm；

t_{ci}——第 i 点跨缝平测时的声时值，μs；

h_m——各测点计算裂缝深度的平均值，mm；

n——测点数。

④裂缝深度的确定方法。

a. 在跨缝测量中，当在某测距发现首波反相时，可用该测距及两个相邻测距的测量值按式(16-20)计算 h_i 值，取此三点 h_i 的平均值作为该裂缝的深度值 h。

b. 跨缝测量中，如难以发现首波反相，则以不同测距按式(16-20)、式(16-21)计算 h_i 及其平均值 h_m。将各测距 l_i' 与 h_m 作比较，剔除测距 l_i' 小于 h_m 和大于 $3h_m$ 的数据组，然后取余下 h_i 的平均值，作为该裂缝的深度值 h。

(2)对于裂缝深度超过 500 mm，被检测混凝土允许在裂缝两侧钻测试孔的情形，可采用钻孔对测法检测裂缝深度，如图 16-14 所示。

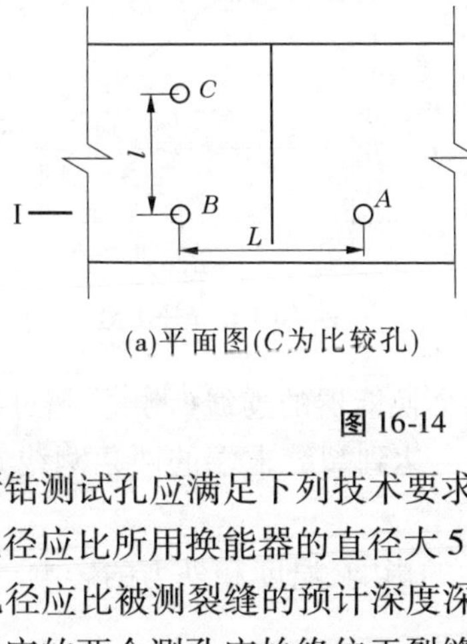

(a)平面图(C为比较孔)

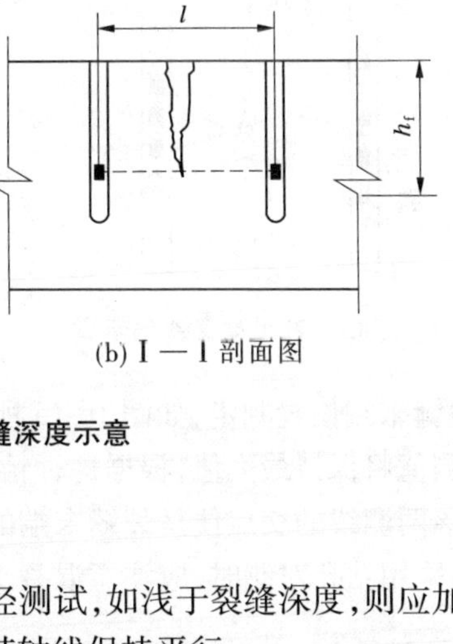

(b) Ⅰ—Ⅰ 剖面图

图 16-14　钻孔测裂缝深度示意

①所钻测试孔应满足下列技术要求：

a. 孔径应比所用换能器的直径大 5 ~ 10 mm；

b. 孔径应比被测裂缝的预计深度深 70 mm，经测试，如浅于裂缝深度，则应加深钻孔；

c. 对应的两个测孔应始终位于裂缝两侧，且其轴线保持平行；

d. 两个对应测试孔的间距宜为 2 m，同一检测对象各对应测孔间距应保持相同；

e. 孔中的粉尘碎屑应清理干净；

f. 如图 16-14(a)所示，宜在裂缝一侧多钻一个孔距相同但较浅的孔 C，通过 B、C 两孔测试无裂缝混凝土的声学参数；

g. 横向测孔的轴线应具有一定倾斜角。

②裂缝深度检测应选用频率为 20 ~ 60 kHz 的径向振动式换能器。

③测试前首先向测孔内注满清水，并检查是否有漏水现象，如果漏水较快，说明该测

孔与裂缝相交，此孔不能用于测试。经检查测孔不漏水，可将 T、R 换能器分别置于裂缝同侧的 *B*、*C* 孔中，以相同高度等间距地同步向下移动，并读取相应的声时和波幅值。再将两个换能器分别置于裂缝两侧对应的 *A*、*B* 测孔中，以同样方法同步移动两个换能器，逐点读取声时、波幅和换能器所处的深度。换能器每次移动的间距一般为 100 ~ 300 mm，当初步查明裂缝大致深度时，为便于准确判定裂缝深度，当换能器位于裂缝末端附近时，移动的间距应减小，详见图 16-14(b)。

④若需确定裂缝末端的具体位置，可按图 16-15 所示的方法，将 T、R 换能器相差一个固定高度，然后上下同步移动，在保持每一个测点的测距相等、测线倾角一致的条件下，读取相应声时的波幅值及两个换能器的位置。

⑤裂缝深度及末端位置判定。

a. 裂缝深度判定以主要波幅测值作为依据。具体对测孔所测得的波幅值和相应的孔深，用图 16-15 进行判别。其方法如下：以换能器所处深度 h 为纵坐标，对应的波幅值 A 为横坐标，绘制 h—A 坐标图，如图 16-16 所示。随着换能器位置的下移，波幅逐渐增大；当换能器下移至某一位置后，波幅达到最大并基本保持稳定，该位置对应的深度，便是该裂缝的深度 h。

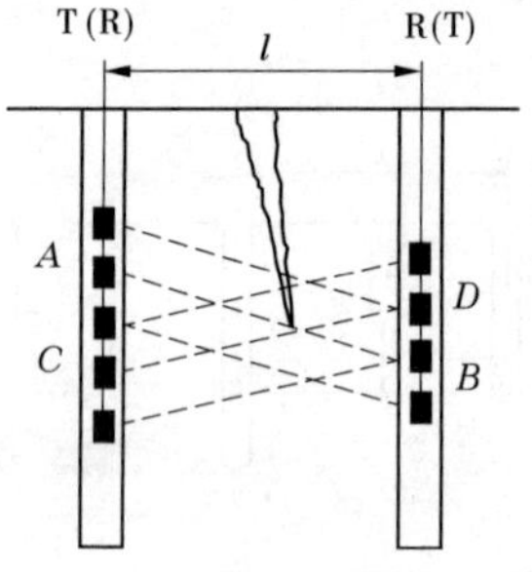

图 16-15　孔中交叉斜测示意

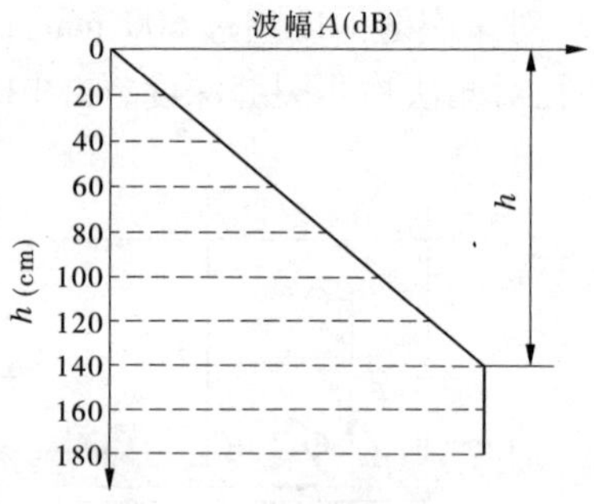

图 16-16　h—A 坐标

b. 裂缝末端位置判定，如图 16-15 所示。当两个换能器的连线（测线）超过裂缝末端后，波幅测值将保持最大值，根据这种情况可以确定达到裂缝末端的两条测线 AB 和 CD 的位置，该两测线的交点便是裂缝末端的位置。

⑥当采用钻孔对测时，应注意混凝土不均匀性的影响、温度和外力的影响、钢筋的影响。

七、混凝土匀质性检验

结构混凝土的匀质性一般宜采用平面式换能器进行穿透对测法检测。

检测时，要求被测结构应具备一对相互平行的测试表面，并保持平整、干净。首先，在两个测试面上分别画出等间距的网格，并编上对应的测点序号，网格的间距大小取决于结构的种类和测试要求，一般为 200 ~ 300 mm。对于测距较小、质量要求较高的结构，测点间距宜小些，而对于大体积结构，测点间距可适当放大些。

其次，应使 T、R 换能器在对应的一对测点上保持良好的耦合状态，逐点读取声时值 t_i。超声测距的测量方法可根据构件的实际情况确定，如果各测点的测距完全一致，便可在构件的不同部位抽测几次，取其平均值作为该构件的超声测距值 l。当各测点的测距不尽相同（相差≥1%）时，应分别进行测量，有条件时，最好采用专用工具逐点测量 l_i 值。

最后，根据被测结构混凝土的“声速（v）—强度（R）”关系曲线，先测出被测构件测位处测点换算强度值 R_i，然后计算测位处测点换算强度的平均值 m_R、标准差 S_R 和离差系数（变异系数）C_R。

本章小结

本章主要学习了钢筋锈蚀电位的检测与判定、混凝土中钢筋分布及保护层厚度的检测、混凝土碳化深度的检测与评定、超声法检测混凝土结构内部缺陷与表层损伤。

复习思考题

1. 简述钢筋锈蚀电位的测试方法。
2. 简述混凝土中钢筋分布及保护层厚度的检测方法及原理。
3. 简述混凝土碳化深度的检测步骤。
4. 简述超声法检测混凝土缺陷的基本依据。
5. 简述超声法检测混凝土缺陷与表层损伤的方法。
6. 简述构件断面不大且可对测的混凝土裂缝深度检测方法。

参 考 文 献

[1] 张超,郑南翔,王建设.路基路面试验检测击数[M].北京:人民交通出版社,2004.
[2] 王加第,朱芳芳.路基路面工程检测技术[M].北京:人民交通出版社,2010.
[3] 朱芳芳.桥涵工程检测技术[M].北京:人民交通出版社,2010.
[4] 金桃,张美珍.公路工程检测技术[M].北京:人民交通出版社,2013.
[5] 吴佳晔,张志国,高峰,等.土木工程检测与测试[M].北京:高等教育出版社,2015.
[6] 周德军.公路与桥梁检测技术[M].北京:人民交通出版社,2005.
[7] 盛海洋,邹定南.道路工程检测技术[M].武汉:华中科技大学出版社,2015.
[8] 交通运输部安全与质量监督管理司,交通运输部职业资格中心.道路工程(公路水运工程试验检测专业技术人员职业资格考试用书)[M].北京:人民交通出版社股份有限公司,2018.
[9] 交通运输部安全与质量监督管理司,交通运输部职业资格中心.桥梁隧道工程(公路水运工程试验检测专业技术人员职业资格考试用书)[M].北京:人民交通出版社,2018.
[10] 交通运输部安全与质量监督管理司,交通运输部职业资格中心.公共基础(公路水运工程试验检测专业技术人员职业资格考试用书)[M].北京:人民交通出版社,2018.
[11] 中华人民共和国交通部.公路技术状况评定标准:JTG H20—2007[S].北京:人民交通出版社,2008.
[12] 中华人民共和国交通运输部.公路路基路面现场测试规程:JTG E60—2008[S].北京:人民交通出版社,2008.
[13] 中华人民共和国交通部.公路土工试验规程:JTG E40—2007[S].北京:人民交通出版社,2007.
[14] 中华人民共和国交通运输部.公路工程无机结合料稳定材料试验规程:JTG E51—2009[S].北京:人民交通出版社,2009.
[15] 中华人民共和国交通运输部.公路工程质量检验评定标准(第一册)土建工程:JTG F80/1—2017[S].北京:人民交通出版社,2018.

附录　t 分布概率系数表

$\frac{t_\alpha}{\sqrt{n}}$值（单边置信水平）

n	保证率			n	保证率		
	99%	95%	90%		99%	95%	90%
2	22.501	4.465	2.176	21	0.552	0.376	0.289
3	4.021	1.686	1.089	22	0.537	0.367	0.282
4	2.270	1.177	0.819	23	0.523	0.358	0.275
5	1.676	0.953	0.686	24	0.510	0.350	0.269
6	1.374	0.823	0.603	25	0.498	0.342	0.264
7	1.188	0.734	0.544	26	0.487	0.335	0.258
8	1.060	0.670	0.500	27	0.477	0.328	0.253
9	0.966	0.620	0.466	28	0.467	0.322	0.248
10	0.892	0.580	0.437	29	0.458	0.316	0.244
11	0.833	0.546	0.414	30	0.449	0.310	0.239
12	0.785	0.518	0.393	40	0.383	0.266	0.206
13	0.744	0.494	0.376	50	0.340	0.237	0.184
14	0.708	0.473	0.361	60	0.308	0.216	0.167
15	0.678	0.455	0.347	70	0.285	0.199	0.155
16	0.651	0.438	0.335	80	0.266	0.186	0.145
17	0.626	0.423	0.324	90	0.249	0.175	0.136
18	0.605	0.410	0.314	100	0.236	0.166	0.129
19	0.586	0.398	0.305	>100	$\frac{2.3265}{\sqrt{n}}$	$\frac{1.6449}{\sqrt{n}}$	$\frac{1.2815}{\sqrt{n}}$
20	0.568	0.387	0.297				